# 학교상담과 생활지도

권형자 · 강인향 · 김선연 · 박부녀
원 진 · 이정숙 · 장 익 · 최금란

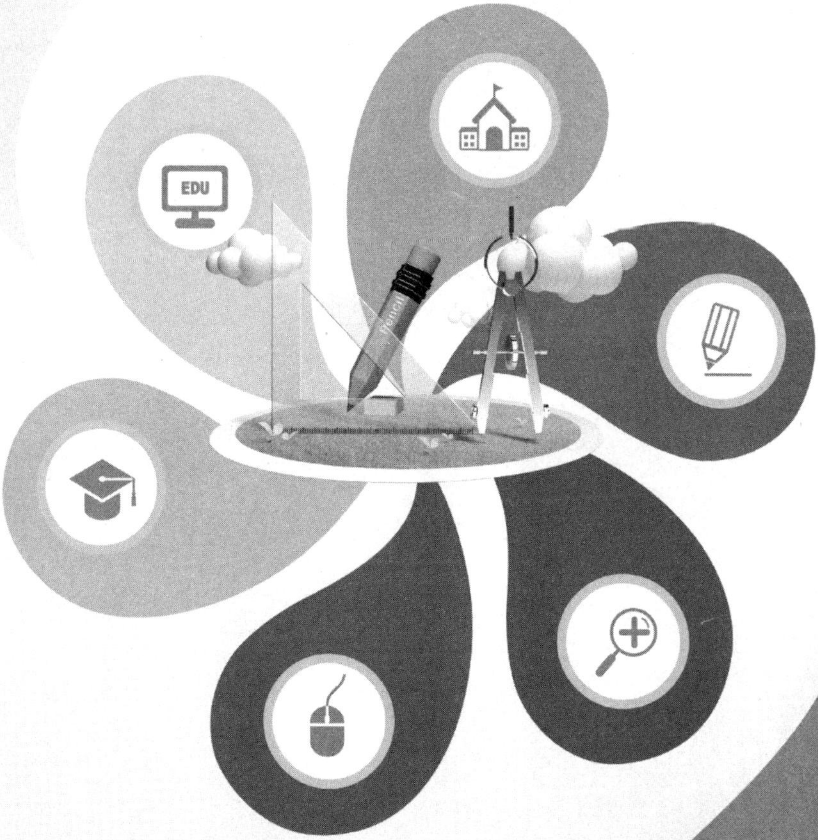


태영출판사

# 머리말



사람은 누구나 어디에 소속해 있기를 바라며 서로 도움을 주고받기를 원합니다. 학습자들은 가정에 속해 있으면서 많은 시간을 학교에서 보냅니다.

학교상담과 생활지도는 가정교육과 더불어 학습자의 원만한 인격형성을 위해 중요한 과목입니다. 학습자의 인격형성을 위해서 무엇보다도 우선되어야 할 것은 학습자에 대한 올바른 이해와 배려일 것입니다.

그래서 교육자라면 누구나 현대사회에서 성장과 적응을 하고 있는 학습자의 독특한 문화와 정서를 이해하고 학습자들이 긍정적인 생활태도를 갖출 수 있도록 지도해야 할 것입니다.

이 책은 학교현장에서 활동하는 수많은 교사들과 예비교사들에게 생활지도 자로서의 역할과 자질 향상을 위해 교재의 내용을 구성하였습니다. 1부에서는 학교상담과 생활지도로서 학교상담, 생활지도, 2부는 학교상담영역으로 학업, 진로, 비행, 성격, 상담, 3부는 학교상담의 방법적 측면으로 집단상담, 사이버 상담, 학부모상담에 관하여 서술하였습니다.

이상의 구성을 통해서 학교상담과 생활지도에 대한 중요성과 더불어 전반적인 생활지도를 진행하는데 필요로 하는 영역과 영역별 수행을 위한 실제적인 부분으로 상담의 중요성을 고려하였습니다. 또한 상담의 이해를 돕기 위한 이론과 실제적인 지도에 필요한 정보를 담아보았습니다. 이 책의 내용이 상담에 관한 전부가 아닐지라도 상담의 중요한 부분임을 밝혀둡니다. 바람직한 상담자가 되기 위해 공부하는 학습자들에게는 이 책을 기본서로 하여 학교상담 및 생활지도에 참고할 수 있도록 하였습니다. 그리고 미흡한 점들에 대해서는 향후 학교 현장에서 일어나는 다양한 상담과 생활지도의 실제 내용을 수집하여 보충하도록 노력하겠습니다.

그리고 일일이 거론할 수는 없지만 각자 나름대로의 자리에서 항상 함께하는 마음으로 기쁘게 같은 길을 걸어가는 여러 지인들에게도 사랑과 존경과 감사의 마음을 전하고 싶습니다.

끝으로 이 책이 나오기까지 많은 도움을 주신 태영출판사 김현태 사장님과 관련 직원 여러분들에게 깊은 감사를 드립니다. 또한 원고의 전체적인 방향을 제시해 주시고 함께 하여 주신 권형자 교수님의 사랑과 가르침에 진심으로 감사드립니다.

2014. 07.

제자 일동

# 차 례



## 제1부 학교상담과 생활지도

제1부

# 학교상담과 생활지도

제1장

# 학교상담

1. 학교상담의 개념
2. 학교상담의 유형 및 영역
3. 학교상담의 특성과 이해

학교상담은 학교에서 이루어지는 상담을 말한다. 주로 초·중고에서 학생과 교사, 전문상담사 사이에 이루어지는 상담으로 학부모를 포함한다. 학교에서 이루어지는 상담은 다른 현장에서 이루어지는 상담에 비하여 그 특수성을 가진다. 학교상담은 학교의 모든 학생을 대상으로 치료적, 예방적, 발달적인 목적이 있다. 학교상담은 경우에 따라서는 학생과 학부모의 자기이해를 통해서 생각, 감정, 행동 및 태도의 변화를 유도하여 인간적인 성장을 도모하는 심리적 과정이라 할 것이다.

## 1. 학교상담의 개념

'학교상담'은 '학교에서 이루어지는 상담'을 일컫는 말로, 즉 장소를 기준으로 붙여진 용어다. 학교 중에서도 초·중등학교에서 이루어지는 상담을 학교상담이라고 부르고 대학교에서 이루어지는 상담은 '대학상담'이라고 부르는 것이 일반적이다. 여기서는 학교상담을 운영기관이나 장소를 중심으로 분류해 보고자 한다.

### 1) 학교상담의 정의

학교상담의 창시자인 Williamson(1939)과 Foley(1984)는 학교상담을 얼굴과 얼굴을 마주하고 있는 관계로 정의하고 그 중에 한쪽은 전문적인 훈련을 받은 사람으로서 다른 한쪽으로부터 신뢰를 받고 있으며, 적응상의 문제를 만났을 때, 그것을 수용하고 반영하여 명료화하여 그 해결을 도와주는 것이라고 하였다.

또한 Dugan(1960)은 학교상담을 개인적인 차이를 가지고 있는 청소년의 발달을 격려하는 것이라 하였고, Smith(1955)는 자신에 대한 특성을 알고 그의 생활환경에 대한 정확한 지식을 얻고 그것을 응용할 수 있게 하는 훈련과정이라고 하였다. 연문희와 강진령(2002)은 학교상담을 학생과 학부모의 자기이해를 통해 생각, 감정 행동 태도의 성정과정을 도모하는 것이라고 하였다. 또한 김충기(1999)는 일상생활에서 해결해야 할 문제를 자력으로 해결할 수 있도록 조직적으로 성장시켜 주고 자아집중과 자주적인 생활습관을 가지고 자신의 능력과 환경을 이해하도록 돕는 일이라고 했다.

위의 정의에서 보는 바와 같이 학교는 상담활동이 가장 활발하게 이루어지는 기관들 중의 하나로, 우리나라의 상담이 태동하고 발전하는 데 가장 중추적인 역할을 해 온 기관들 중 하나이다. 즉, 학교상담은 학생의 학교생활적응, 학업문제, 교우관계, 가정문제, 비행 및 학교폭력 등 여러 종류의 문제에 관여하며, 문제의 심각도가 심해지기 전에 미리 문제를 발견하여 조치를 취하는 예방의 기능을 포함하며 자신의 특성을 이해하여 건전한 자기성장 능력을 기르도록 돕는 과정이라고 정의할 수 있다.

### 2) 학교상담의 필요성

#### (1) 아동 및 청소년 문제

학교에서 상담이 필요한 첫 번째 이유로 청소년 비행(非行)문제를 들 수 있다. 청소년 범죄의 양적 증가, 질적 횡포화, 연령의 연소화(年少化) 등은 학교에서 이런 비행을 예방하기 위한 활동이 필요함을 강력하게 시사하고 있다. 또한 청소년 비행의 원인으로 학교에서 받는 성적 스트레스, 입시부담, 집단따돌림 등, 학교와 관련된 문제들이 제기되기 때문에 학교가 예방활동을 해야 한다는 주장에는 타당성을 갖는다(이재창, 1988).

상담이 필요한 두 번째 이유는 정신건강문제를 들 수 있다. 황응연과 윤희준(1983)에 의하면, 어느 연령층이든 정신건강상의 문제로 고생하는 사람들은 일정 비율 존재한다고 보고 있다. 청소년층도 예외가 될 수 없으며 주로 정신병과 관련된 유전적 소인(素因)이 있거나 과중한 스트레스, 부적합한 환경, 충격적인 사건 등이 원인이 되어 정신건강상의 문제가 발생한다고 하였다.

최근에는 우울증, 거식증이나 폭식증, 자살 등의 문제가 과거에 비해 자주 나타나고 있다. 자살은 청소년의 사망 원인 중 두 번째로 많은 빈도를 차지한다. 경우에 따라서는 가정에서 가족이 발견하지 못한 문제를 학교에서 교사나 친구들이 발견할 수도 있다. 각종 정서 및 행동의 문제는 비단 청소년만의 문제가 아니다. 이미 아동기에 시작된 경우가 많다. 따라서 교사들은 학교상담을 통하여 정신건강 문제를 예방하는 역할, 특히 조기에 발견하여 적절한 처치를 받도록 하는 등의 역할을 해야만 한다(김계현, 2012).

### (2) 아동 및 청소년의 발달

아동 및 청소년기에 나타나는 성격은 아직 '형성 과정 중'이라고 보면 된다. 아동, 청소년은 자기가 어떤 사람인지 이해하기 위해서 여러 가지 성격을 실험해 본다고 말할 수 있다. 아동, 청소년들은 이러한 과정을 거쳐 스스로도 자신이 어떤 사람인지 이해해 나가면서 자기정체감, 즉 self-identity가 형성된다는 것이다. 자기 자신이 어떤 사람인지 이해하는 시기가 바로 그의 성격이 안정기에 이르는 시기와 거의 일치한다. 그 이유는 더 이상 자신이 어떤 사람인지 실험할 필요가 감소했기 때문이다(김계현, 2012).

그런데 김계현(2012)에 의하면 이 시기에 아동, 청소년들은 자신의 정체감을 발달시키기 위해 자유로워야 한다고 하고 있다. 학교생활이 지나치게 부담을 주거나 학교에서 장기적인 집단따돌림이나 집단폭행 등 혼자의 힘으로는 대처하기 어려운 고통을 장기간 당하는 경우, 또는 부모가 지나치게 엄격하거나 학대적이거나 지나치게 허용적이거나 너무 방임적인 경우, 아동, 청소년은 그런 부모의 행동에 적응하는 데 더 많은 관심을 집중해야 하기 때문에 자신을 실험하는 것에 관심을 기울이기 어렵다고 하고 있다.

이와 같이 아동 및 청소년들은 학령기에 허용적인 성격발달을 위한 실험을 하게 되고 그러한 과정에서 발생하는 지지적 · 교정적 역할과 그들의 성장을 돕기 위해서도 학교상담이 필요하다 할 것이다.

### (3) 사회 및 교육의 변화

우리가 살고 있는 정보화시대는 점점 때를 더해 가면서 한 개인이 접할 수 있는 지식과 정보가 다양하고 높은 수준에 이르고 있다. 정보화 현상은 정보와 지식은 결코 정형화될 수 없다는 사실을 체감하게 한다. 따라서 현대사회에서 지식과 정보는 그 내용이 급격히 변화할 뿐만 아니라 양적인 면에서도 급격히 증가하고 있으므로 교육에 있어서도 정형화된 교육내용이 미래사회를 살아가는 데 충분하다고 볼 수 없게 한다.

또 현대사회의 중대한 변화는 경제적, 언어적, 문화적으로 세계화가 되었다. 이러한 현상은 학교현장에서 아동, 청소년들의 직업관을 세계화시키고 다양한 언어와 인종에 대한 사회적 인식과 문화적 세계화 경험을 요구하게 되었다. 이렇게 변화하는 사회에서 자신의 인성을 창의적으로 적응시켜 나가는 과정을 실험해 나가는 아동, 청소년들은 더욱 다양한 문제들을 경험하게 된다.

교육방식에 있어서도 가정과 학교 모두에서 달라지고 있다. 과거에는 부모중심, 학교중심이었던 교육방식이 이미 자녀중심, 학생중심으로 전환되었고, 더하여 개별적인 개성이 존중되고 창의적 실험활동을 지지하는 방식으로 전환되어 가고 있는 것이다. 따라서 이제 교사와 부모들은 학생이나 자녀가 싫어하는 일을 그들에게 일방적으로 요구하기 어렵다. 또한 강력한 '아동학대 방지법'에 의해서 아동, 청소년은 폭력적인 어떤 행위에서도 안전을 보장받게 되어 있다.

이와 같이 사회 및 학교의 변화는 학생들의 개성과 개인적인 인권을 존중하고 창의적인 참여를 장려한다는 민주주의 철학이 강조되고 있다. Dewey(1919)에 의하면 민주주의 교육관이란 교육받는 자가 수용하고 동의하는 교육을 해야 한다는 것이 핵심이다. 그러므로 학교상담은 일방적인 과정이 아니라 양방적인 과정이라는 점에서 그 필요성이 강조되고 있다.

#### (4) 가족구조와 성역할의 변화

사회의 변화는 일의 세계와 가족구조도 변화시켰다. 가족구조는 핵가족화에서 기능적 가족구조로 변화하였고 가정과 사회에서의 남녀의 역할의 변화는 가장 두드러진 양상 중에 하나다.

직업에 대한 준비, 진로교육 혹은 진로상담은 현재 진로전문상담교사의 배치를 중심으로 전망해 보아도 앞으로는 구체적인 진로지도와 상담이 이루어질 전망으로 보인다. 특히 여학생의 직업관의 변화는 여학생의 대학진학에서 전형적으로 드러나고 있다. 과거 여고생들의 대학진학은 전통적인 여성의 영역이라고 여겨지던 학과에 집중되었으나 최근에는 법학, 경영학, 의학 등의 진학률이 급증하였다는 것은 놀라운 일이 아니다.

이와 같이 사회와 성역할의 변화는 학교에서 진로상담을 중심으로 진행되어지고 있다. 학교상담에서 학습, 인성발달과 문제행동에 대한 심리적 상담과 더불어 진로상담은 매우 중요한 부분을 차지하게 되었다.

### 3) 학교상담의 목적

#### (1) 문제의 예방 및 해결

학교상담의 가장 중요한 목적은 예방이다. 상담에는 치료적 기능도 있지만 학교상담에서는 그보다 예방을 중시한다. 또한 학교상담은 문제를 가진 초·중등 학생들의 문제해결력을 신장시키고 실제로 문제에 노출되지 않도록 예방 지지하는 목적을 가지고 있다.

학생들을 비행으로 유혹하는 자극들이 수없이 많이 존재한다. 학교주변의 유해환경뿐 아니라 정보공유 인터넷 사이트, 매스미디어에도 비행을 조장하는 자극들이 수없이 많고 학생을 비행의 세계로 끌어들이려고 하는 급우도 있다. 이렇게 비행의 위험성은 항상 존재한다. 비행이 발생하고 상습화 또는 중독이 된 후에는 교정하기는 대단히 어렵다. 특히 약물사용과 같은 비행은 습관성이 강해서 일단 중독과 의존성이 형성된 이후에 다시 원상태로 회복된다는 것이 매우 어려운 일이다.

김계현(2012)에 의하면 예방에는 크게 두 가지 의미가 있다고 하고 있다. 일차 예방은 문제의 원인 자체를 차단함으로써 그 문제가 발생하는 것을 원천적으로 막는 방법이다. 비행의 경우라면 부모의 양육 방식을 아동기부터 변화시키기 위한 조기 부모교육, 지역사회의 유해 환경을 개선하는 사업 등이 이에 해당된다. 이차 예방은 문제가 이미 발생하였지만 그 문제가 더 강화되거나 타인들에게 퍼지는 것을 막는 방법이다. 비행의 예를 들면 비행 학생의 주변에 있는 '더 나쁜 친구들'과의 접촉을 차단한다든지, 비행 학생을 다른 학교나 대안학교로 전학시키는 조치 등이 이에 해당된다.

이와 같이 학교상담은 예방의 용이성과 경제적 측면의 장점은 물론, 학생을 보호한다는 점에서 매우 중요하다. 뿐만 아니라 예방상담의 과정에서 자기이해를 증진함으로써 개인적인 성장을 이룰 수 있다. 또한 예방을 위해서 학생들에게 가장 필요한 능력 중 하나는 문제해결력이다. 문제해결력은 문제를 발견할 수 있는 능력부터 시작된다. 또한 문제해결을 위한 자원들을 활용할 수 있는 능력을 길러 줌으로써 장차 자신의 문제를 해결할 수 있는 능력이 성장되는 것이다.

### (2) 전인적인 성장지원

학교상담은 전인적인 교육관에서 시작된다. 우리나라의 학교교육이 전인교육을 추구하고는 있지만 실제적으로는 교과교육 중심인 것이 사실이다. 전인교육은 지식과 지혜, 성품과 체력을 같이 성장시켜야 한다. 이러한 전인교육은 상담의 목표로서 우리나라의 민주시민 교육관과도 일치한다.

학생은 개인이기도 하지만 우리사회의 일원이다. 따라서 한 사람만을 위한 교육은 의미가 없다. 왜냐하면 그 한 사람은 사회인이기 때문이다. 학생의 경우는 학교라는 울타리 안에 소속되어 사회에 덜 노출되게 하는 것은 사회적인 입장에서도 한 인간이 사회에 적응하기까지는 그 기술과 능력을 키울 수 있는 과정이 필요하기 때문이다.

결국 학교상담은 학생들의 전인적 성장을 목표로 하고 있는 만큼 개인과 사회에서 조화로운 인간으로 성장하여 미래를 대비하는 교육이라고 할 수 있다. 건전한 개인의 행복은 사회와 분리해서 존재하기 어렵다. 따라서 학교상담은 초·중등생의 행복한 미래를 위한 준비과정이라고도 할 수 있을 것이다.

## 2. 학교상담의 유형 및 영역

학교상담의 유형은 학생의 특성이나 문제의 성격, 상담자의 접근방식에 따라 다르게 나타날 수 있다. 여기서는 김충기(1999)의 유형을 중심으로 살펴보고자 한다.

### 1) 학교상담의 분류

학교상담은 일반적으로 초 · 중등상담과 대학상담으로 분류한다. 초 · 중등학교의 경우에는 각급학교의 wee class와 교육청의 wee center를 중심으로 이루어지고 있다. 우리나라 학교상담사 제도는 1958년 교도교사제도로부터 시작되었고 1964년부터는 교도교사 자격제도가, 1973년도에는 교도주임 제도가 시작되었다. 그 이후 자격제도에 변경이 있어서 1998년도에 전문상담교사(1급), 2005년도에 전문상담교사(2급) 자격이 신설되어 오늘에 이르고 있다.

현재의 초 · 중고의 전문상담교사는 과거의 '교도교사'와 거의 유사하면서 교육 및 훈련 과정이 더 강화된 교사자격이다. 또한 초 · 중등학교에는 전문상담사가 있다. 전문상담사는 상담관련 학회에서 인증하는 전문상담사 혹은 상담심리전문가자격 소지자를 기본으로 하고 있다. 그러나 상담전문가 자격이 없더라도 사회복지사, 청소년상담사 등을 배치하기도 하였다.

우리나라의 대학들에는 여러 가지 다양한 이름의 상담소가 있다. 대학에는 크게 심리 및 개인적 문제를 다루는 상담소, 진로 및 취업지원을 위한 상담소, 성희롱 및 성폭력 관련 상담소가 설치되어 있다. 대학에 따라서 이 기능들을 두 개 혹은 세 개로 묶어서 상담소를 설치하기도 하며 각 기능을 독립시켜서 상담소를 설치하기도 한다. 심리 및 개인적 문제를 다루는 상담소는 주로 '학생생활연구소', '학생상담소', '학생생활상담소', '정신건강상담소' 등의 이름을 사용한다(김계현, 2009).

또한 대학의 경우에는 각 대학의 자율에 의해 상담기관을 설치하고 명칭도 자율적으로 사용할 수 있다. '학생생활연구소'는 2000년대 초반까지는 그 설치를 법령에 따라 설치되었으나 현재는 진로 및 취업 문제를 주로 다루는 상담소는 '경력개발센터', '취업지원상담소', '종합인적자원개발센터' 등 다양한 이름을 사용한다. 대학에 따라서는 여학생을 위해서 '여성경력개발센터'를 별도로

두기도 한다. 성희롱 및 성폭력 관련 상담소는 2002년 이후 모든 대학이 의무적으로 두도록 되어 있다. 대학에 따라서 상담소를 독립적으로 설치한 곳도 있으며 학생생활연구소 등에 부설로 설치한 대학도 있다.

대학상담은 학생을 위한 상담서비스 기능뿐만 아니라 전문가 양성 기능까지도 담당하고 있다.

### 2) 학교상담의 유형

#### (1) 위기상담(crisis counseling)

위기상담은 학생이 겪은 위급상황(trauma)에 대해 예방과 함께 상태의 진행을 차단하는 상담영역을 말한다. 가족의 사망과 별거, 친구의 배신, 약물남용 등으로 불안, 죄책감, 자기신뢰상실과 같은 위기를 당한 학생을 정서적 지지를 통해 안정과 회복을 돕는 상담영역이라 할 수 있다.

#### (2) 촉진상담(facilitative counseling)

촉진상담은 학생의 문제에 대해 학생이 필요한 행동을 취할 수 있도록 관여하는 영역을 말한다. 이것은 학생의 현재 상태 또는 특정문제에 대해 집중하게 하거나 각종 정보를 활용하게 하여 문제에 적극적으로 몰입한 후 객관화 과정을 통해 빠져나올 수 있도록 매개적 작용을 상담자가 해 주는 부분이라 할 수 있다.

#### (3) 발달상담(development counseling)

발달상담은 학생의 전인적 측면에서 성장이 필요한 부분을 긴장이나 지나친 이완의 상태를 만들지 않으면서 자연스럽게 개인 성장이 이루어지도록 조력하는 영역을 말한다. 이 경우에는 학부모와 학생이 포함되기도 하며 학교차원에서 구조화를 통해 집단으로 접근하기도 한다.

#### (4) 예방상담(preventive counseling)

예방상담은 예측된 문제발생 또는 특정한 문제에 관심을 집중시키는 영역이다. 이것은 계획적으로 학생들에게 발생할 수 있을 예상문제를 다루거나 관련 정보제공 등을 통하여 예방적 차원에서의 주제를 두고 적합한 프로그램 또는 개인상담을 진행하는 것을 말한다.

### 3) 학교상담의 영역

학교상담은 그 영역면에서 일반상담과 차이점이 있다. 김동일(2005)은 학교상담은 학업문제, 성격문제, 문제행동, 진로문제, 성문제 등으로 분류하였고, 송현종(1999)은 학생들의 학교생활에서 부적응문제를 중심으로 학습문제, 생활상담, 진로, 비행행동, 대인관계, 성문제, 이성친구, 성격 및 정신건강 등의 영역으로 나누기도 하였으며, 김순늠(2012)은 학업상담, 학교생활상담, 진로상담, 대인관계, 성, 이성문제의 등의 영역으로 나누고 있다.

이와 같이 학교상담은 그 영역에 있어서 원활한 학교생활과 개인의 정신건강 그리고 대인관계 및 진로문제 등으로 구분할 수 있을 것이다.

## 3. 학교상담의 특성과 이해

### 1) 학교상담의 특성

현재 우리나라는 초 · 중고등학교에 전문상담교사, 전문상담사, 전문상담순회교사를 두고 있다(초중등교육법 19조 및 시행령, 2004). 또한 모든 학교의 조직에는 상담부장, 진로상담부장, 생활부장 혹은 생활지도부장이라고 불리는 직책이 있어서 그 학교의 상담활동과 인성지도를 총괄하는 역할을 맡고 있다. 물론 학교에는 상담실을 설치하도록 법령으로 정해져 있다.

학교상담의 특성은 첫째, 모든 교사는 상담을 담당한다는 것이다. 둘째는 모든 학생을 대상으로 한다는 것이다. 셋째는 문제행동과 부적응행동문제 만을 다루는 것이 아니라 일반학생들의 정상적인 발달과 개인 성장을 목표로 한다는 것이다. 넷째는 학교상담은 진학, 대인관계 등, 학교의 생활과 교육활동과 관련 있는 구체적인 문제를 다룬다는 것, 다섯째는 교사들은 학생들의 학교생활 적응을 효과적으로 돕기 위한 지식과 방법을 체계적으로 습득하여야 한다는 것 등이다(송현종, 1999).

따라서 학교상담은 학생개인의 성장과정을 조장하고 촉진하는 활동으로 상담대상자에 있어서는 문제가 없거나 비자발적인 학생이 포함된다는 점과 상담자는 일정기간 훈련을 받은 전문상담사와 상담교사 외에 담임 등을 포함하고 있는 것을 특성으로 들 수 있다,

### 2) 학교상담자

학교상담은 전문상담교사만의 임무는 아니다. 담임교사는 담임으로서의 학급관리를 통해 학생들의 교과 이외의 부분에 대한 의도적으로 생활교육을 향상시키기도 하고 때로는 비의도적으로 생활교육이 이루어지기도 한다. 여기서는 상담에 임하는 교사의 태도에 대해서 간략하게 논의하고자 한다.

#### (1) 학교상담자의 철학

학교상담자는 기본적으로 학생의 잠재가능성에 대한 믿음이 있어야 한다. 이러한 믿음은 인간과 사회의 긍정적인 면을 볼 수 있게 한다. 어쩔 수 없이 존재하는 부정적 측면이 있다. 그럼에도 불구하고 개인과 집단과 사회에는 건설적이고 문제해결적이고, 협조적인 긍정적 요소가 있기 때문에 우리는 이 긍정적인 측면을 강화시켜야 한다. 부정적 측면을 약화시키는 가장 효과적인 전략은 부정적 요소를 줄이려는 노력보다는 긍정적 요소를 키우고 강화시키는 것이기 때문이다(김계현, 1999).

따라서 학교상담자의 철학은 모든 학생들은 성장과정에 있다는 점을 들어 해결중심상담 접근법(Berg & Miller, 1992), 긍정심리학(Snyder & Lopez, 2002) 등을 기반으로 한 이론과 기법들이 주류를 이루고 있다. 개인, 집단, 사회는 자체적으로 문제, 갈등, 고통을 감소시키는 경향성과 능력을 가지고 있다는 긍정적 인간관이 학교상담자와 교사들에게 필요하다.

#### (2) 학교상담자의 전문성

학교상담자는 자기 발전을 소홀해서는 안 된다. 학생에게 발전, 성장, 변화를 요구하는 상담자는 학생들로부터 자기 발전의 모델이 되어야 하기 때문이다.

학교상담자는 스스로 전인적 성장과 전문성을 위한 노력이 있어야 한다. 김계현(2012)은 그 방법으로 상담자가 먼저 자신이 오랫동안 풀지 못했던 갈등과 문제들을 해결하고 그런 굴레에서 벗어난 '더 나은' 인간이 되려고 부단히 노력해야 하며 그 방법으로 집단상담을 통해서 자신이 타인에게 어떻게 비추어지는지 검토하고, 자신의 변화를 확인하거나 다른 전문가에게 개별상담을 받음으로써 개인적인 문제나 갈등을 해결하려는 노력을 들고 있다.

또한 상담교사와 진로상담교사는 관련 학회나 연구회 등에 가입하는 것을 제안한다. 지역의 학교상담 관련 센터를 중심으로 상담교사 모임을 구성하여 교사들의 자기발전을 꾀하고 상담 관련 워크숍에 참여하여 새로운 이론이나 기법을 배우는 것이 바람직하며 꾸준히 전문서적과 관련 자료를 읽고 연구해야 한다.

### 3) 학교상담의 제도적 협력이해

학교상담은 제도적 틀 안에서 이루어지는 활동이다. 학교상담에서는 규제를 받더라도 제도와 행정 틀 안에 들어갈 필요성이 있다. 그 이유는 학교상담에 참여하는 모든 학생들이 학교라는 제도적 틀 안에 속해 있기 때문에 제도적 연계가 없이는 상담의 목표를 달성하기 어렵기 때문이다.

또한 학교상담은 학교 내의 문제를 더 많이 다루고 있다. 이러한 측면에서 학교상담은 학교의 생활이 그 주요한 문제가 되고 있다. 학교의 연계 없이 이러한 문제를 다룬다는 것은 많은 한계에 직면하게 될 것을 예상할 수 있다.

그리고 학교상담은 학부모를 포함한다. 학부모는 학교에서의 문제발생에 대해 비교적 느린 참여를 해오기 때문에 학교에서의 의뢰와 그 내용에 있어서의 연계적 필요성을 배제할 수 없다. 또 소요되는 비용 등의 측면에서 평등한 혜택을 학생들에게 제공하기 위해서도 학교상담은 제도적인 뒷받침이 필요한 상담이다.

마지막으로 학교상담의 많은 부분이 예방적인 목적을 가지고 있다는 점이다. 이러한 측면은 문제의 발견 또는 예상문제의 발견 및 정보의 제공처가 학교라는 측면에서 학교상담과 학교조직의 연계성은 불가피하다 할 것이다.

# 제2장

# 생활지도

1. 생활지도의 의의와 목표
2. 생활지도의 원리
3. 생활지도의 영역

교육은 적응하는 인간상을 정립하고 교사는 적응하는 인간이 되도록 교육하는 것이다. 교육은 교과지도 및 생활지도를 통해서 이루어지는데 생활지도는 개인으로 하여금 현실적인 적응능력과 적응문제를 해결할 수 있도록 돕는 것이라고 할 수 있다. 따라서 본 장에서는 생활지도의 의미와 목표, 원리, 그리고 생활지도의 영역 등에 대해서 살펴보고자 한다.

## 1. 생활지도의 의의와 목표

### 1) 생활지도의 의의

Guidance란 guide에서 유래하며, 인도하다, 지도하다, 조언하다 등의 뜻을 지닌다. Guidance란 의미는 미국에서는 대부분 초등학교나 중 · 고등학교에서 사용되며, 전문학교나 대학에 있어서는 학생지도라고 한다. 흔히 실업계나 공공기업체에서도 이와 비슷한 직원인사(personnel work)로 사용되고 있다.

많은 사람들은 생활지도란 광의의 교육과 같은 의미를 가지며, 학교의 모든 프로그램은 생활지도의 목표를 실천하기 위해서 조직되어야 한다고 생각한다. 반면에 어떤 사람들은 생활지도도 영역을 좁혀서 직업지도 또는 도덕지도에만 국한시키려고 한다. 또 부적응행동이나 문제아의 발견, 예방, 치료에서 생활지도의 주안점을 두는 사람도 있다.

Traxler, A. E.는 생활지도란 학생 각자로 하여금 자기가 가지고 있는 능력, 흥미 및 인격적 제특성을 이해하게 하여 이를 최대한으로 발전시켜 나가며 또한 자신의 생활목표와 결부시켜 결국에는 민주사회의 바람직한 시민으로 원만하고도 성숙한 자기지도를 이루게 하는 과정이라고 하였다.

Strang, R.은 생활지도란 그것에 의해서 개개인의 잠재능력을 발견하고, 자신의 노력을 통해서 개인적인 행복 및 사회적 유용성을 목표로 하여 그것을 발달시키는 과정이라고 하였다. Jones, A. J.는 생활지도란 선택과 적응과 문제 해결에 있어서 어떤 사람에 의해서 주어지는 개인적인 조력을 의미한다고 하였다. Miller(1971)는 생활지도를 학교와 가정 그리고 지역사회에 가장 잘 적응하기 위해서 학생들이 자기 자신을 이해하고 자기신뢰와 목적을 가지고 스스로 결정을 내리는 능력을 함양하도록 돕는 과정으로 정의하였다. 또한 Shertzer와 Stone(1981)은 자기 자신과 자신을 둘러싸고 있는 세계를 이해할 수 있도록 도와주는 과정으로 정의를 내렸다. 우리나라에서는 황응연(1984)이 학생 개인의 성장과 발달을 극대화시키고 잠재능력을 개발해서 갖가지 문제를 자신의 힘으로 적절히 해결해 나가도록 함을 길러 주는 활동으로 정의했으며, 박성수(1986)는 개인의 인지적, 정의적, 신체적 특성과 잠재 가능성을 바르게 이해하고 발달시켜서 교육적, 직업적, 사회적, 심리적 발달을 최고수준까지 도달할 수 있도록 원조하는 봉사활동이라고 하였다.

이상에서 살펴본 바와 같이 생활지도는 개인의 발달 및 사회적응을 돕기 위한 것으로서 학교의 모든 영역과 밀접히 관련되어 있다. 예컨대, 교육과정, 교수방법, 장학, 훈육, 출 · 결석, 시간표, 과외활동, 건강, 가정과 지역사회와 밀접히 관련되어 있다. 이것은 생활지도 담당자와 기타의 모든 학교 교직원과의 밀접한 협조를 전제로 하는 것이다. 생활지도가 비록 학교의 모든 기능과 영역에 밀접한 관계가 있다고 하더라도 생활지도 담당자가 이 모든 것에 있어서 전문가일 수는 없다. 그의 주요한 역할은 학생에 관하여 정확한 자료를 수집 · 체계화하고 집단지도와 개인상담을 실시하며 나아가서는 동료 교직원과 학부모들에게 생활지도 이념을 적극적으로 이해하게 하여 그들로 하여금 이미 수집한 여러 가지 자료를 현명하게 사용하도록 권장하는 것이다.

따라서 생활지도란 현명한 선택, 문제해결 또는 환경적응에 있어서 각 개인에게 주어지는 조력을 말하는 바 그것은 각 개인의 선택이 다른 사람의 권리를 침해하지 않는 한 의무와 권리가 있다고 하는 민주적 원리에 기초를 두고 있다. 이러한 선택을 하는 능력은 선척적인 것이 아니라 다른 능력(언어, 계산, 추리능력)과 같이 계발되어야 한다.

생활지도는 지도하는 사람과 지도받는 사람이 적극적으로 참가하여 개인의 전 생활을 통하여 다른 사람과의 모든 상호관계에 있어서도 개인의 전 인격에 관여하려고 하는 것이다.

생활지도는 한 가지 상황에만 국한되는 것이 아니라 생활의 모든 면을 다 포함할 수 있다. 생활지도의 주요한 책임은 가정과 학교로 나뉘어진다. 학교에서 교직원 각자는 자기에게 맡겨진 학생이 생활지도와 관련된다.

요약하면, 생활지도란 개인이 일상생활에서 해결해야 할 여러 가지 문제를 스스로의 힘으로 해결할 수 있도록 지도하기 위한 조직적인 봉사활동이다. 이 정의에는 세 가지 중요한 요소가 포함되어 있는데, 구체적으로 살펴보면 다음과 같다. 첫째, 생활지도는 학습자의 각종 문제해결력을 증대시키는 것을 목적으로 하며, 둘째, 이 목적을 위해서 여러 방법, 예건대 심리검사, 면접, 직업자료 등을 활용한다. 셋째, 학급, 학년, 학교 내에서 생활지도를 위한 효과적인 조직체가 있어야 한다는 것이다.

생활지도는 자기발견(탐구)을 통한 자기지도(self-direction)의 과정으로서 자기지도력을 배양하는 데 그 의의가 있다.

### 2) 생활지도의 필요성

학교교육은 교과지도와 생활지도를 토대로 구성되어지며, 교사는 이 두 영역의 균형을 이루어 원활한 역할수행을 이루어야 할 것이다. 교과지도는 학생들의 지적 발달과 지식습득에 의한 지적 가치를 추구하는데 중점을 두는 것이라면, 생활지도는 학생들의 정서적이며 인성발달을 근간으로 의미있고 올바른 삶을 살도록 도우며 지도하는 교육활동이다. 특히 현대사회는 다양한 가치와 생활양식이 복합적으로 이루어진 다중 문화사회이다. 직업적인 특성에 있어서도 한 직장을 오랫동안 다니는 것이 안정적이고 바람직한 형태라고 하던 시대는 갔다. 그래서 두 개의 인접분야의 전문성을 지니고 있어야 적어도 그 직업을 수행하는 데 보다 효율적이고, 안정적인 생활을 할 수 있는 형태로 요구되고 있다. 그래서 아동기와 청소년기의 학생들에게 있어서는 더욱더 가치관의 혼란을 경험하게 되며 자신의 삶의 목표와 정체의식을 발전시키는 데 어려움이 가중되고 있다.

그럼에도 불구하고 현대사회에서는 생활지도의 비중이 커지고 교사에게는 생활지도의 역할이 가중되고 있으나, 실제적으로 생활지도를 수행하기는 매우 어려운 애매모호한 상황 속에 있다. 입시위주의 교육풍토는 교사와 학생 모두 학과목을 통한 교과교육에 지나치게 치중되어 있기 때문에 상대적으로 생활지도는 소홀하게 되는 것이다. 이러한 원인은 학생들의 학습동기의 저하 및 흥미의 상실로 이어지며, 자율적이고 자발적인 생활습관을 형성하는 것이 매우 어렵게 되었다. 특히 전인적인 성장과 발달을 기대할 수 없게 되었다. 이와 같은 학교교육의 현시점을 고려할 때 시급하게 요구되는 것은 생활지도를 어떻게 원활하게 수행할 수 있도록 하는가에 있다.

이와 같은 결과는 학생들의 진로와 관련된 문제를 적절하게 준비하고 선택하고 해결해 나가는 과정을 돕게 될 것이다. 그러나 우리나라의 현실은 적절한 균형과 조화가 어려운 것이 현실임을 말하고 있는데, 한 대학의 학생생활연구소(2003)에서 신입생들에게 가장 상담을 받고 싶은 부분에 대한 질문을 했더니 전체응답자의 73.7%가 진로 및 학습과 관련된 상담을 받고 싶은 것으로 나타났으며, 그 다음이 대인관계의 순으로 나타났다고 밝혔다.

진로와 관련된 문제와 더불어 대인관계의 문제를 들 수 있다.

청소년들은 다른 사람들과 원활한 관계형성에 있어서 매우 미성숙한 태도를 형성하고 있다. 한 개인이 높은 지적 능력을 갖추었다고 하더라도 다른 사람들의 이야기를 경청하기 어렵고 다른 사람들을 알고 이해하는 것에 대한 어려움을 겪게 된다. 이러한 과정에서 발견되는 현상은 자신을 이해하고 원활한 사회적인 관계를 형성하고 유지하고 질적인 경험을 하는데 매우 커다란 장애가 된다. 청소년문화에 사이버시대가 도래하였다고 하더라도 우리의 삶은 관계를 통해서 이루어지게 된다. 무엇보다도 가족구조의 변화와 가정문화의 변화로 인한 인간관계의 체험은 정서적인 교류의 어려움을 가중시키고 있다. 따라서 원만한 인간관계를 맺는 방법을 익히는 것을 학교교육에서 생활지도를 통해서 가꾸어야 하는 요구가 극대화되고 있다.

따라서 학교에서 교사는 학생들에게 자신의 개인적인 특성을 이해하고 자기 자신을 발견하고 건전한 자아개념을 형성하도록 도와주고 그 욕구에 부합되는 기회와 환경 및 경험을 제고하여 학생 스스로 문제를 해결하고 환경에 잘 적응하여 자아실현을 이루도록 돕는 생활지도가 절실히 요청된다.

### 3) 생활지도의 목표

우리나라의 교육목적은 교육법에 명시된 바와 같이 "교육은 홍익인간의 이념 아래 모든 국민으로 하여금 인격을 완성하고 자주적이 생활능력과 공민(公民)으로서의 자질을 구유(具有)하게 하여 민주국가 발전에 봉사하며, 인류 공영의 이상실현에 기여하게 함을 목적으로 한다"라고 규정하고 있다. 이와 같은 교육의 목표를 통해서 생활지도는 경제적인 측면, 심리적인 측면, 정치적인 측면에 대한 이해를 돕는 것이 우선되는 과제일 것이다. 한편 생활지도는 인간의 동기적인 측면을 통해서 살펴보는 것도 매우 필요하다.

왜냐하면 생활지도는 학생의 에너지를 개인적으로는 만족하게 하고 사회적으로 용납되게 하는 활동으로 어떻게 방향을 잡아 주느냐 하는 것이기 때문이다. Maslow는 인간의 동기를 욕구위계설에 의해서 설명하였다. 욕구위계설은 하위의 욕구에서 상위의 욕구를 충족시켜 가는 과정으로 발달하는 것이다.

즉, 성장동기(growth motivation)에 의하면 상위의 욕구를 충족시키기 위해서는 하위의 욕구를 충족시켜야 한다는 것이다.

또한 교육은 각 개인이 개인적으로 만족스럽고 사회적으로 효과적인 생활을 달성할 수 있도록 각 개인의 신체적 · 정신적 · 도덕적 · 정서적 성장을 지도하기 위한 하나의 의식적 노력이다. 교육은 인간발달의 전 영역을 다룬다. 교육이 인간성장의 전체적인 면에서 취급된다면 모든 생활지도는 곧 교육이 될 수 있는 것이다. 그러나 교육의 모든 면이 곧 생활지도와 일치한다고는 할 수 없다. 교육과 생활지도의 목적은 개인의 성장 · 발달이라는 면에서는 동일하나 교육에서 사용하는 방법과 생활지도에서 사용하는 방법과는 차이가 있다. 생활지도의 목표는 각 개인이 자기의 요구나 계획에 대해서 주위 환경을 이해하도록 조력활동을 하는 것이다. 잠재가능성을 실현할 수 있도록 문제수행을 위한 조력과 이해를 제공한다.

생활지도와 휴육과의 관계를 혹자는 훈육이 생활지도의 기능을 수행하는데 장애가 된다고 생각한다. 그것은 학교의 모든 교직원에 의해서 주어지는 조력과정이다.

생활지도는 교수, 장학, 훈육에 있어서 해결될 수 있는 장소면 어디서나 찾아볼 수 있다. 사실상 훈육은 가장 유효하고 값진 생활지도 영역 중의 한 분야이다. 훈육은 두 가지 다른 의미를 지니는데, 좀더 구체적으로 살펴보면 다음과 같다.

훈육(discipline)은 어떤 목표의 달성을 위해서 필요하다고 생각되는 계획된 일련의 활동과 훈련이다. 예를 들면, 운동경기의 훈련, 식사, 수면습관 등이며 다른 예는 학위를 얻고자 이수하는 대학의 교육과정(curriculum)이다. 이러한 첫 의미에서 있어서 훈육은 법, 의학의 훈련과 같은 생동에 영향을 주는 일련의 규칙이나 법칙을 의미한다. 이것은 적극적인 훈육(positive discipline)이다.

훈육은 바람직하지 않은 행위에 대한 처벌을 의미한다. 예를 들면, 학교에서는 필요로 한 기준이 있는데 실패하게 되면 처벌이나 훈육의 결과를 낳게 된다. 이 때 훈육의 의미는 소극적인 훈육(negative discipline)이다. 훈육의 목적은 바람직하지 않은 행위를 예방하려는 것이다.

Erikson과 Happ는 생활지도의 목표를 다음과 같이 규정한다.

첫째, 각 개인으로 하여금 자기의 지적 · 사회적 · 도덕적 · 경제적 관계를 이해하도록 돕는다.

둘째, 학생들로 하여금 교육과 직업과의 관계를 이해하도록 도우며 학교의 기회를 가장 잘 활용하도록 돕는다.

셋째, 학생들로 하여금 직업계와 직업적 관계를 얻도록 돕는다.

넷째, 학생들로 하여금 생활에 있어서 바람직한 성격과 성공과의 관계를 인식하도록 돕는다.

다섯째, 학생들로 하여금 성공적인 직업과 교육적 적응에 비추어서 자기의 잠재 가능성을 고려하도록 돕는다.

여섯째, 학생들로 하여금 교과목과 과외활동의 선택을 통해 최대한의 행복감을 발견하도록 돕는다.

생활지도의 목표는 무엇보다도 각 개인이 자기의 문제를 자기 스스로 해결할 수 있는 능력과 새로운 사태의 적응능역을 길러 주는데 있다. 생활지도의 초점은 문제 자체가 아니라 각 개인이며 각 개인의 자율적인 성장을 촉진시키는 것이라고 할 수 있다. 그리고 자기 자신의 이해, 적응능력의 발전, 과학적 · 비판적 사고력의 함양을 통한 문제해결의 증대라고 할 수 있다. 즉 생활지도의 목표는 지 · 덕 · 체를 겸비한 자신감과 자율적인 능력을 가진 인간을 창조하는데 있다.

생활지도는 각 개인이 민주적 현상에 있어서 자기의 능력을 최대한 발달시킬 수 있는 전문적 봉사와 개인적 기회를 제공하는 것을 돕는 전체 교육계획의 총괄적인 분야이기 때문에 각 개인이 어떤 권리뿐만 아니라 민주사회 내에 책임을 가지고 있다는 것을 의미한다.

보다 넓은 의미에서 생활지도의 목표는 학생, 부모, 교사, 생활지도 전문가, 학교 행정가, 지역사회 인사들이 한 팀으로서 함께 협력하여야 할 필요를 내포하고 있다. 흔히 생각할 때 교육과정, 학습지도, 생활지도는 각각 독립된 영역과 기능을 가진 것으로 알고 있다. 그러나 이 세 가지는 서로 떼어 놓을 수 없는 밀접한 관계를 가지고 있으며 중첩적인 과정을 가진다. 우선 교육과정은 우리가 바라는 교육목표를 달성하기 위해서 마련되는 교사의 지도 아래서 학생들이 가지게 되는 모든 경험을 포함한다. 학습지도를 통하여 학생들이 가지게 되는 경험, 생활지도를 통하여 학생들이 가지는 경험은 모든 교육과정의 개념 속에 들어오는 것이다. 넓은 의미의 교육과정 계획은 좁은 의미의 학습지도와 생활지도를 위한 동일한 기반을 제공하는 것이다. 그리고 넓은 의미의 학습지도와 생활지도는 동일한 과정이다. 그런데 교육과정, 학습지도, 생활지도는 분리할 수 있는 것으로 생각하는가? 이에 대한 몇 가지 논의가 있다.

첫째, 교육과정을 학교에서 가르치는 교육내용으로 생각하고 학습지도를 그 계획된 교과 내용을 효과적으로 가르치는 과정이라고 생각하는 전통적인 학습개념이다.

둘째, 생활지도는 학교의 특별한 교육적 기능이며, 특별한 훈련을 받는 전문가만이 할 수 있고 또 그렇게 해야 한다는 생각 등이 지배적인 개념이다.

그러나 이론상으로 학습지도와 생활지도는 불가분의 관계이다. Dewey가 사회는 모든 인간이 상호간에 이해관계를 맺고 있는 곳이며, 개개인이 모두 행복하게 살기를 바라며 바람직한 인간관계를 유지하며, 생활해 가는 곳이라고 했듯이 이러한 사회에서 생활하기 위한 방법을 지도하는 것이 생활지도의 근본적인 목표라고 할 수 있다.

## 2. 생활지도의 원리

생활지도의 원리는 간단히 정의 내리기는 어렵다. 왜냐하면 생활지도는 발달의 과정에 있는 개인을 돕는 것이며, 개인과 환경은 상호작용을 하기 때문에 각 개인을 돕는 것은 복합성(complexity)을 동반하는 것이다. 그럼에도 불구하고 생활지도는 일반적으로 다음과 같은 원리로 정의 내려 보고자 한다.

### 1) 생활지도는 각 개인의 가치와 존엄성을 믿는데 기초를 둔다.

생활지도의 원리 중 어느 정도 합의에 이른 점은 각 개인의 존엄성과 가치의 민주적 개념에 기초를 두고 있다는 점이다. 생활지도는 민주적 이상에 의해서 인도(guide)된 사회에서 발달된 미국 학교제도의 산물이다. 각 개인가치의 민주적 이상에서 잉태된 것은 개인 자유의 가치이다.

### 2) 각 개인의 전체적 발달은 생활지도의 중요한 목표이다.

생활지도는 각 개인의 전체적 발달을 돕는다. 전체적 발달이란 지적, 신체적, 사회적, 정서적 발달의 균형잡힌 상태의 발달을 의미한다. 즉 생활지도는 지 · 덕 · 체의 균형잡힌 발달을 목표로 한다.

### 3) 생활지도는 전체적 교육프로그램 중 하나로 통합적 부분을 형성한다.

넓은 의미에 있어서의 교육은 세 가지 기능, 즉 교수적 기능, 행정적 기능,

생활지도의 기능 등으로 생각할 수 있다. 교수적 기능은 교과목 학습만이 아니라 태도나 교수적 기술을 발달시키는 기능이다. 행정적 기능은 교육적 프로그램을 계획하고 수행함으로써 교수적 과정을 촉진하는 기능이다. 생활지도 기능은 학생에 관계된 서비스 기능이다.

이러한 입장에서 볼 때 현대교육은 지적 발달만이 아니라 학생의 전인적 발달을 강조하고 있으므로 조직적인 생활지도 프로그램은 필요한 교육활동인 것이다. 이는 전교직원 간의 협력관계이며, 교육계획에 있어서 생활지도의 책임은 정서적 안정과 성격 성숙의 발달을 촉진하는 것이다.

### 4) 생활지도는 전체 학생이 대상이 된다.

생활지도의 대상은 일부 부적응아에 한정된 것이 아니라, 정상아를 포함한 모든 아동과 학생이어야 한다. 부적응아 혹은 문제학생의 행동을 이해하고 분석하고 치료하는 것은 전문적 지식과 경험이 필요할 뿐만 아니라 많은 시간과 노력이 소요된다. 교사나 상담자(counselor)는 정상적이고 건강한 학생들을 지도하게 된다. 상담실 혹은 지도연구소는 신경과민의 학생이나 문제성을 지닌 학생만이 출입하는 곳이 아니므로 문제를 갖지 않은 정상적인 학생들도 더욱더 건전하게 성장 · 발달할 수 있도록 지도하는 것이다.

### 5) 생활지도 활동의 중심은 상담이다.

생활지도 활동은 대체로 학생이해활동, 정보활동, 상담활동, 정치활동, 추후활동 등으로 이루어진다. 이러한 활동 중 가장 중핵적인 활동이 되는 것은 상담활동이다.

### 6) 생활지도는 치료나 교정 효과보다는 예방을 원칙으로 한다.

현대의학이 치료에서 예방의학으로 발전하듯이 생활지도는 어떤 문제가 일어났을 때 그 해결을 지도하는 것도 중요하지만 문제가 발생하지 않도록 사전에 지도하는 것이 더 중요하다.

### 7) 생활지도는 하나의 학습과정이다.

일반적인 생활지도는 발달상에 나타나는 부적응행동의 적응행동으로의 안내이다. 즉, 생활지도의 대상인 아동 및 청소년들은 그들이 경험하지 않은 상황에 대처하는 방법을 경험을 통해서 습득하게 된다. 경험과정에 있어서 적절한 안내와 지도를 받게 되는데 이러한 과정을 학습과정이라고 한다.

### 8) 생활지도는 처벌보다 선도 또는 지도가 선행되어야 한다.

생활지도는 일반적으로 발달상의 어려움을 겪는 부분에 대한 조력과정이라고 할 수 있다. 아동 및 청소년들이 겪는 문제는 대부분 발달상의 경험부족에서 이루어지는 경우가 대부분이다. 그렇기 때문에 경험의 부족으로 인한 문제는 처벌보다는 모델링이나 구체적인 방법에 대한 이해를 돕는 지도가 요구된다.

## 3. 생활지도의 영역

학교교육에 있어서 생활지도는 그 동안에 개인의 학업성적이나 품행에 보다 더 주안점을 두어 왔다. 그러나 학교교육의 대상자들이 발달과정상에 있는 것을 고려한다면, 아동의 생활경험은 어떤 한두 가지의 영역에만 국한된 것이 아니라 오히려, 아동생활 전반에 걸친 지도가 필요하다는 것이다.

생활지도 운동은 직업지도의 필요에 의해서 출발했기 때문에 처음에는 직업지도를 의미하였다. 생활지도의 영역을 분류하기 전에 인간이 가진 문제는 복잡 다양하기 때문에 문제의 영역을 바로 말하기는 어렵다. 문제는 개인적인 요인에 의한 문제와 발달과정상의 문제가 서로 상호관련이 되어 있으며 문제행동에는 그 원인이 있다는 가정도 필요하다. Allport는 인생은 보는 측면에 따라서 그 의미가 달라질 수 있다. 어떤 가치체계로 인생을 보며 행동하느냐에 따라서 태도가 달라질 수 있으며 문제의식도 달라질 수 있다.

그래서 생활지도의 영역은 학자에 따라서 견해를 달리하고 있지만 크게 문제영역별, 기능영역별로 구분해서 살펴보고자 한다.

### 1) 문제영역별

일반적으로 생활지도는 그 영역을 분류함에 있어서 학급별에 따라 성별, 지역별, 인문계 · 실업계에 따라 생활지도의 영역은 달라질 수 있으나 이런 요인들을 초월해서 공통적으로 포함하는 대표적인 영역들이 있다. 김충기(1983)는 교육지도, 직업지도, 성격지도, 건강지도, 상회성지도, 여가선용지도, 도덕성지도, 정교지도 등을 생활지도의 문제영역별로 분류하고 있다.

생활지도의 활동영역을 확실히 구분짓기는 어려우나 대체로 다음과 같이 분류하여 볼 수 있다(공석영 외, 2005).

#### (1) 신입생 오리엔테이션

신입생 오리엔테이션이란 신입생에 대해서 행하여지는 특별한 지도로서 신입생들로 하여금 보다 빠른 시간 안에 효과적인 적응을 할 수 있도록 지도하기 위한 일련의 교육활동이며, 학교의 연혁, 교수진, 시설, 학생복지, 도서관 이용 등에 관해서 지도하는 것이다.

### (2) 학업지도

학업지도란 학교 생활 중 학력 향상을 위한 지도로서 교과목 선택, 효과적인 학습방법, 과외활동의 선택지도, 독서지도 등이다. 즉 학업지도는 학교활동의 중핵적인 영역으로 학생들의 학습을 돕는 활동이다. 학업지도 대상의 문제는 새로운 학교에서의 적응문제, 교육과정 선택의 문제, 학업성적 부진의 문제, 특수아동의 문제, 진급이나 진학에 관련된 문제, 학습방법 및 학습습관의 문제 등이다. 구체적인 학업지도의 인식은 오리엔테이션, 학업부진아 및 특수아 지도, 학습습관 및 방법지도, 진학지도, 각종 검사에 의한 학습행동과 학업성취도의 평가 등이 포함된다.

### (3) 진학 및 진로지도

복잡 다양해진 직업세계는 점차적으로 발달을 하고 있어서 학생들에게 그들의 진로를 보다 적극적으로 지도해 주어야 할 필요성이 요청된다. 따라서 학생의 적성과 능력에 알맞은 학과를 선택할 수 있도록 진학에 대한 조력이 필요하며, 기관에 대한 포괄적인 자료를 수집하여 정보를 제공하는 활동을 포함해야 할 것이다.

진학 및 진로지도는 각 학생들이 자신의 진로에 대한 의식을 고취하고 자신의 적성에 맞는 진로의 결정과 그 목표달성에 필요한 활동들을 실행할 수 있도록 돕는 영역이다. 진로지도는 개인으로 하여금 중요한 미래의 방향을 선택 · 준비하도록 돕는 의사결정의 과정으로서, 여기에는 크게 진학지도와 직업지도가 포함된다.

올바른 직업관을 가지도록 지도하고 직업선택을 위한 도움을 주려는 교육활동으로서 대상이 되는 문제는 직업적 준비과정에 관한 문제, 직업의 선택과 결정에 관한 문제, 직업의 세계에 대한 정보와 자료의 수집 · 보관 · 제공에 관한 문제, 학생 자신의 직업적 적합성을 이해하는 것에 관련된 문제, 직업적 능력을 발달시키는 것에 관한 문제 등이다.

직업지도가 성공하기 위해서는 학생 개개인의 능력에 대한 올바른 이해, 직업 자체에 대한 정확한 이해, 개인의 적성과 직업간의 상호 관련성에 대한 합리적이고 현실적인 판단이 이루어져야 한다. 직업지도는 각 학생의 직업선택, 직업준비, 취업알선 등 장래 직업에 관련된 영역에 대해서 지도하는 영역으로 이러한 목적을 달성하기 위해서 학생에게 직업에 관한 정보를 제공하며, 취업희망 조사와 각종 직업세계에 대한 자료들을 수집하여 학생들로 하여금 직업준비에 대한 탐색적 경험을 제공하도록 노력해야 하는데 크게 두 관점으로 나뉘어진다. 하나는 개인의 원만한 직업적인 적응을 고려해야 한다. 예를 들면, 개인의 이해, 직업의 분석, 개인과 직업과의 관계성이다. 직업적인 문제와 관련된 고전적 접근은 인간과 직업과의 관련을 맺는 문제라고 할 수 있는데, 이 사고의 태도에 따르면 처음 단계는 각 개인의 적성, 흥미, 학력, 목표에 대한 평가이다. 그런데 이러한 평가의 어려운 점은 각 개인의 능력이 변하고 직업세계도 변하고 있다는 점이다. 또 하나는 직업선택이 기본적으로 지적인 면이라는 것이다. 한편, 직업적 발달은 아동초기부터 시작한다. 명확한 직업적 의의를 가지는 최근의 학습 중 하나는 직업에 있어서 남녀의 구별학습이다.

직업적 자아개념의 형성은 아동기에 시작해서 그 후 경험에 의해서 수정된다. 아동기, 청소년기를 통해서 학습된 직업적인 틀은 직업적인 발달에 있어서 기초적인 요소가 된다. 여러 학자들이 제시하는 진로발달 단계는 다음과 같이 정리되어진다. 직업적 발달은 학생이 학교를 떠난 후 오래 계속되며, 각 개인의 발달형태는 개인에게 매우 독특하고, 각 개인의 전체적인 발달의 한 측면이라는 것이다.

### (4) 건강지도

학교에서의 건강지도는 학교생활 측면(급식, 급수, 채광, 휴식 공간, 학교건물, 정신위생적 건강, 신체적 건강 등), 건강 서비스 측면(건강진단, 신체검사, 질환이나 영양 결함자에 대한 치료 등), 건강교수 측면(건강교육에 필요한 기초적인 원리와 지식을 이해시키고 스스로의 건강을 관리할 수 있도록 하는 것)의 세 영역으로 나누어진다. 그럼에도 불구하고 건강지도의 문제는 신체적 결함, 운동의 부족, 영양실조, 위생관념 등의 주로 신체적인 면의 지도를 의미한다. 건강지도는 학생의 건강이나 신체적 발달에 관해서 적절한 조언과 조력을 해 줌으로써 아동이 신체적으로 건전하게 발달할 수 있도록 지도하는 것이다. 한편 건강지도에는 신체적 건강지도와 정신위생에 관한 지도, 공중위생지도, 안전지도 등이 포함된다.

### (5) 인성지도

인성지도는 성격지도 또는 인격지도라고 하는데 개인의 정서적 안정 및 바람직한 품성을 형성하도록 도움을 주는 교육활동으로서 자기 성격의 긍정적인 특성을 발달시키고 촉진시킨다. 문제가 되는 요인은 정서적 문제, 사회적 행동문제, 가족관계의 문제, 종교나 가치관 등에 관련된 문제 등으로 지나친 내 · 외향성이나 우월감 · 열등감, 정서적 불안, 욕구불만, 신경과민, 정신 불건강, 불건전한 습관과 태도 등이다. 모든 개인적 · 심리적 부적응 문제에는 이에 관한 전문적인 지도가 포함되어야 하며, 이런 문제들은 개인을 대상으로 생활지도를 하는 것이 바람직하기 때문에 개별적인 생활지도 활동이 요구된다.

인성지도는 아동 개개인이 자기의 인격을 올바르게 인식하고 원만한 인격의 소질을 육성하도록 조언하여 한 개인이 인간으로서 조화로운 발달을 이루고, 한 인격체로서 완성될 수 있도록 지도해 나가는 과정이다. 즉 원만한 인격형성에 장애가 되는 인간의 기본적인 욕구불만, 우월감, 열등감, 공격적 태도, 정서적 불안감 등을 제거하여 줌으로써 올바른 성격형성을 지도하는 것을 말한다. 성격이라는 말을 한 마디로 개념을 정의하기는 어렵다. 그러나 성격이란 선천적인 면이 있음과 동시에 환경과의 상호작용으로 발전된다는 데는 이론의 여지가 없다. 그러나 인격이 형성되는 데 있어서 주요한 자극은 사회적 환경이다. 청소년기에 들어서 생활에 큰 변동을 가져오게 되어 성격발달에 큰 영향을 미치게 되는 것이다. 친구를 찾아서 그들의 문제를 나누고 가치관을 토의하며, 같이 즐기고 같이 슬퍼하는 일을 찾아 가정을 떠나고 학교 안에서 보다 밖에서 무리를 지어 행동하게를 좋아한다. 이러한 성격을 통해서 그들의 성격은 급변하고 행동은 극단적인 것, 모험적인 것, 상도를 벗어나는 일이 많기 때문에 부모나 교사들의 특별한 지도가 요청되는 것이다.

### (6) 사회성지도

인간은 사회적인 존재이기 때문에 언제나 집단 역동성, 즉 가정, 학교, 사회집단 등 일정한 사회적 망(social web) 속에서 생활하고 있다. Social이란 말은 라틴어의 socials로부터 유래하여 기원은 언어학적 역사가 있을 때부터라고 볼 수 있다. 오늘날 인간이 직면하고 있는 대부분의 문제는 생물학적 생존에 관련된 문제만이 아니라 사회적인 문제이다. 인간의 생활을 집단에서 비롯되므로 사회적 상호작용과 각 개인의 행동 사이의 관계와 관련된 심리학의 영역을 사회심리학적 측면에서 연구하게 되었다. 하나의 사회적-심리학적 집단은 각개 회원으로 구성되어 있는 사회적 단위이다. 집단은 하나의 구조, 지도성, 힘, 사회측정, 의사소통 등을 가지고 있다. 즉 그것은 회원 사이에 심리적인 망(psychological metric)과 개인차이다.

사회성지도는 각 개인 혹은 학생의 교양, 도덕적인 윤리관, 인간존중의 습관형성, 의사전달의 합리적인 방법, 관용과 불관용, 이성의 선택, 이성과의 교제, 집단에서의 대인관계 등 원만한 인간관계를 유지하며 협동과 봉사의 정신으로 생활할 수 있도록 하는 사회성 개발에 대한 지도를 뜻하는데 이는 집단활동을 통해서만이 가능하다. 따라서 사회성지도는 반사회적이거나 비사회적인 행동을 예방 치료하고 협동, 관용과 같은 건전한 사회적 행동을 발달 촉진하기 위한 생활지도의 한 영역이다. 공격적이거나 반항적인 행동, 파괴적 행동이나 퇴행적 · 도피적 행동 등과 같은 사회성 문제에 관련된 행동을 들 수 있다. 지도상의 유의점은 다음과 같다.

① 정서적 안정감이 건전한 사회적 행동의 기초가 된다.
② 안정감 · 소속감 등 기초적인 사회적 욕구를 만족시켜 주도록 유념한다.
③ 집단의 분위기를 우호적이고 자유롭게 조성한다.
④ 많은 사회적 경험의 기회를 갖게 한다.
⑤ 교우관계에 관심을 가지고 지도한다.

### (7) 여가선용지도

현대인들에게는 이미 여가를 위한 정보 및 활동에 대한 관심이 건강과 행복을 위해서 매우 필수불가결한 요소로 대두되었다. 여가선용지도는 학교나 사회에서는 개인이 자유로운 시간을 유용하게 이용할 수 있도록 하는 것으로 취미활동이나 창작활동, 감상활동 등으로 개인이 활용할 수 있는 시간을 뜻있고 생산적으로 보낼 수 있도록 하기 위한 영역이다.

인간이 복잡한 사회적 · 경제적 · 산업적 조건으로부터 일어나고 있는 중요한 문제 중의 하나는 여가시간의 효과적인 사용이다. 증가된 생활기대, 노동시간의 단축, 체계적인 은퇴계획은 여가의 위치를 중요하게 하였다. 많은 사람들이 다른 기관과 마찬가지로 학교는 학생들에게 여가를 준비하고 여가의 만족스러운 사용을 하는데 있어서 생활지도자들이 커다란 책임을 가질 필요가 있다고 느낀다. 여가 개념은 때때로 자유시간 또는 여가시간으로 생각하여 왔다. 여가는 인간의 신체를 유지하기 위한, 즉 먹고, 잠자며 신체의 보호를 이루는 활동에 시간을 소비하는 것이 아니다. Leisure는 안일(idleness)과 동의어로 생각할 수 있으나 leisure의 보통 정의는 직접적인 민족을 가져오는, 보수 없이 자유로이 추구되는 활동을 말한다. 또한 여가의 세 가지 주요 기능은 오락, 연회, 그리고 개인적 발달을 말한다.

여가의 활용은 정신건강의 증진뿐 아니라 공부의 능률 향상을 위해서도 필요한 것이므로 그 중요성이 점진적으로 인식되고 있다. 최근에는 각종 오락 시설의 종류가 다양하게 보급됨에 따라 여가시간을 유효적절하게 이용하도록 하는 지도가 더욱 필요하게 되었다. 여가시간을 선용함으로써 개인의 인간성을 높이고, 교양을 풍부하게 할 뿐 아니라 신체적으로나 정신적으로 새로운 활력을 얻도록 지도해야 한다.

여가를 위한 시간의 양은 대체로 신체적 · 사회적 욕구를 공급하는데 의존한다. 사람은 먹고 자고 배설하는 데 시간을 줄임으로써 여가를 증가시킬 수 있다. 여가가 특권계급의 특권이 된다고 생각하던 때가 있었다. 노예시대, 고대 아테네, 로마 그리고 미국 등이다. 부와 권력의 전통을 가진 이 계급은 생계를 유지할 필요와 여가생활을 하기 우해서 수많은 사람들에게 봉사하도록 명령을 할 수 있었다. 그러나 오늘날은 신념이 생기게 되었다. 즉, 퇴직을 위한 준비와 생산이 증대되므로 하루에 8~9시간의 노동을 하고 그 이상의 시간은 자유로이 활용할 수 있게 된 것이다.

여가시간의 활동을 위한 학교의 책임으로는 학교의 교육과정 아래에서 교육적 경험을 구성하고 있는 것이기 때문에 그러한 교육적 경험은 규칙적으로 정규수업의 형태를 취할 수도 있으며 과외활동으로 구성될 수도 있다.

교육과정을 통해서 읽기, 쓰기, 미술, 음악, 가정, 경제 등 여가시간에 효과적인 참여의 기초가 되는 기본적인 기술을 습득시킬 수 있다. 다시 말하면 여가선용지도는 학교나 사회에서 각 개인이 여가를 가치있게 활용할 수 있도록 레크리에이션 활동을 선택하고 이러한 활동을 통해서 고상한 취미와 심신의 건전한 발달을 도모하게 하는 지도이다. 가치있는 여가선용 활동으로는 스포츠,

독서, 미술, 오락, 사회 활동 등을 들 수 있다. 이러한 활동 중에서 각 개인의 흥미, 요구, 능력, 성격 등에 가장 적합한 것을 선택하여 여가를 선용하도록 하는 것이다.

#### (8) 가정생활지도

가정생활지도란 학생들이 가족 구성원으로서 원만한 가정생활을 영위해 나갈 수 있도록 지도하는 것을 말한다. 여기에는 모든 학생으로 하여금 가정에서 자신의 중요성을 인식하게 하고 부모와의 관계에 있어서 원만성을 유지하도록 지도한다. 가정적인 문제로 고민하거나, 가정생활에서의 갈등으로 인하여 부적응 상태에 있는 학생을 대상으로는  가정생활에 적응할 수 있도록 전문적인 상담과 지도를 해야 한다.

가족은 인류사회에서 가장 원초적인 사회집단으로서 가족원의 행동과 사고에 지대한 영향을 미쳐 왔다. 가정은 인간의 인격형성 과정에 있어서 가장 중요한 역할을 담당하는 곳이다. 언어와 지식은 물론 행동양식이나 가치관 등도 모두 가정에서 어릴 때부터 배우게 된다. 우리나라의 전통적 가족구조에 부모와 자녀 간의 윤리적인 효 개념이 지배적으로 내려오고 있다. 부모에 대한 순종과 권위에 대한 복종만을 배워 온 전통적인 가정보다는 민주적이고 합리적인 인간관계의 모색을 활발히 하고 있다.

효는 사상적으로 부모를 받드는 윤리를 넘어 근본적으로 인간의 도리를 포괄한다. 그런데 효 규범을 기초로 한 가족질서는 긴밀한 가족관계를 형성하여 정서적 지지를 통한 심리적 안정감으로 이어지지만 가족구성원간의 관계가 수직적으로 형성되고 위계화되어 가족구성원간의 차별로 이어지는 한계를 드러낸다. 그러나 가부장적 가족관계의 기반이 되는 부자관계나 부부관계가 수평적 · 민주적 관계라고 하기보다는 수직적 인간관계로 형성되며, 차별적 부부관계는 남녀 차별로 이어지는 교육적 한계가 나타난다. 따라서 현대적인 의미의 효는 수직적 · 수평적 통합을 이룬 관계, 즉 자유롭고 평등한 관계 속에서 자녀가 부모에게 바치는 의무적 규제가 아니라 사랑의 감정으로 표현되는 자발적인 것으로 의식의 전환이 이루어져야 한다. 현대적인 효는 또한 올바른 정서의 원천이 되는 심리적 장소, 즉 고도의 물질문명을 누리는 대신 정서적 박탈감과 불안감, 소외감에 시달리는 현대인들에게 따뜻한 안정감과 인간으로서의 자기완성을 위해서 심리적으로 안주할 수 있는 위안이 되는 곳이어야 한다. 더불어 현대적인 의미의 효는 가족구성원들간의 역할에 따른 의무가 함께 하는 개념으로 받아들여질 수 있어야 한다. 무엇보다도 가족간의 정서적 지지와 민주적 관계의 지표이며 이를 상승시키는 중요한 수단이 되어야 한다(정진선, 2003).

### (9) 창조성지도

창조성지도란 한 개인이 자신의 경험을 토대로 외부의 가치로운 정보를 받아들여서 현실생활에서 보다 유용하고 독창적인 원리나 방법을 터득하도록 안내하는 것을 말한다.

교사는 교과서 내용을 설명할 때 창조력 증진을 위한 분위기를 마련해야 하며, 나아가서 학습지도안을 작성할 때도 창조적 학습지도안이 되도록 그 내용을 반영하여야 할 것이다. 생활지도를 통해서 창조력을 신장하는데 유의할 점은 다음과 같다(한관일, 2005).

① 상상력을 발휘할 수 있는 자료나 기회를 많이 제공하고, 그것을 풍부하게 하는데 도움이 되는 물리적 · 심리적 환경을 제공한다.

② 스스로 생각해 보고 꿈꾸어 볼 수 있는 시간을 확보하고 격려해 주어야 한다.

③ 떠오르는 생각을 기록하거나 다른 방법으로 표현하도록 격려해 준다.

④ 학생의 글, 그림, 작품, 아이디어를 살려 주거나 구현시켜 준다.

⑤ 자연스럽게 개성을 살리는 경향으로 기회 있을 때마다 칭찬해 준다.

⑥ 어휘나 역할놀이를 많이 시키되 규칙이나 역할을 자주 바꾸도록 한다.

⑦ 언어나 수 또는 우리가 사는 사회의 조직 원리로 바꾸어 새로운 것을 고안해 내도록 자극한다.

⑧ 기존의 문화 요소에 건설적인 불만이나 의문을 가져 보고, 대안을 고안하도록 격려한다.

⑨ 시, 소설, 극본 같은 것을 자주 써 보도록 하며 목재, 함석, 종이 등을 주어서 무엇인가 자기 스스로 만들어 보도록 한다.

⑩ 주위에서 흔히 보는 물건의 다른 용도를 다양하게 찾아보도록 격려한다.

⑪ 두 개 이상의 어휘, 물건, 개념, 인물을 아무렇게나 선정해서 그들 간의 의미 있는 관계를 찾아보거나 의미가 있도록 그것들의 어떤 면을 변화시켜 보는 경험을 하게 한다.

⑫ 항상 학생을 사랑하고 그들로 하여금 그것을 알도록 행동한다.

⑬ 창조적 사고도 학습을 통해서 배워지는 것임을 알게 한다.

### 2) 기능적인 영역

학교에서의 생활지도 활동은 기능적인 영역에서 크게 학생이해(조사)활동, 정보활동, 상담활동, 정치활동, 추수(추후)활동 등으로 나뉘어진다. 이와 같은 모든 생활지도 활동의 중심활동은 상담활동이며, 이 상담활동은 모든 학생지도 활동의 중핵이 된다. 생활지도를 효과적으로 이끌기 위해 필요한 제반활동은 다섯 가지 활동으로 나눌 수 있다.

① 학생을 이해하기 위한 조사활동

② 학생에게 필요한 정보를 제공하는 활동

③ 학생의 부적응의 문제를 해결하기 위한 상담활동

④ 수집된 정보에 의해 학생 자신이 어느 한 단계에서 다음 단계로 옮겨갈

때 적절한 도움을 주는 정치활동

⑤ 생활지도 프로그램에 의해 도움을 받는 학생을 대상으로 하는 추후활동이 있다.

### (1) 학생이해(조사)활동

학생이해활동은 좁은 의미로 학생조사활동(student inventory service)이라고 말할 수 있다. 학생조사활동은 일정한 생활환경 속에서 자라나는 아동, 학생에 관한 자료를 수집하는 활동을 의미한다. 학생들을 올바르게 이해하기 위해서는 우선 그들의 필요, 흥미문제, 성장 가능성과 생활환경을 바르고 정확하게 이해하는 것은 조직적인 생활지도의 가장 기초적인 단계라고 할 수 있다.

학생조사활동의 대상으로는 가정환경, 학교성적, 특별활동, 교외활동, 교우관계, 지능, 적성 · 흥미, 성격, 건강, 장래의 희망 등은 물론이고, 현재의 적응 또는 부적응에 관련되는 모든 상황 및 조건이다. 학생조사활동에서 수집된 자료는 객관적인 신뢰도가 높아야 하며, 수집된 자료는 문제해결에 필요한 사실과 요인이 포함되어야 할 뿐만 아니라 다양한 방법과 기술에 의하여 정보를 수집하고, 수집된 자료는 잘 기록 · 보관되어야 한다.

학생을 이해하기 위한 방법으로 가정환경, 개인의 지적 능력, 학업성취도, 적성 및 인성 또는 장래 희망 등의 자료를 수집하여 분석하기 위한 방법과 기술로는 ① 관찰법 ② 질문지법 ③ 면접법 ④ 검사법 ⑤ 사례연구법 등의 방법을 쓸 수도 있으며 각종 개인정보를 제시한 생활기록부 또는 각종 누가기록을 적용하여 파악할 수 있는데 구체적으로 살펴보면 다음과 같다.

#### ① 관찰법

관찰은 다른 과학에서와 마찬가지로 행동이나 특성을 이해하는 가장 기본적인 방법이다. 관찰을 할 때에는 어떤 특정한 문제를 해결하기 위해서 의도적으로 행하는 관찰이 있고 특별한 목적이 없이 학생들의 행동이나 태도를 무의도적으로 관찰하는 경우가 있다. 관찰법은 내관법(내성법)과 외관법으로 구분할 수 있는데, 내관법이란 자기의 의식적 과정과 상태를 자기 자신이 관찰하여 보고하는 방법이다. 일기나 작문의 형식인데 의식(슬픔, 분노 등)은 시냇물이 흘러가듯이 부단히 유동하는데 이것을 정지시켜 관찰한다는 것은 물을 막아버리는 것과 같다. 슬픔이 지난 다음 기억을 더듬어 슬프다는 의식과정을 관찰할 따름이다. 지나간 과거의 경험들을 추상적 내성으로 연구할 수 있다. 외관법은 아동, 학생의 행동(언어, 태도, 표정 등)을 자연상태 그대로 관찰하는 방법이다. 관찰이란 우리 주위에서 일어나는 일들에 대한 지식을 얻는 가장 기본적인 방법으로서, 인간의 감각기관을 매개로 외계의 현상을 인식하는 기초적인 방법인 것이다.

② 질문지법

질문사항이 열거된 용지에 대답하게 하는 방법이다. 질문지의 용도는 크게 나누어 사실(fact)을 위한 것과 의견(opinion)을 위한 것으로 볼 수 있다. 사실에 대한 질문은 가정현황, 부모의 교육정도, 건강, 출신학교 등이며 의견이나 태도에 대한 질문은 신앙, 정치, 경제, 민주주의 등의 내용이다. 질문지법은 부모나 교사에게 질문지를 던져서 그들로 하여금 학생의 여러 가지 상태에 대한 객관적인 의견을 진술하도록 하는 방법과 한 학급집단의 학생들이 상호평가해서 보고하는 방법이다. 질문지법의 형식으로는 자유반응형, 선택형, 체크리스트형, 평정척도형 등이 있다.

③ 면접법

면접법이란 면접인의 훈련된 수법으로 피험자의 모든 면을 조사하는 방법으로 주로 언어적 수단을 매개로 이루어지는 과정이다. 면접이란 어떤 정보나 자료를 얻기 위해서 두 사람이 직접 대면하여 이르는 대화로 최근에는 치료적 가치를 인정하고 있다. 면접은 선발을 위한 조사면접과 상담면접으로 구분할 수 있다. 조사면접이란 자료수집을 말하며, 상담면접이란 장래계획이나 부적응의 증상을 조사하거나 치료할 목적으로 면접하는 방법을 말한다.

④ 검사법

검사법이란 피험자에게서 구체적인 정보를 측정하기 위한 방법으로 학생이해를 위한 측정 및 검사활동은 그 검사영역으로 지능 혹은 학생능력을 측정하기 위한 검사, 학생의 각 교과에 있어서의 성적을 측정하기 위한 검사, 학생의 흥미와 적성을 측정하기 위한 검사, 학생의 인성 혹은 적응상태를 측정하기 위한 검사 등으로 구별하여 생각할 수 있다.

⑤ 사례연구법

사례연구는 한 개인의 과거와 현재의 사실을 가능한 한 상세히 조사하여 개인문제의 원인과 조건을 명시하는 방법이다.

### (2) 정보제공 활동

정보제공 활동의 일반적인 목표는 우연적인 환경적 요소를 이해하고 평가하도록 학생들을 돕는 것이다. 정보활동이란 학생의 생활환경과 그의 문제에 관련된 여러 가지 정보를 수집 제공하는 모든 활동을 뜻한다.

학생이 자기의 문제를 해결하거나 장래계획을 세우기 위해서는 자기를 둘러싸고 있는 환경조건을 이해하고 정확히 파악할 수 있어야 한다. 따라서 필요한 정보를 수집하고 제공해 주는 일은 생활지도 프로그램에서 중요한 자리를 차지하게 된다. H. Miller는 정보활동의 목적을 다음과 같이 제시하였다.

첫째, 학생이 현재 직면한 환경을 이해하고 이에 적응하는 것을 돕기 위한 것이다. 둘째, 학생이 미래의 직업이나 장래를 탐색하는데 소용되는 보다 넓은 정보를 마련하는 일이다. 셋째, 장차 특정한 계획과 직업계획에 필요한 정보를 얻고 해석하는 것을 돕는 것이다.

이러한 목적에 대해 생활지도에서 필요로 하는 정보는 교육적 정보, 직업적 정보, 개인적 · 사회적 정보 등의 세 영역으로 구분할 수 있다.

#### ① 교육적 정보

교육적 정보란 학생들이 학습활동을 해나가는데 관계되는 정보를 말한다. 다시 말해서 학생들이 자기의 교육계획을 합리적으로 세우고 교육과 학습의 기회를 최대한으로 활용하기 위하여 알아두어야 할 정보자료를 말한다. 예를 들면, 상급학교 진학을 위한 교육프로그램에 관한 안내, 장학제도 및 기타 학비조달에 관한 사항, 학교 내외의 도서관 이용법과 자료 수집법, 학습 습관과 기술에 관한 사항, 특정한 과정의 학습 요령 등이다.

#### ② 직업적 정보

직업적 정보란 직업에 관련된 사항을 합리적으로 계획하고 타당한 직업 선택을 할 수 있도록 도움을 줄 수 있는 유용한 자료를 말한다. 예를 들면, 직업의 분류와 종류, 각종 직업에 취업하기 위한 자격, 취직과 승진에 필요한 지식과 방법, 각종 직업에서의 작업조건, 기술고시 및 기술자 등록에 관한 사항 등을 말한다.

#### ③ 개인적 · 사회적 정보

개인적 · 사회적 정보는 자기 자신과 남을 이해하는데 필요한 정보로서 자신을 보다 잘 이해하고 발전시키는 것을 돕는 인간에 관한 자료를 말한다. 예를 들면, 자기 이해와 자기 통찰에 유용한 자료, 건전한 인성의 발달을 도울 수 있는 자료 등을 말한다.

이상의 정보들은 한데 묶어서 통합적으로 수집하고 제공하는 과정으로 이루어져야 한다. 정보의 수집은 여러 분야에 있어서 전문적인 이해가 있는 교사에 의해서 그 원천을 찾아 여러 정보를 수집, 적절히 분류하고 조직하여 언제나 필요한 정보를 용이하게 사용할 수 있도록 하여야 한다. 또한 수집된 정보를 제공할 때는 학생의 성숙 수준과 필요와 흥미에 맞추어 교육적으로 제공되어야 한다.

### (3) 상담활동

상담은 전체 생활지도 활동 가운데 가장 핵심적인 영역을 차지하는 활동으로 간주되고 있다. 학생들은 상담을 통해서 그들이 당면하고 있는 부적응의 문제해결을 위하여 직접 도움을 받을 뿐만 아니라 그들의 장래 계획을 설계하고 자신의 힘으로 건전한 발달을 이룩하는데 도움을 주게 된다.

상담은 모든 학생을 대상으로 그들의 건전한 성장 · 발달을 도와 주기 위한 활동이다. 특히 적응상의 문제를 가지고 있는 학생을 대상으로 그가 당면하고 있는 부적응의 문제를 바르게 이해하고 자신의 힘으로 해결할 수 있도록 도와주는 활동으로 내담자와 상담자와의 일대일의 관계인 대화를 통해서 문제를 해결하는 계획적이고 전문적인 임상적 봉사활동이다. 상담은 인간에 대한 이해와 온정 및 인도주의적 태도를 갖춘 상담자에 의해서만 성공을 거둘 수 있다. 그러므로 성공적인 상담을 위해서는 과학적인 지식이나 기술만이 아니라 인간에 대한 성숙한 태도와 내면세계에 관한 민감한 이해가 필요하다.

### (4) 정치(定置)활동

정치활동이란 학생 자신이 적재적소에 적응할 수 있는 능력을 지니도록 도와 주는 활동이다. 개인의 성장과 발달은 삶의 장기적인 전망 속에서 선택과 결정을 통하여 이루어지고 있다. 그러므로 인간은 어느 한 가지를 결정짓고 다음 단계로 넘어가 새로운 결정을 내리지 않으면 안 되며 이 때에 자기선택과 자기결정을 위해서는 보다 많은 객관적인 정보와 제삼자의 도움을 필요로 하게 된다.

정치활동은 크게 교육적 정치활동(학업적 정치활동)과 직업적 정치활동으로 대별된다. 교육적 정치활동은 교과활동의 선택에 대한 지도, 교과 이외 활동에 대한 선택지도, 진학 · 전과 · 전학 · 중퇴 · 월반에 대한 지도, 실습 · 훈련과정에 대한 지도 등이 포함된다. 직업적 정치활동은 졸업생이나 중도 퇴학자를 대상으로 실시되기도 하지만 경제적으로 어려움을 겪는 학생에게 적절한 직업이나 부직을 알선해 주는 활동도 포함될 수 있다(오만록, 2002).

학생 자신이 건전하고 보다 잘 적응된 생활을 영위하도록 하기 위해서는 학생으로 하여금 일정한 계획을 세우고 그의 능력에 맞게 다음 단계에서 취해야 할 행동과 위치와 자리를 성공적으로 정하도록 도와 주어야 하며 이러한 도움을 주는 활동을 일컬어 정치활동(placement service)이라고 부른다. 정치활동은 취업, 입학, 진급, 선택과목의 선정, 특별활동 부서의 결정 등과 같이 개인 또는 집단이 어떤 선택적인 결정을 내려야 할 때에 합리적이고 현실적인 의사결정을 하도록 돕고 의사결정에 필요한 정보를 제공하고 조정하며 협조하는 일련의 활동을 말한다. 그러므로 정치활동이란 학생들이 자기의 욕구를 충족시키기 위하여 다음 단계의 계획을 세우고 새로운 위치를 정하고 전진하도록 도와 주는 일체의 활동이라고 할 수 있다.

### (5) 추후(追後)활동

추후지도 활동은 생활지도 프로그램에 의해 도움을 받은 학생을 대상으로 하여 계속적이며 진보적인 발전을 위해 도움을 주고 동시에 학교의 생활지도 프로그램의 평가와 개선을 위해서 필요한 활동이다.

추후활동의 내용에는 학교를 떠났거나 과거에 지도를 받았던 학생에게 계속해서 그가 당면한 상황에 대하여 필요한 정보를 제공하는 일, 자기를 평가하고 이해할 수 있는 정보를 제공하는 일, 새로운 생활에 적응하고 있는지를 확인하는 일, 졸업생이나 중퇴생들과 계속해서 접촉하여 친화감을 유지하면서 교육적인 영향력을 발휘하는 일이다. 또한 학생 및 학교와 지역사회간의 유대를 긴밀하게 하는 일, 과거에 지도했던 학생들로부터 학교교육 활동에 도움이 될 만한 정보를 제공하는 일, 학교교육 활동에 도움이 되는 건설적인 의견을 청취하는 일, 과거에 지도를 받았던 학생들을 위해 계속적으로 상담활동을 하는 일 등이 포함된다. 추후지도의 대상은 재학생, 중도 퇴학자, 졸업생을 포함한다. 추후지도를 하는 목적은 지도를 받았던 학생의 지속적인 성장·발달을 돕고 학교 생활지도 프로그램의 개선점을 찾아 효율적인 생활지도 활동이 되도록 하려는 것이다.

학생에게 상담이나 지도를 해 주고 학생들이 좋은 결과를 얻었다는 일회적인 것으로 모든 지도가 끝나는 것이 아니라 그 학생이 얼마나 계속적이고 향상적인 발전을 해나가고 있는가를 알아보고 보살펴 주는 것은 지도의 마지막 완성을 위하여 꼭 필요한 것이다.

제2부

# 학교상담 영역

제1장

# 학업

## 1. 학업부진아의 의미

학업부진아란 학업성적이 보통 수준보다 낮아 학급에서의 지도가 곤란한 학습자를 말한다. 그리고 지능에 비해서 학력이 뒤떨어졌거나 학업성적이 부진한 경우에 해당된다. 학업부진아는 지적 능력이 보통수준 이하이며, 지능은 70~89 정도의 범위에 속하며 학생들의 약 20% 정도가 낮은 지능을 가지고 있다. 많은 학자들의 견해를 종합해 보면, 일반적으로 읽기, 쓰기, 기초수학의 기초 능력과 교육과정에서 요구하는 최저 수준의 기본학습능력을 갖추지 못했거나 학습부진 학생 학력 신장을 통해 각 교과를 학습하는데 필요한 최소한 학습 능력을 갖추지 못한 학생은 일차적으로 학습부진의 경우라 판단하고 있다. 학업부진아는 연령에 비해서 지적 능력이 떨어지고 기대하는 학업성취가 이루어지지 않는다. 한편 학습속도도 떨어진다.

학업부진아는 교사의 관찰력 뿐만 아니라 지능검사와 표준화된 학력검사 등을 통해서 진단된다. 단지 지능검사의 점수가 낮은 것만으로 학업부진아로 진단하는 것은 아니며, 학업부진의 구체적인 영역을 파악하고 학업부진의 원인을 탐색하고 그 원인을 제거하고 보충교육을 실시하는 것이 마련되어야 할 것이다.

## 2. 학업부진아의 특성

(1) 과잉행동을 보인다거나 주의력이 부족하고 지속시간이 짧아 일정한 흥

미를 가질 수 없다. 학습부진 학습자의 학습속도가 느린 것은 적절한 변별을 하는데 요구되는 결정적인 자극에 주의를 집중하지 못하는 데 있다. 즉 학습속도가 느린 것은 학습을 시작하는 것이 느리기 때문이다.

(2) 상상력과 창의력, 사고력이 부족하고 기억력이 뒤떨어진다. 학습부진아들은 보고 들은 것과 경험한 것을 기억하는 능력이 부족하다. 효과적인 기억은 시각적, 청각적인 영상을 형성하여 서로 연결시키면서 저장하고 또 파지를 위해 여러 번 되풀이하여 기억 활동을 하는 것이 필요하다. 그런데 학습부진아들은 대개 단기암기력에 결함을 가지고 있다.

(3) 학습부진아들은 미루는 버릇이 있다. 미루는 버릇은 해야 할 공부를 그때그때 하지 않고 계속 미루는 것을 말한다. 미루는 버릇을 가진 학습자는 자기의 학습과제 읽기를 시험 직전까지 미루다가 때가 임박해서야 벼락치기로 준비를 하려고 한다.

(4) 학습흥미의 변화가 심하다. 자신의 감정에 따라서 흥미의 정도가 달라진다. 그래서 일관되고 안정적인 학습태도를 갖지 못한다. 예를 들면, 시험 때는 집중적으로 공부를 하지만 시험의 전후에는 전혀 흥미를 갖지 않는다. 그래서 집중적으로 시험공부를 한다하더라도 학습내용의 연결성이 결여되어서 성적이 좋을 수가 없다.

(5) 일상생활이 무질서하다. 학습준비물을 제대로 챙기지 못하거나 빠뜨린 상태에서 수업에 참여하는 경우 책가방은 있으나 준비물이나 책은 제대로 챙기지 못하고 학습 환경이 제대로 준비되어 있지도 않다.

(6) 추상적 개념과 어휘력이 부족하다. 인지발달 단계의 특성에 따라서 추상

적인 개념이 발달되어야 구체적인 학습내용을 정리할 수도 있다. 학습부진아들은 기본적으로 어휘력이 짧아서 구체적인 개념보다는 추상적인 개념을 정리하는 것이 매우 어렵다.

(7) 정서적 발달이 미숙해서 쉽게 감정적으로 반응하며 감정조절 능력이 떨어진다. 실제 나이에 비해서 정서 나이가 어려서 또래들보다 감정처리나 감정반응의 정도가 어렵고 뒤떨어져서 쉽게 행동통제력을 가지고 사고하고 이해하는데 적절하게 자신의 학습에 에너지를 투입하기가 어렵다.

## 3. 학습부진의 원인

### 1) 학습자 개인적인 요인

#### (1) 지능과 신체적 요인

학습자의 지능구조의 문제로 인한 것으로 언어추리력, 산수추리력, 도형추리력 등에 있어서 결핍되어진 요인으로 인해서 학업성적이 부진한 경우다.

한편 시청각 등 감각기관의 결함으로 인해서 학업부진의 원인이 되는 경우이다. 신체적인 결핍은 긴장, 불안, 피로, 열등감, 피해의식 등으로 학업에 지장을 가져오게 된다. 시력(약시, 근시), 지체부자유, 언어장애나 신체허약, 질병 등으로 자주 결석을 하거나 이러한 신체적인 요인으로 학업에 지장을 초래하는 수가 있다.

### (2) 학습흥미와 동기의 부족

학습자에게 학업능력을 발휘하도록 하는데 가장 중요한 것은 지능이며, 흥미의 정도에 따라서 학업능력을 갖출 수 있다. 그래서 학습자가 학업에 대한 흥미를 느끼는 것은 학습자의 자발적인 학습으로 안내되어 학업능력을 뒷받침하게 된다. 그런데 학습자가 흥미를 지니지 못한다면 학업능률은 저하되며 학습부진아가 될 수 있다.

학습흥미와 동기는 떼어서 생각할 수 없는 밀접한 관계이다. 학생의 능력보다 훨씬 더 높거나 낮은 학습활동이 계속될 때 공부에 대한 만족감, 성취감이 문제가 된다. 따라서 학업에 대한 동기가 약화될 수 있다. 또한 학습하는데 대한 습관이 문제될 수도 있는 바 이를테면, 독서요령, 기억하는 기술, 학업에 대한 시간조절 등의 부족이 요인이 될 수 있다.

### (3) 성격, 정서적 요인

학업부진의 중요한 원인으로 학습동기와도 관련이 있는 것이지만 학생이 느끼고 있는 정석적 불만이나 불안, 갈등, 공포, 주의산만 등이 학습을 저해하는 수가 있다. 그리고 사회성의 결여도 친구관계나 교사와의 관계의 어려움을 가져오게 된다. 특히 학생 자신의 자신감을 상실하고 열등감을 가져오는 등 학업흥미를 잃게 한다.

### (4) 기초학력의 결함

많은 학습부진아들의 경우에 기초학습의 부진으로 인한 학업능력의 문제를 지니는 경우가 많다. 이들은 결석이나 빈번한 전학 등과 더불어 학업태도를 갖추고 습관을 갖출 수 있도록 도움을 받는 기회가 충분히 주어지지 않았을 경우에 발생하게 된다.

### (5) 신경생리학적인 결함

학습부진아들의 20% 정도가 학습자의 의지나 교사의 지도와는 관련이 없는 신경생리학적인 문제를 갖고 있다고 한다.

신경학적인 원인의 학습부진 학생들은 공부를 하겠다는 의지나 생각만으로 해결이 되지 않음을 인식하고 다른 차원에서의 접근이 필요하다. 학습정보라는 것은 눈이나 귀, 그리고 촉각을 통해서 두뇌 속에 들어가 학습 정보처리 과정을 거치고 말과 글, 그리고 행동을 통해서 표출이 된다. 학습된 정보가 감각기관을 통해서 들어와 신경경로를 따라 처리되는 과정은 어느 한군데라도 이상이 생기면 학습기능에 지장을 초래하는데 이게 학습부진의 원인이 되는 것이다.

## 2) 환경적 요인

가정환경의 빈곤에서 오는 열등감, 결손가정, 가정 내의 불화와 부모의 비교육적 태도 등 가정적인 요인과 교사의 편애 등에서 오는 학교환경의 요인과 학생이 거주하는 지역적 · 문화적 환경의 영향으로 기안할 수도 있다. 특히 사회 환경적 요인의 예로서 맹모(孟母)의 삼천지교(三遷之教)를 들 수 있다.

### (1) 가정환경 요인

가정환경 요인은 부모의 관심과 가정의 분위기가 중요한 영향을 미치게 된다. 부모가 자녀학습에 무관심하거나 성적 또는 학습활동의 노력 정도 등에 관심이 없을 때 학습의욕은 떨어지게 된다. 상대적으로 과잉관심을 가지고 공부만 강요하게 되면 학습에 대한 노력보다 성적에 대한 부담으로 불안감이나 열등감에 빠지게 되기도 한다.

가정의 안정성과 분위기는 학습자의 안정을 얻을 수 있는 요인이므로 중요하다. 학습자는 부모가 가정에서 어떻게 돌보아 주느냐에 따라서 지능, 성격, 정서발달과 신체발달까지도 영향을 받으므로 학습결과와도 관련이 크다. 따라서 안정된 분위기에서 침착하게 차분한 마음으로 공부를 할 수 없게 된다면 학습부진 현상이 나타나게 되는 것이다.

#### (2) 학교환경 요인

학습자는 개인차가 있으므로 교사는 개인차를 고려해서 지도해야 한다. 집단지도라는 이름으로 개인은 전체 속의 한 부분이기 때문에 무시되거나 관심밖으로 되어서 학습부진이 된다. 학교시설의 채광, 소음 등의 정도도 학습자의 학력에 영향을 미치며, 교사의 교수방법 또한 학습자에 적절하지 못할 때 학습부진에 작용을 하게 된다. 학습부진의 원인은 학습습관에 관련된 조건, 개인의 인성에 관련된 조건, 객관적인 환경조건, 신체건강상태, 학습결손의 누적 등을 들 수 있다.

## 4. 지도방법

### 1) 진단

학업부진아에 대한 정확한 진단이 필요하다. 지능검사나 표준화된 학력검사 등과 환경적 이해를 위한 자료수집이 필요하다.

### 2) 능력별 편성제

학력의 정도가 비슷한 학생끼리 모아 한 학급으로 편성하게 하여 능력별 교육을 실시하는 방법을 고려할 수 있다. 이 문제에 대해서는 교육계에서 찬반 양론이 논쟁이 되고 있다.

### 3) 보충지도제

기본능력의 보충수업이나 뒤떨어진 교과의 촉진을 위해서 정규수업 전이나 방과 후에 실시되는 방법 등이 고려될 수 있다. 개인별로는 교정교육이 고려될 수 있다.

### 4) 일반적인 지도 지침

① 학과에 부적응된 학습자는 그 정도에 맞는 기초과정부터 보완해 주어야 한다.
② 학습지도 방법을 개선하거나 학습자의 학습양식에 맞는 교수양식을 일치하도록 하며, 학습전략을 활용한다.
③ 개인차를 고려하여 지도하여야 한다.
④ 학습시간에 긴장감을 주지 않기 위해서 학습활동을 단순하게 하고, 적은 단위의 학습내용을 구체화하여 제시한다.
⑤ 학습을 연습이나 실험 등의 실행을 통해서 하도록 한다.
⑥ 동기를 유발하여 자신감을 가지고 의욕적으로 학습할 수 있도록 조정한다.
⑦ 학습성과를 인정해 주고 격려하여 발표할 기회를 준다.

## 5. 학업문제의 상담

학업문제의 상담원칙은 다음과 같은 기준에 의해서 실시하는 것이 바람직하다(Price, 1988).

① 타이밍에 민감해야 한다. 문제 상황이 심각하면 보다 자주 만날 수 있도록 최대한 유연하게 진행해야 한다.
② 하나의 목표에 초점을 둔다. 한 번에 한 가지의 문제행동에 상담자 및 내담자가 집중해서 해결하도록 한다.
③ 각 상담회기가 끝날 때마다 요약과 명료화를 하도록 한다. 내담자와 같이 회기 중 발생한 여러 가지 일들에 대해서 지각한 바를 이야기하도록 하며 과제를 통해서 무엇이 성취될 수 있는가를 확인한다.
④ 최대한 유연성을 발휘하여 절충적인 입장에서 가능한 여러 가지 기법을 사용하며, 학습장애의 다양성을 인정하고 보다 나은 개입을 위해서 다른 전문가들과의 네트워크를 형성한다.

## 6. 학생의 가정환경 연구

학생의 가정환경에 대한 연구 목적은 첫째, 반에서 각 아동의 배경과 가정생활에 관한 유용한 정보를 얻기 위해서, 둘째, 아동의 정서적 욕구의 측면에서

이 정보를 해석하기 위해서, 셋째, 각 아동이 자기의 문제를 해결하도록 돕거나 곤란한 사태에서 학습을 돕기 위한 것이다.

어떤 교사는 자기가 담당하고 있는 반 학생의 배경에 익숙함이 없이 교과목을 가르칠 수 있다고 생각한다. 그러나 대부분 효과적인 가르침은 학생의 문제와 곤란성을 아는 것으로부터 행해진다.

교사가 만일에 학생의 주의집중(attention getting) 행동이 애정의 욕구로부터 비롯된다는 것을 안다면, 학생의 지각이 가정 내에서 밥을 할 사람이 없어서라면, 학생의 백일몽은 불유쾌하거나 참을 수 없는 사태로부터 도피하는 것이며, 도벽이 질투의 결과이거나 명성의 욕구라거나 소유한 것이 없다는 사태를 안다면 그러한 문제의 기본적인 원인을 해소하는 방법을 발견하게 될 것이다.

학생은 학생의 생활 중 적은 부분을 학교에서 생활한다. 반에서 학생의 행동을 해석하기 위해서는 학생이 가정에 있을 때나 운동장에 있을 때처럼 학생을 아는 것이 필요하다.

보편적으로 문제아동은 문제가정으로부터 온다. 바람직하지 못한 가정생활로부터 일어나는 불안과 욕구불만은 학교로 넘어오며, 그러한 문제들은 학업 전반에 걸쳐 영향을 미친다. 불행하고 적응을 잘하지 못하고 지적으로 열등한 학생은 학업에 열성을 가지지 못한다. 학생이 애정과 인정과 가치와 성공적인 욕구가 가정에서 만족되지 못하면 다른 방법으로 그러한 욕구를 만족시키려고 노력할 것이다. 학생이 학교에서 교사로부터 주의, 애정, 인정을 얻지 못하면 학생은 무단결석, 속임수, 도벽, 싸움, 백일몽 등의 행동을 한다.

교사는 가정이 사별, 별거, 이혼에 의해서 결손되었고 친척이 가정에 살고 있으며 양친이 대부분의 시간을 가정에서 보내지 않을 때 나타나는 많은 정서적 문제가 학교로 넘어온다는 것을 발견한다.

많은 경우에 이혼은 가정에 있어서 늘 마찰을 일으킨다. 부모의 관계, 부모와 학생과의 관계, 형제간의 관계는 학생의 정서적 성장에 중요한 요소이다. 가정환경을 조사함으로써 교사는 부모의 신체적 건강, 정서적 안정성, 지능, 자녀를 지도하는 판단에 대해서 발견하게 된다. 부모가 온화하고, 애정적이고, 도덕적이고, 지배적이고, 무관심하거나 소홀히 하고 자녀에 대해서 적대시하는가를 아는 것은 중요하다. 어떤 부모는 자녀의 문제에 이해가 깊으나 어떤 부모는 이해가 없다. 자연적으로 조화적으로 사랑이 충만하고 이해가 있는 가정은 행복하고 적응을 잘 하는 경향을 나타낸다. 그러나 부모가 늘 싸우고 자녀의 양육에 불만이며, 편애하는 가정에서 자라는 학생은 열등감, 질투, 분노, 항거(rebellion)의 감정을 갖는다.

형제 자매간에 좋지 않은 감정의 하나는 질투(jealousy)이다. 아동은 새 아동이 탄생하거나 다른 형제 중 더 호감이 가는 외모에 의해서 부모의 사랑과 관심에 빼앗김을 느낄지도 모른다.

교사는 학생의 부정적인 태도, 백일몽, 손톱물기, 수줍음, 파괴성, 질투의 증세로서 싸움 등의 원인을 알 수 있을지도 모른다. 아동은 행동을 모방하려는 경향이 있으며 매일같이 보는 습관을 적용하려는 경향이 있다. 질서, 협동, 사려, 예의가 가정에서 실천되면 동일한 특성이 학교에서도 나타난다. 아동은 가정의 형태에 따라서 민첩하거나 둔감함, 종용이나 긴장, 정확하거나 느린 경향이 되기 쉽다. 일반적으로 학교, 교육, 교실, 종교생활에 대한 태도는 부모의 견해의 반영이나 편견, 미신, 언어문제까지도 가정에서 직접적으로 영향을 받는다.

아동이 화가 나면 던지거나, 감정이 상하면 뽀로통한다거나 일이 잘 안 되면 곧 포기한다거나 하는 것을 동일한 환경 안에서 성인이 하는 똑같은 태도를 보아왔기 때문이다. 교사는 학생들이 서로 주고받는 이야기를 주의 깊게 관찰하는 것이 필요하다.

# 제2장

# 진로

1. 진로정보 활동
2. 진로상담

# 1. 진로정보 활동

## 1) 정보활동의 필요성

세계의 노동시장이 글로벌의 시대를 표면에 내세우고 다양한 방식과 다양한 주제로 일자리를 창출해 내고 있다. 이에 발 빠르고 속도감 있게 정보를 수집하고 분석하여 노동시장의 특성을 읽어 내는 능력을 갖춘 사람은 성공을 경험할 것이다. 대학생들은 현대사회의 급격한 변화와 함께 정보화시대가 대두되고 있는 현재 어떤 정보를 소유하고 있으며, 제공받고 있는지 점검해 볼 필요가 있다. 그야말로 정보화시대 또는 사이버시대라고 일컬어지고 있는 요즈음 정보를 소홀히 한 우리의 생활은 더 이상 상상할 수조차 없는 자리에 있다. 한편 Stone(1991)과 Turkle(1995) 등은 개인 자신의 정체성을 들어 내지 않는 상태에서 자신에게 억압되었던 생각이나 사상 등을 자유스럽게 표현할 수 있는 공간을 갖게 되었다고 한다. 이처럼 정보화시대는 자기만의 공간 속에서 매우 빠른 속도로 변화되어 가는 정보를 얼마나 빨리 잡아 내느냐가 성공의 중요한 관건이 된다.

무엇보다도 정보화 사회에서 지녀야 할 필수적인 사항은 정보이다. 정보가 갖는 의미는 그만큼 개인의 발달 및 능력을 갖추는데 매우 긍정적인 영향을 미치게 되고 요즘을 사는 학생이나 직장인 등을 가릴 것 없이 현대인들이라면 정보를 구축하기 위해 모든 에너지를 집중하고 있다고 보아도 과언이 아니다. 그만큼 최신정보를 얼마나 많이 알고 있는지에 따라 적응의 정도를 가늠할 수 있기 때문이다. 대학생들에게 이러한 정보를 제공하기 위하여 생활지도 활동이 더욱 강화되어야만 한다. 학생들이 자신을 알고 이해하는데 필요한 발달상의 특성이나 심리적인 특성에 대한 정보를 제공하는 일은 일상생활의 적응뿐만 아니라 자신의 진로를 선택하고 준비하는데 있어서도 필수적인 요소라고 할 수 있다. 또한 대학생들을 이해하고 연구하는 활동을 통해서 더욱더 많은 정보를 얻게 되며, 그 정보가 진로상담활동을 원활하게 하는데 정보제공 활동은 매우 중요한 활동이다. 정보제공 활동은 학생들이 현재 생활에서 부딪히게 되는 다양한 문제를 해결해 나가며 앞으로 경험되어야 할 부분들에 대한 이해를 돕고, 대처방식을 획득하는데 필요하다.

특히, 중 · 고등학교에서 강조해야 할 정보활동의 목표에 해당되는 사항들을 인식하는 것이 우선되는데 그 내용은 다음과 같다(황응연 외, 1983). 첫째는 직업에 관련된 넓은 분야의 이해를 돕는다. 둘째는 학생들이 몇 개의 선정된 직업이나 교육시설을 중심으로 연구할 수 있는 수단을 발전시킨다. 셋째는 지역사회에서 직업 및 교육계획을 세우도록 한다. 넷째는 자기연구를 통해서 잠정적인 직업 및 교육계획을 세우도록 안다. 다섯째는 학교를 중퇴하거나 떠난 학생들, 즉 취직을 하거나 진학을 하거나 가정을 갖는 사람들이 당면한 욕구를 충족시킬 수 있는 특정한 기술을 제시하는 것을 말한다.

이 같은 목표를 달성하기 위해서는 무엇보다도 교사가 학생들에게 필요로 하는 적절한 정보제공을 위한 준비를 위해서 끊임없이 노력해야 한다. 원활한 정보제공 활동을 위해서 교사가 최근정보, 구체적 정보, 정확한 정보, 필요한 정보, 학습자의 수준에 맞는 정보, 학습자에게 필요한 정보를 지니고 적절한 정보를 적절한 때에 제공하기 위한 노력이 필요하다.

생활지도에서의 정보제공 활동을 위해서는 우선 학생 자신에 관한 정보를 알고, 학생 이해활동, 즉 학생 조사활동을 통해서 얻어야 하고 학생을 위한 학생주위의 환경에 대한 정보도 필요하다. 이와 같은 정보활동에 대해서 Shertzer와 Stone(1981)은 생활지도 활동에서 정보활동이 차지하는 절대적인 역할을 세 가지로 들었으며, 그 필요성은 다음과 같다.

첫째, 정보활동은 학생들이 진학문제, 직업선택, 성격문제 등과 같은 당면하는 중요한 문제를 생각하는데 필요한 지식을 제공하는 역할을 한다.

오늘날의 청소년들은 복잡하고 경쟁이 심한 사회에서 성장해야 하는 것, 자율적인 책임성을 감수하는 것 등의 부담을 안고 있다. 정보활동의 목표는 정보를 제공하는 것 뿐만 아니라 현재와 미래에 대한 개인적인 의미를 찾기 위해서 학생들로 하여금 생각과 조건, 경향 등을 비판적으로 평가할 수 있도록 자극시키는 것이다. 사회의 유능한 구성원이 되기 위해서는 각 개인은 자신의 발달에 필요한 모든 적절한 정보를 탐색하고, 인지하고, 사용하는 것이 필요하다. 잘 계획된 정보활동은 전문가가 다루게 되면, 개인으로 하여금 그들의 기회를 더 인식하게 함으로써 개인의 잠재력을 실현하는데 도움을 줄 수 있다.

둘째, 정보활동은 학생들의 자율성을 신장시키는데 중요한 역할을 한다. 오늘날의 청소년들은 이전의 청소년들보다 더 자율성이 요구되고 있다. 자율의 기본조건으로 알려진 자료에 의거해서 계획을 세우고 행동하는 것이다. 즉 성숙된 행동은 정확한 정보에 기초한다고 할 수 있다. 주위환경에 관한 정보의 수집과 활용은 합리적인 의사결정을 할 수 있도록 한다.

셋째, 정보활동은 학생들이 발달과 관련된 문제를 탐색해서 인식하도록 하는데 필수적이다. 학생들은 자신들이 가지고 싶어하는 지위를 탐색하게 되고, 그들의 선택에 대한 결과를 이해해야 한다. 자신의 발달에 대한 지식이 없으면 실패, 거부, 패배를 맛보게 된다. 자기발달에 대한 지식은 자신에 대한 긍정적인 인상을 갖도록 하고 개성을 촉진시킨다.

### 2) 정보활동의 목적

정보(information)란 개인을 둘러싸고 있는 환경에 관한 구체적인 내용으로서 자기 자신을 비롯한 가정, 학교, 사회, 국가 또는 세계에 관한 사항을 말한다. 생활지도영역 안에서의 정보란 학생들이 신체적, 사회적, 지적, 심리적 발달과

적응에 필요한 구체적인 정보를 말한다. 즉 발달과 적응에 필요한 구체적인 정보는 의사결정에 관한 정보, 주변 환경에 대한 이해, 자신의 장래에 대한 준비와 설계 및 실행에 따른 정보 등을 말한다.

따라서 정보활동(information service)이란 학생들이 발달과 적응과정에서 의사결정이나 장래의 준비 및 계획을 돕는 환경에서 요구되는 사실 및 자료를 수집하여 제공하는 것이라고 정의할 수 있다. 이 같은 정보활동이 원활하게 이루어지기 위해서 차지하게 되는 역할에 대해서 Shertzer와 Stone(1981)이 제시한 내용은 첫째, 학생들이 진학문제, 직업선택, 성격문제 등의 당면한 중요한 문제를 생각하는데 필요한 지식을 제공한다. 둘째, 학생들의 자율성을 신장시킨다. 셋째, 정보활동은 학생들의 발달과 관련된 문제를 탐색해서 인식하도록 하는데 필수적이라고 하는 것이다.

정보활동의 역할을 원활하게 수행하기 위해서는 그 목적을 정확하게 이해하는 것이 중요한데, Engclkcs(1979)는 그 목적을 첫째, 모든 훈련 단계에서 인생의 기회와 문제들을 광범위하고 사실적인 견해로 발전시킨다. 둘째, 정확하고 뚜렷한 직업적, 교육적, 개인적, 사회적 정보에 대해서 욕구의 인식과 적극적인 욕망을 기르도록 한다. 셋째, 관련된 넓은 범주의 활동에 비추어서 교육적, 직업적, 사회적 활동에 대한 넓은 범위를 이해하도록 한다. 넷째, 진보적인 자기지향을 위한 정보를 얻고 설명할 수 있는 기술을 터득하도록 도와 준다. 다섯째, 개인의 만족과 효과를 높이기 위해서 생산적인 선택과 적응을 하도록 돕는 태도와 습관을 기르도록 도와 준다. 여섯째, 적성, 능력, 흥미에 적합하고 점진적으로 명확한 의사결정에 가깝게 타당한 선택을 하도록 도와 준다라고 제시하였다.

Miller는 정보활동의 목적을 첫째, 학생이 현재 직면하고 있는 환경을 이해하고 이에 적응하는 것을 돕는다. 둘째, 학생이 미래의 직업이나 장래를 탐색하는데 소용되는 보다 넓은 정보를 마련한다. 셋째, 장차 특정한 계획과 직업계획에 필요한 정보를 얻고 해석하는 것을 돕는다라고 제시하였다.

이와 같은 정보활동의 목적을 원활하게 하기 위해서는 교육정보, 직업정보, 개인적 · 사회적 정보 등이 필요하다.

### 3) 정보활동의 영역

#### (1) 교육정보

교육정보란 교육적 기회에 관한 모든 정보를 말하며 이수해야 할 교육과정, 특별과정, 입학요건과 학생 생활에 관한 조건과 문제들을 포함하는 관계와 미래에 있을 수 있는 교육과 훈련기회에 관한 타당하고 유용한 자료를 의미한다(Norris, 등, 1979; 이재창, 1994, 재인용). 학생들에게 교육정보를 제공해 주는 이유는 교육정보를 토대로 하여 자신의 교육계획을 수립하여 학습의 기회를 최대한 활용하기 위한 계획을 세우게 하기 위해서이다.

이영덕과 정원식(1982)에 따르면, 교육정보는 교육적 기회에 관한 모든 정보를 말하며, 새로 입학한 학교에 관한 여러 가지 정보, 학생들이 선택한 여러 교과에 관한 정보, 장학금 및 기타 재정적 보조에 관한 정보, 상급학교 및 학과에 관한 정보 등을 의미한다. 그 밖에도 효과적인 학습방법에 관한 정보, 도서관 사용법에 관한 정보 등 직접적으로 학생들의 학습활동에 도움이 되는 정보도 교육정보에 포함된다. Shertzer와 Stone(1981)은 교육정보에 필요한 구체적인 자료를 ① 학교생활의 시간과 규칙, ② 교육과정 및 교과, ③ 학교의 클럽활동과 사회적 활동, ④ 학교의 교육 가치관, ⑤ 고등학교의 단위, 성적, 전공, 부전공, ⑥ 현존하는 고등학교 졸업 후의 교육 프로그램, ⑦ 대학이나 다른 고등교육기관에 진학하는 데 필요한 과목, ⑧ 고등교육기관에 진학하는

데 필요한 요건, ⑨ 대학이나 다른 고등교육기관 진학에 필요한 비용, ⑩ 다른 직업에 요구되는 교육 및 훈련, ⑪ 대학 및 기타 교육 프로그램의 특성, ⑫ 학습 습관과 기술, ⑬ 대학교육에 대한 장학제도, 학비융자 및 다른 재정 지원, ⑭ 교육 프로그램의 자격인준, ⑮ 통신교육, ⑯ 현직 훈련 기회와 프로그램, ⑰ 대학 교육 프로그램에서 학생의 사회생활과 문화행사라고 제시하였다.

### (2) 직업정보

직업정보는 직무, 직위, 취업에 필요한 자격요건, 작업조건, 보수, 승진유형, 현재와 미래에 있어서의 인력의 수요와 공급, 그리고 더 필요한 정보의 원천 등을 포함하는 지위(positions), 직무(jobs), 직업(occupations)에 관한 타당하고 유용한 자료를 의미한다. Shertzer와 Stone(1981)은 직업정보에 관한 구체적인 자료를 ① 노동력에 관한 자료늘에는 인원, 구성, 지리적 요인, 인종, 연령의 분포, 주요 산업체, ② 직업구조와 주요 직업집단, ③ 인력수급, 인구 변화, 상품에 대한 일반대중의 요구, 기술변화 등을 포함하는 직업변화, ④ 노동에 대한 법규, ⑤ 직업 연구에 필요한 정보원, ⑥ 직업과 직업정보의 분류, ⑦ 필수 불가결한 직업, ⑧ 특정 직업의 직무와 작업의 성격, ⑨ 각종 직업의 취업에 필요한 자격 요건, ⑩ 각종 직업에 필요한 준비 과정, ⑪ 취업 및 승진방법, ⑫ 각종 직업의 임금과 사례금, ⑬ 각종 직업의 작업 조건, ⑭ 직업정보 자료의 평가기준, ⑮ 취업을 담당하는 기관, ⑯ 일의 의미를 들었다.

### (3) 개인 및 사회정보

자기 자신과 타인의 이해를 위해서 다루는 정보가 개인, 사회적 정보이다. 개인 및 사회적 정보란 개인과 대인관계에 작용하는 인간적, 물리적 환경의 기회와 영향에 관한 타당하고 유용한 자료이다. 이는 학생들로 하여금 자기이해와 타인과의 관계를 증진시키는 인간에 관한 정보를 의미한다. 자기 자신의 이해와 남과 잘 어울리는 것뿐만 아니라 남녀 간의 이성관계, 예의범절, 여가활동, 개인의 용모, 사교술, 가족관계, 재정적 계획, 건강한 생활 등과 같은 광범위한 영역의 정보를 포함한다. 이재창(1994)은 개인 및 사회적 정보가 갖는 정보의 사용과 수집내용을 ① 자기통찰과 자기이해의 성취, ② 동성과 이성과의 성숙된 관계 확립, ③ 남성적, 여성적 역할의 이해, ④ 건강한 성격의 발달, ⑤ 개인의 행동과 특성의 이해, ⑥ 개인과 타인과의 이질성과 동질성의 이해, ⑦ 타인의 행동과 욕구의 이해, ⑧ 가정의 조건, 가족, 부모의 기대에 대한 적응, 수용, 이해, ⑨ 데이트, 성에 관한 정보, 결혼에 대한 책임과, 이에 관한 지식, ⑩ 신체적, 정신적 건강의 발달, ⑪ 외모, 예의, 에티켓, ⑫ 사교술, 금전에 관한 계획, 여가활동으로 정리하였다.

### 4) 정보의 활용

#### (1) 정보의 수집

현대사회는 정보화 사회이다. 따라서 정보를 수집하는 일은 매우 빠른 속도를 요구하게 되며, 필요한 정보를 효과적으로 수집하기 위해서는 다양한 정보시스템을 활용하여야 한다. 특히 생활지도에 필요한 정보는 교육정보, 직업정보, 개인 및 사회적 정보를 수집하는 일이다.

교육정보는 학교교육의 전반과정에 걸쳐서 필요로 하는 정보를 수집하는 일이다. 윤운성과 김흥운(2001) 등에 의해서 제시된 내용에는 ① 정부에서 발간한 각종 간행물, ② 각급 학교의 교육 계획서 학교 경영안, ③ 각 대학에서 발간한 안내서 대학 요람 및 교육과정 해설서, ④ 각급 학교에서 발간한 교지 및 학보, ⑤ 대학 및 전문기관에서 발간한 연구지 논문집, ⑥ 교육전문가 및 교육심리학자들이 저술한 전문 지침서 등이 있다.

직업정보에 관한 자료들은 보다 전문적이고 직접적으로 직업세계에서 자료를 수집할 수 있는 노동부에 준비된 직업정보사전 등을 활용하는 것이 바람직하다. 구체적인 내용으로는 노동부에서 발행한 직업정보 사전들을 활용하거나 각종 전문기관이나 단체에서 발행한 간행물 자료, 지역사회 조사자료 및 연구보고서, 직업관련 단행본, 연감류 등을 활용할 수 있고, 생활지도에 필요한 자료를 준비해 놓은 자료집 등을 참고할 수 있다.

개인 및 사회적 정보 수집은 객관적인 증빙자료들을 통해서 가능하고 개인이나 집단 간의 인간관계에 대한 보다 깊은 이해를 돕기 위한 자료를 함께 활용하는 것이 필요하다. 인간에 대한 이해를 돕기 위하여 심리학적인 접근으로 자기의 이해와 타인의 이해를 통해서 얻을 수 있다. 정보를 수집하기 위한 방법으로는 개인의 발달 특성, 신체 및 정신건강, 정신위생, 성교육, 사이버매체를 활용할 수 있다.

### (2) 교육정보의 제공

교육정보는 학생들에게 보다 알찬 교육내용을 적절한 교육계획을 통해 학습의 효과를 효율화하기 위해서 매우 필요하다. 여기에서는 교육정보에 대한 구체적인 내용과 방법에 대해서 살펴볼 것이다.

#### ① 교육정보에 대한 내용

**가) 교과학습을 돕기 위한 교육정보**

가장 우선시되는 정보로는 해당학교의 교육과정의 종류와 교과의 성격과 중요성을 인식하고 학기별로 연계되어지는 교과목을 아는 것이다. 그리고 해당학교의 핵심교육과정 및 해당학교가 특별히 마련하고 있는 교육적, 직업적 특색있는 경험을 하는 것이다. 이와 같은 교육과정의 정보와 더불어 해당과정을 이수하는데 필요한 학습방법, 기초기능과 기술 등에 관한 정보도 필요하다. 교육과정과 학습방법에 관한 정보를 제공하는데 있어서 일반적인 방법으로는 학교안내 요람을 제공하고, 오리엔테이션의 실시, 개인상담이나 정규수업 시간, 학교신문, 교육과정과 관계되는 직접적인 경험 등을 들 수가 있다.

**나) 상급학교의 진학을 위한 정보**

상급학교로의 진학에 대해서는 많은 학생들 뿐만 아니라 학부모들의 관심도 매우 높다. 실업계 고등학교를 통해서도 대학에 진학할 수 있는 기회가 보다 많이 주어졌기 때문에 실업계 고등학교에서도 진학지도 노력을 아끼지 않고 있는 것이 요즘 교육정보의 현주소이다. 이와 같이 진학지도는 생활지도의 중요한 과업으로 대두되고 있음에도 불구하고 합리적인 대책은 뚜렷하게 제시하기가 어려운 실정이다. 더욱이 최근에는 각 대학에서 조사한 바에 따르면 많은 대학에서의 학생들이 전공학과를 잘못 선택하여 진학한 학과에 부적응적인 태도를 보이고 있으며, 전과를 희망하는 방식으로 대처하고 있다. 대학생들의 이러한 부적응적인 현상은 자신의 흥미와 능력, 적성 등을 고려하지 않은 전공 선택이 원인으로 들 수 있으며, 이러한 선택은 학과에 대한 만족도가 떨어지거나 직업에 대한 적응이 힘들고 직무에 대한 만족도 또한 낮아 이직할 확률이 높다. 따라서 대학생활에서 전공 선택에 대한 고려와 함께 자신이 무엇을 좋아하는지, 잘할 수 있는지, 자신의 성격과 가치관은 무엇인지 등에 대한 자기이해를 바탕으로 하여 진로탐색의 기회가 충분히 주어질 필요가 있다. 이 같은 문제를 예방하기 위해서는 첫째, 진학할 대학과 학과의 성질을 이해한다.

둘째, 학과에서 배우게 될 학문의 성질을 이해한다.

셋째, 개인의 적성과 능력을 이해한다.

넷째, 진학할 학과에 소요되는 학비를 안다.

다섯째, 졸업 후의 전망을 안다.

여섯째, 진학할 학과에서 요구하는 입학 조건과 그에 따른 의무를 안다.

일곱째, 개인의 경제사정과 가정형편을 안다. 이와 같은 진학정보 항목들을 익히고 있어야 한다.

### 다) 오리엔테이션

오리엔테이션은 전적으로 교육정보 제공활동이라고 할 수는 없으며, 교육정보 제공활동이 오리엔테이션에만 국한된 것은 아니다. 학교의 경우 오리엔테이션이 대표적인 교육정보 제공활동이라고 할 수 있기 때문에 여기에서는 교육정보 제공활동의 하나로 다루고자 한다(이재창, 1994).

오리엔테이션이란 어떤 일을 새로 시작하거나, 새로운 환경에서 생활을 하기 시작할 때, 그 환경과 일에 익숙해지고 올바른 방향을 출발하여 나가도록 도와 주는 활동이다. 예컨대, 새 학년이 되어서 새로 출발하는 학생들에게 방향을 정하여 새로운 환경에 적응하여 나가도록 도와주는 일이다(황응연 외, 1982). 즉, 오리엔테이션은 새로운 과업이나 환경에 대해서 자세한 정보를 제공해서 그 환경에 익숙하게 하는 측면과 자기 스스로를 변화시켜 환경에 적합하도록 도와주는 측면의 두 가지가 포함된다. 첫째는 새로운 환경이나 과업에 대해서 익숙하게 하는 것이며, 둘째는 자기태도를 변화시키는 일이다.

오리엔테이션의 내용은 오리엔테이션 프로그램이 특정교과나 교육과정 혹은 학교생활 전반을 대상으로 한 것이냐에 따라 달라진다. 학교의 오리엔테이션은 주로 신입생에 대한 것이 대표적이며, 그 내용은 첫째, 학교의 역사와 전통, 둘째, 학교의 건물과 시설, 셋째, 학교에서 마련한 교육과정과 교과활동, 넷째, 학생들의 생활준칙, 다섯째, 학생 실태에 관한 자료, 여섯째, 학교의 행정조직과 운영방침, 일곱째, 학생들의 일과 생활 계획 등이 있다.

이 밖에도 오리엔테이션에 활용되는 정보는 다양하다. 프로그램의 목적과 내용, 대상에 따라서 정보의 특성과 내용은 달라지며, 더불어 그 질도 달라진다. 이와 같은 역할은 주로 상담교사나 생활지도 담당자들에 의해서 이루어지게 된다.

### (2) 교육정보제공의 방법

#### ① 개별적인 정보제공

학생들은 일반적으로 교육의 기회, 일의 세계, 개인 및 사회적 관계에 관해서 매우 모호하고 제한된 생각을 가지고 있다. 따라서 가능한 자료를 활용하도록 독촉하지 않으면 방향, 목표, 문제들의 명료화를 우연한 기회에 맡겨 버리게 된다. 따라서 개인의 필요에 의해서 정보제공을 필요로 하는 경우가 흔하다. 이러한 정보는 특히 상담자가 상담면접 도중에 직업, 교육기회, 개인 및 사회적인 관계에 대한 정보를 제공해 줄 필요가 있다. 이와 같은 정보는 학생들로 하여금 자기탐색을 할 수 있는 기회를 마련해 주며, 자기탐색을 통해서 자신의 문제에 대한 해결이 즉각적으로 이루어지는 경우도 많기 때문이다. 한편 Shertzer와 Stone(1981)은 직업, 교육, 개인, 사회적 상황에 관한 정보는 청소년들로 하여금 현실적인 계획을 세우거나 자신들이 수용할 만한 결정을 내릴 수 있도록 하는데 도움을 준다고 하였다.

#### ② 집단을 통한 정보제공

학교에서의 정보제공은 개별적으로 이루어지는 경우보다는 집단을 통해서 이루어지는 경우가 많다. 일단은 교육의 대상이 많고, 특히 아동, 청소년들에게는 발달상에 따른 정보가 요구되는 경우가 흔하다. 그렇기 때문에 집단을 대상으로 한 정보제공이 더 효율적인 내용들이 많다. Shertzer와 Stone(1981)은 집단을 통한 정보제공의 좋은 점을 다음과 같이 들고 있다. 첫째, 시간, 인적자원, 시설면에서 경제적이다. 둘째, 특정한 종류의 정보는 동료들과의 토론을 통해서 정보를 더 의미 있게 함으로 다른 방법보다 더 효과적이다. 셋째, 학생에 따라서는 자신들의 문제를 동료들과 논의하는 것이 더 편하게 느껴짐으로 학생 간에 긍정적인 관계를 형성하도록 한다. 넷째, 학생과 상담자 간의 관계개

선과 앞으로의 생활지도 활동의 활용에 초석이 된다. 한편 집단을 통해서 정보자료를 제공하는 방법은 첫째, 하나의 독립된 교과목으로, 둘째, 교과목이나, 홈룸의 특별단원으로, 셋째, 특별 회의나 행사 등이 있다(Shertzer & Stone, 1981).

### ③ 직업정보의 제공

1957년 생활지도의 도입이 이루어졌던 때만 해도 불과 2,300여 종의 직업이 1963년의 한국직업사전에는 3,600여 종의 직업이 등록되어 있었으며, 1980년대에는 약 1만여 종의 직업이 있다고 나타났다. 미국의 경우에는 고도의 산업화, 기계화, 자동화 시대에 따라서 직업의 수는 우리나라보다 많은 4만여 직종의 직업으로 분류할 수 있는데, 미국의 직업분류사전(The Dictionary of Occupational Titles Classification)에 의하면 분류방법에 따라 2만 2천 종에서 4만여 직종에 이른다고 한다(김충기, 1996). 1999년 노동부 중앙고용관리소의 발표에 따르면 우리나라의 직종이 13,000여 종에 이르고 있다고 했다. 그리고 1999년에 1999 한국직업전망서, 2001년에는 직업기술전망, 2002년에는 2003 한국직업전망, 2003년에는 이공계학과 및 직업전망 등의 한국직업전망의 연혁집이 한국산업인력관리공단의 중앙고용정보원에서 출간되었다. 2005 한국직업전망에서는 우리나라를 대표하는 14개분야의 218개 직업에 대한 상세정보를 수록하고 있으며 진로와 직업을 결정해야 하는 사람들이 자신의 능력, 적성에 맞는 직업을 선택하여 원하는 직업에 대한 다양하고 풍부한 정보를 얻을 수 있도록 기획되었다. 2005 한국직업전망을 통해 향후 5년간 각 직업에 대한 고용전망을 비롯해 하는 일, 근무환경 등에 대한 상세정보를 얻음으로써 자신이 희망하는 직업에 한 발 더 가까이 다가갈 수 있을 것이다. 또한 진로를 고민하는 청소년, 적성에 맞는 일자리를 찾고자 하는 구직자, 경력개발을 원하는 직장인 뿐만 아니라 학부모, 교사, 취업알선기관 담당자, 그 외 직업과 고용에 관심있는 연구자들에게도 유용한 직업정보자료로서의 역할을 할 것이다(한국산업인력공단 중앙고용정보원, 2004).

이와 같이 다양하고 구체적인 정보를 어떻게 제공하는지에 대한 일은 학습자의 능력을 갖추도록 돕는 과정만큼이나 중요하게 다루어져야 할 것이다. 다음은 직업정보의 제공을 원활하게 하기 위해서 사용되어지고 있는 유형을 간단하게 살펴보고자 한다.

### (3) 직업정보전달 매체유형

#### ① 인쇄물

직업정보와 관련된 우선되는 정보로는 단일직업정보, 특정한 사업 혹은 산업분야에서의 직업, 직업가족 정보, 모집관련 문헌 등이 있다. 예를 들어, 직업상담사에 대한 정보를 안내하거나 어떤 한 직업 혹은 경력분야로 청소년을 모집하는 데 목적을 두고 기술하는 경우 등을 말한다. 다음으로는 홍보용 정보 등도 있다. 홍보용 정보는 일의 세계에 대한 예비교육이나 특수집단을 대상으로 하여 특정한 집단과 직업세계에 대한 관계 등을 안내하는 것을 말한다. 그리고 참고자료의 배부 등을 통해서 전달하는 것을 말한다.

직업관련 자료 유형에는 어떤 자료는 한쪽에 불과할 만큼 간단하고 어떤 것은 책 한 권에 이르는 것도 있다. 학생들은 나름대로의 독특한 요구사항을 거치고 있기 때문에 상담자와 학생은 많은 직업분야의 광범위한 자료에 대한 지식을 갖고 있어야 할 것이다.

#### ② 시청각 자료와 프로그램화된 자료

시청각 자료는 학습자의 시각과 청각을 통하여 교수의 효과를 높이기 위해 사용되는 자료이다. 관념이나 법칙 등과 같이 직접 경험할 수 없는 추상적인 교육 내용을 직접, 간접 또는 대리경험을 하게 하여 구체적으로 학습하는 것을 도와주는 교수자료이다. 그 종류로는 TP, 영화와 슬라이드, 비디오테이프, 오디오테이프, 지도, 도표, 표본, 실물, 모형, 사진, 연극, 견학, 연시(演示), 회화,

포스터 등이 대표적인 시청각 자료이다. 더불어 마이크로 필림 혹은 카드, 차트 등의 시각자료의 체계를 활용하는 기계화된 혹은 프로그램화된 자료들을 말한다.

시청각 자료는 근래에 와서 학교 혹은 관련 기관에서 활발히 도입하고 있는 멀티미디어 접근방식의 핵심역할을 할 수 있다. 이러한 현상은 시청각 자료의 양이 방대해지고 자료의 효율적인 사용을 위해서 미디어전문가가 반드시 필요하게 되며, 상담교사나 전문상담자들에게도 도움을 제공하게 된다.

### ③ 전문가와의 면담

전문상담자나 교사들은 교육계 밖의 직업을 설명할 때는 자연히 신뢰성에 대한 문제를 경험하게 된다. 특히 학생들이나 직업문제 상담을 요할 때는 어떤 분야에 종사하고 있어서 자동적으로 전문가 대접을 받은 사람의 도움을 받는 것이다. 전눈가와의 면담은 관련된 개인의 발달수준에 맞게 조정되어서 이루어져야 한다.

### ④ 모의활동과 합성작업환경(synthetic work environment)

작업상황의 의사결정 과정과 본질의 이해를 하는데 도움을 제공할 수 있는 것으로 인공적인 수단을 논의한다. 이러한 경험은 흔히 교실이나 학습상황에서 접할 수 있는 경우가 많지만 학교장면에 국한된 것은 아니다. 모의활동(simulation)은 간단한 기능과 복잡한 기능 모두를 가르치는 효과적인 수단이라는 인식이 오랫동안 교사들 사이에 이루어졌다. 모의활동은 근로자에 부과된 요구사항들, 작업환경의 성격, 특정한 작업을 성공적으로 완수하기 위해서 근로자가 필요로 하는 기술 등에 대한 통찰을 개발하는데 유용하게 활용될 수 있음은 분명하다. 흔히 볼 수 있는 모의활동은 초등학교 학생들에 의한 소방훈련이다.

⑤ 직업경험(관찰 및 탐색)

일의 세계가 점점 복잡해질수록 많은 직업들이 일반인들이 잘 볼 수 없게 되어서 어떤 형태의 작업이 언제, 어디서, 어떻게 이루어지는가를 관찰할 기회가 매우 드물다. 이러한 직업에 대한 정보는 제한되기 때문에 결과적으로 직업에 대한 지각이 비현실적이 될 수 있다. 현장방문 혹은 산업체 견학은 일의 세계에 대한 이러한 감추어진 면을 직접 접촉할 수 있는 기회를 제공해 준다. 이러한 견학은 학생 혹은 내담자에게 동기를 유발시키기에 적당한 활동으로써 일의 세계와 자신의 계획을 깊이 있게 탐구할 수 있게 한다.

개인적으로 특정한 산업체와 사업체를 방문하는 것은 내담자가 대단히 관심을 갖는 분야에 대한 식견을 높이는 최선의 기회가 될 것이다. 개인적인 방문은 직업의 다양한 면을 고찰하고 업무 종사자에게 하고 있는 일의 내용과 작업이유, 작업방법 등을 직접 물어 볼 수 있는 기회가 된다. 초 · 중등학생에게는 부모, 친척, 친지를 밀착 취재하는 것이 좋을 것이다. 고등학생과 대학생 및 일반인은 개인적인 친분관계에 의한 취재가 필요 없는 경우다.

종종 청소년들의 경우에 자신의 정서적인 문제를 통해서 자신의 바램을 갖게 되고 원하는 직업을 가꾸고자 하는데 자신의 흥미에만 초점을 두고 현실적인 상황에 대한 고려가 이루어지지 않는 경우들이 있다. 흔히 상담에서 사용하는 방법이기도 한데, 상급학교나 학과선택, 직업선택에 있어서 현장방문을 권장한다. 현장방문은 현실검증을 통해서 자신의 객관적인 이해와 요구되어지는 자신의 능력을 갖출 수 있도록 돕는 중요한 활동이 된다. 우리는 일상적인 직업탐색과 함께 학생들에게는 단순한 언어적인 정보제공 뿐만 아니라 구체적이고 다양한 그리고 합리적인 접근이 가능한 자료집을 준비하고 현장방문을 통한 전문가들과의 면담을 병행하게 되면 좀 더 원활하고 효율적으로 수집된 정보를 사용하게 될 것이다.

### (4) 개인 및 사회적인 정보제공

개인 및 사회적인 정보의 제고에는 전반적인 적응문제와 관련된 내용들이라고 할 수 있다. 학업능력, 학습방법, 대인관계, 정서문제, 환경변화를 필요로 할 때 등 문제와 대상과 상황에 따라서 제공되는 정보는 다를 수 있다. 적응능력을 향상시키기 위한 구체적 정보제공은 첫째, 신체발달에 관한 정보활동, 둘째, 기본적 욕구 및 행동에 관한 정보활동, 셋째, 개인 정서에 관한 정보활동, 넷째, 인성 및 정신위생에 관한 정보활동, 다섯째, 사회관계에 관한 정보활동, 여섯째, 남녀의 역할 및 성에 관한 정보활동, 일곱째, 교과활동에 관한 정보활동 등이 있다.

이상에서의 내용을 좀 더 유용하게 활용하기 위해서는 각종 검사를 실시하고 해석해 주는 과정에서 필요로 하는 정보를 제공해 주는 것도 용이하다. 필요로 하는 정보가 개인 및 사회에 대한 이해 없이 이루어지는 제공이라면 제대로 정보를 활용하기가 어려울 것이다. 따라서 생활지도자는 상담에 대한 기초적인 이해와 활용방법 등에 대해서 익히 알고 있어야 할 것이다.

## 2. 진로상담

### 1) 진로상담의 필요성

'진로(career)'란 개인이 일생동안 일과 관련해서 경험하고 체험하는 모든 것을 의미(김계현, 1998)하며, 이러한 활동은 개인의 '자아실현'을 도와주는 것이 우선적으로 강조되어야 한다. 우리나라에서는 학생들의 바람직한 진로발달을 위해 진로상담이 주로 학교 장면에서 강조되어 왔다.

최근에 이르러 교육개혁이 지속적으로 이루어지고 진로 선택의 중요성에 대한 사람들의 인식이 높아짐에 따라 진로상담에 대한 관심과 기대도 더욱 커지게 되었다. 특히 교육부에서는 1999년부터 전문상담교사를 양성하기 시작하였는데, 그들을 양성하는 교육과정 속에 진로상담이 중요하게 자리잡고 있다. 또한 학생들의 개성과 소질을 조기에 발굴하여 개발하고자 하는 특기적성교육도 활발하게 전개되고 있다(김봉환 외, 2007).

진로상담이란 개인의 진로발달을 촉진시키거나 진로계획, 진로 · 직업의 선택과 결정, 실천, 직업적응, 진로변경 등의 과정을 돕는 활동을 말한다(김봉환 · 정철영 · 김병석, 2009). 진로상담의 형태로는 개인을 상대로 하는 개별상담과 집단지도를 위한 집단상담 활동 등이 있다. 진로집단상담은 다른 집단상담과 달리 치료적 측면보다는 집단 교육적 요소를 많이 포함하고 있다. 정의적 · 인지적 측면의 정신건강 교육과 진로교육, 진로의식, 진로지도, 진로발달, 진로탐색의 다양한 주제에 대한 정보를 제공하는 구조화된 활동으로 구성되어 대집단을 대상으로 하여도 비교적 접근이 수월하다. 즉 직업에 대한 공통적인 문제를 가지고 있는 많은 학생들을 대상으로 하기 때문에 대체로 집단 활동을 하게 되는 것이다(김유진, 2010).

김봉환 등(2009)은 진로상담의 일반적인 목표와 내용에 대해서 첫째, 진로상담은 자신에 대한 정확한 이해증진이다. 둘째, 진로상담은 직업세계에 대한 이해 증진이다. 셋째, 진로상담은 합리적인 의사결정 능력의 증진이다. 넷째, 진로상담은 정보탐색 및 활용능력의 함양이다. 다섯째, 진로상담은 일과 직업에 대한 올바른 가치관 및 태도 형성이다라고 제시하였다.

이러한 진로목표를 달성하기 위해서는 대학생의 진로발달 단계의 특성에 따른 발달과업에 따라 다르게 적용해야 한다. 발달과업이란 '각 발달단계에서 획득하여야 하는데, 만약 획득하지 못하면 적응에 장애가 되기도 하며, 미래에 성취하게 될 다른 발달과업을 달성하는 데에도 지장을 초래할 수 있는 행동'을 말한다.

### (1) 청소년의 발달과 진로상담

청소년기는 흔히 아동기에서 성인기로 이행하는 혼란과 혼돈의 시기로 일컬어진다. Erikson(1963)에 따르면 발달상 이 시기의 핵심적 특징은 개인이 아동에 이루어 놓은 동일시를 더 이상 중요하게 생각하지 않고, 더욱 복잡한 조건과 상황 속에서 새로운 자아에 이르는 과정에서 자아탐색을 한다는 점이다. 이 시기의 발달과제인 정체감을 성공적으로 달성하지 못할 때 맞게 되는 위기는 역할의 혼미다. 그래서 이 시기는 '자아정체감 대 정체감 혼미'라고 지칭된다. 또한 Piaget(1969)의 인지발달단계에 따르면 구체적 조작단계의 사고에서 형식적 조작단계의 사고로의 전환은 대략 12세경에 시작된다. 따라서 청소년기 초반에는 문제해결과 계획을 세우는 일 등이 상당히 비체계적이다. 그러나 고등학교를 마칠 때쯤 청소년들은 문제해결에 있어서 가설 설정은 물론 추상적인 것을 다룰 줄 아는 능력과 더불어 정신적인 조작을 통해 문제를 해결하는 능력을 획득한다.

이러한 점들을 고려할 때 청소년기에 객관적인 자기이해를 전제로 한 진로상담은 무엇보다 중요하다고 하겠다. 그리고 청소년기에 올바른 진로상담을 통해서 분명한 진로목표를 설정하고 그를 달성하도록 촉진시키는 일은 자아정체감의 형성은 물론 부적응적 행동의 예방이라는 차원에서 매우 중요하게 다루어져야 할 것이다.

### (2) 직업 변화에 따른 진로상담

현대사회는 진로상담과 밀접하게 관련된 노동시장은 여러 방면에서 상상하기조차 힘들 정도로 변화를 거듭하고 있다. 특히 우리나라에서도 직업세계의 변화는 더욱 가속화되고 있다. 요즈음 들어 '노동시장 유연화'라는 가치 아래 우리가 많이 접하는 단어들은 시장경제의 논리, 구조조정, 다운사이징, 아웃소싱 등등인데, 이들은 모두 '경쟁력 향상'을 핵심개념으로 하고 있다. 이러한 대안들을 현실로 옮기는 과정에서 실업자 수는 날로 증가하고 있고, 거기에서 파생되는 또 다른 여러 가지 문제들이 우리를 괴롭히고 있다.

여인권(2011)은 대학평가에 있어 취업률 지표의 한계점과 개선점을 논의 하며 현실에서 각 대학이 가지는 다양성을 반영한 공정한 척도를 마련하여 성별, 지역별, 계열별 차이를 제시하여 취업률이 산정평가되어야 한다고 주장한다. 이에 동의하며 대학 졸업을 앞둔 대부분의 예비 직업인들은 이력서 한 번 제대로 내밀어 보지 못하고 실업자로 전락할 운명에 처해진 상황을 살펴볼 필요가 있다. 이제 평생직장은 추억 속으로 사라졌고, 평생직업만이 남아 있을 뿐이다. 이제 우리나라도 전체 근로자 중에서 정규직 근로자는 46% 정도에 불과하고 한 직장에서의 평균 근속연수는 6~7년을 넘기지 못하고 있다(김봉환 · 정철영 · 김병석, 2013). 청소년들이 이러한 변화를 정확하게 인식하고 수용하도록 해야 하며, 그러기 위해서는 체계적이고 효과적인 진로상담이 매우 중요함을 알 수 있다.

### (3) 대학입시제도의 변화와 진로상담

진로상담의 맥락에서 대학입시는 일단 '진학상담'과 관련된다. 상황이 많이 바뀌었다고는 하지만 여전히 대학입시는 중등학교 교육의 방향과 내용에 크게 영향을 미치고 있다. 지금까지 대학입시제도는 여러 가지 이유로 변화되어 왔는데 제도가 바뀔 때마다 그 목적은 '교육의 정상화'에 있었다. 그러나 그 목적 달성은 단 한 번도 성공을 거두지 못한 것으로 평가된다.

새 대학입학 제도는 학교에서 진로상담이 직면하고 있는 구조적인 벽을 허무는 좋은 기회가 될 수도 있다. 그러나 새롭게 바뀐 제도에 적합한 진로상담

프로그램을 구안해서 모든 학생들에게 체계적으로 지도하지 않으면 제도가 지니고 있는 복합적 성격 때문에 경우에 따라서는 현행 제도에서보다도 진로준비와 진로선택이 더 어려울지도 모른다. 따라서 중등학교에서는 새 대학입학 제도의 내용을 면밀히 숙지하고 그에 상응하는 진로상담 방법과 프로그램을 개발하여 적용할 필요성이 시급히 요청되고 있다.

### (4) 진로상담의 방법

진로상담이 원활하게 이루어지기 위해서 여러 가지 진로정보들을 쉽게 활용할 수 있어야 한다. '청소년대화의 광장'의 설문조사를 통하여 현직교사와 상담자들이 제안한 진로정보의 효율적인 이용방법을 살펴보면 다음과 같다.

① 초등학교 때부터 다양한 현장 경험의 기회를 제공하여 자질과 흥미에 맞는 진로선택의 폭을 넓혀 준다.
② 현재 그 직업 세계에 종사하는 사람을 만나거나 직접 그 직업의 일을 체험해 본다.
③ 직업의 준비과정으로 재학시 그 직업을 얻기 위한 기능 습득을 할 수 있는 산학협동체제를 구축한다.
④ 진로 탐색 및 준비를 하기 위한 교육과정을 마련한다.
⑤ 청소년 진로문제를 구체적으로 분류한다.
⑥ 컴퓨터를 이용한 정보 탐색을 활성화한다.
⑦ 진로 탐색 워크숍, 강연회 혹은 집단을 통하여 진로지도를 한다.
⑧ 진로정보에 대한 데이터베이스를 구축하고 다양한 정보 자료의 비치 및 다양한 정보제공원에 대한 정보를 확보한다.
⑨ 인터넷을 통한 정보를 쉽게 제공한다.
⑩ CD롬 등의 매체로 직업목록 사전을 마련한다.
⑪ 일선 중·고등학교에서도 특강이나 집단상담을 통해 진로와 관련된 프로그램을 마련한다.

이상의 방안들은 효과적으로 진로상담을 하기 위한 진로정보와 교육과정, 산학협동체제와 같은 진로 지원체제를 갖추는 일로 요약될 수 있다. 현재 우리나라에서도 진로상담을 위한 여러 가지 진로정보가 풍부하게 생산되고 있으며, 노동부를 비롯하여 교육부, 문화관광부에서 진로지도의 활성화를 위해 여러 가지 지원체계는 점점 개발되어 갈 것으로 예상된다. 성공적인 진로상담을 위해서는 여러 가지 조건과 환경 그리고 진로상담 프로그램을 갖추어 나갈 때 진로상담의 과정이 풍부해진다는 사실을 염두에 두어야 한다. 동시에 진로상담 과정의 각 단계와 과제를 수행할 때, 반드시 현재 이용 가능한 지원체계를 충실히 활용할 뿐만 아니라 필요한 자료나 프로그램을 개발하는 노력을 해야 한다.

#### (5) 진로 의사결정 수준에 따른 분류

진로상담의 최종적인 결과는 대부분 '의사결정'으로 나타난다. 따라서 진로상담에 있어서는 의사결정이 매우 핵심적인 사항으로 자리잡고 있다. 의사결정 과정에 있어서는 의사결정자가 매우 중요한 변수가 된다. 이러한 이유 때문에 의사결정자의 나이, 성별, 성격적 특성, 사회경제적 지위 등과 같은 요소들이 의사결정에 미치는 영향이 광범위하게 연구되어 왔다. 따라서 현장에서 학생들을 상담하는 교사나 상담자들은 학생들의 특성이 의사결정 과정에 미치는 영향에 대해서 정확하게 알고 있어야 한다.

Sampson, Peterson, Reardon들은 진로욕구 성격에 따라 내담자의 상태를 다음과 같이 분류하고 있다.

##### ① 진로 결정자(The decided)

자신의 선택이 잘된 것이니 명료화하기를 원하는 자, 자신의 선택을 이행하기 위해 도움이 필요한 자, 진로의사가 결정된 것처럼 보이나 실제로는 결정을 하지 못하는 자이다.

② 진로 미결정자(The undecided)

자신의 모습, 직업 혹은 의사결정을 위한 지식이 부족한 자, 다양한 능력으로 지나치게 많은 기회를 갖게 되어 진로 결정을 하기 어려운 자, 진로결정을 하지 못하지만 성격적인 문제는 없는 자이다.

③ 우유부단형(The indecisive)

생활에 전반적인 장애를 주는 불안을 동반한 자, 일반적으로 문제해결 과정에서 부적응적인 성격을 지니고 있는 자이다.

진로 미결정자들은 정상적으로 발달하고 있는 사람들로서, 비록 진로선택을 구체화할 수 없지만 진로선택의 과업으로 압력이나 스트레스를 받지 않는다(Holland & Holland, 1977; Wenberg, 1992).

우유부단형들은 일반적으로 결정을 쉽게 하지 못하는 성격적인 특징을 가지고 있으며 높은 수준의 우유부단함, 불안, 좌절, 불분명한 개인적 정체감, 낮은 수준의 자신감이나 자기존중감을 지니고 있다. 또한, 이들은 외적 요인에 의해 통세되는 경향과 자신의 상황를 다른 사람의 탓으로 돌리는 경향을 지니고 있다(Salomone, 1982).

미결정자는 직업 세계 또는 의사결정의 과정에 대해 더 많은 정보를 수집하기 때문에 진로 의사결정이 연기된다(Salomone, 1982). Wenberg(1992)는 미결정자들이 진로 결정을 하지 못하는 이유를 더욱 구체적으로 설명하자면, 자기명료화의 부족, 직업에 관한 정보의 부족, 결단성의 부족, 진로선택에 대한 주관적인 중요도를 네 가지 중요한 이유라고 설명한다. Wenberg는 진로 의사결정이 이루어지기 위해서는 자기의 장단점, 흥미, 성격 등에 대한 이해와 충분한 직업정보 그리고 어느 정도 통합된 성격, 현실적인 선택 능력 등을 갖추고 있어야 함을 시사한다. 이는 진로상담에서 내담자의 평가 영역이기도 하다.

### (6) 진로상담의 목표 설정

문제가 확인되고 규정되면 내담자와 더불어 진로상담의 목표를 설정하는 작업을 하게 된다. 일단 목표가 설정되면 그것을 내담자와 합의하는 과정을 거쳐 자기가 진로상담을 하는 이유와 방향을 인식하고 참여하게 된다. 이것은 진로상담 밖에서의 활동에도 영향을 미친다. 진로상담 목표를 달성하기 위해 필요한 과제의 형태를 내담자의 의사결정 수준에 따라 진로상담의 과제가 다르게 규정될 수 있다(김계현, 1995).

① 진로결정자는 진로를 결정하게 된 과정 탐색, 충분한 진로정보 확인, 합리적인 과정으로 명백하게 내린 결정인지 확인, 결정된 진로를 준비, 내담자의 잠재 가능성을 확인하는 활동을 제공한다.
② 우유부단형에게는 불안이나 우울의 감소, 불확실감의 감소, 동기의 개발, 기본적 생활습관의 변화, 긍정적 자아개념의 확립, 자아 정체감의 형성, 타인의 평가에 대한 지나친 민감서의 극복, 자존감의 회복, 열등감 수준의 저하, 가족의 기대와 내담자 능력간의 차이 인정, 가족 갈등의 해소, 부모나 사회에 대한 수동-공격성의 극복의 활동을 제공한다.
③ 진로 미결정자에게는 진로에 대한 탐색, 구체적 직업정보의 활용, 현재 자신의 능력에 대한 구체적인 파악, 자기 탐색, 직업정보의 제공, 의사결정의 연습의 활동을 제공한다.

목표를 다룰 때 유의할 사항은 목표를 구체적이고도 그 결과를 가시적으로 평가할 수 있는 형태로 진술해야 한다.

## 2) 대학생의 진로발달

'진로(career)'란 자아의 이해, 일과 직업세계에 대한 이해를 바탕으로 개인이 일생동안 생애를 합리적으로 선택하고 결정하는 일이라 정의할 수 있다. '진로발달'이란 일에 대한 가치가 발달하고, 직업적 정체의식이 형성되고, 직업기회를 배우며, 시간제 또는 전일제 직업과 여가선용을 계획, 실천해 보는 과정을 말한다(Tobert, 1980).

대학생의 발달 시기는 자신에게 적합한 진로목표를 설정하고 직업세계로 이행하기 위해 진로준비행동을 구체화하는 시기다. 따라서 대학생에게 있어 직업적 정체의식을 형성하고, 직업기회를 배우는 진로발달은 매우 중요하다. 그러나 현재 우리나라의 많은 대학생들은 졸업시점까지 진로준비를 구체화하지 못한 채로 졸업을 하고 있다(어윤경, 2009).

대학생들이 진로발달 과업을 잘 수행하지 못하는 원인 중의 하나는 자기에 대한 이해가 부족한 상태에서 전공을 선택하여 전공에 대한 불만으로 인해 진로성숙이 지연되기 때문이다. 상당수의 대학생들은 대학 입학 시 전공 선택 과정에서 자신의 소질이나 적성을 고려하는 것보다 성적과 같은 현실적인 문제를 고려하여 진학을 결정함으로써 전공과 적성의 불일치를 경험하고 있다. 대학전공 선택과정에서는 다양한 요소들이 복합적으로 영향을 미치게 되지만 이 중에서도 개인의 소질과 적성 같은 개인 내적 요인이 매우 중요한 의미가 있음을 많은 연구들에서 언급하고 있다. 또한 일반적으로 내적 선택기준에 의한 진로선택이 직업이나 진로에 대한 만족감을 예언한다는 많은 연구결과들이 보고되고 있다. 이것은 자기이해능력이 높거나 진로태도 성숙도가 높을수록 내적인 선택요인을 중시한다는 것과 같은 맥락에서 이해될 수 있다.

이재창(1995)은 우리나라 대학에서의 진로상담은 다음과 같은 점에 주안점을 두고 다루어져야 한다고 주장한다.

첫째, 자기탐색과 자기이해에 대한 조력이다. 우리가 진로계획을 세울 때 가장 먼저 필요한 것은 자기 자신에 대해서 아는 것이다. 그러기 위해서는 진로상담에서 학생들로 하여금 여러 측면에서 자신을 있는 그대로 정확하게 인식하도록 하는 자기탐색의 경험을 제공해 주는 것이 필요하다.

둘째, 일의 세계에 대한 이해증진이다. 자기 자신을 정확하게 이해한 다음에는 자신이 종사할 일의 세계에 대해서 알아야 한다. 진로상담을 통해서 직업세계의 다양성과 복합성, 진로의 사회적 목표, 요구와의 관련성, 다양한 진로준비와 관련된 특성들, 진로준비와 관련된 진로발달단계, 개인의 진로와 생활양식과의 관계 등에 대한 이해를 돕도록 조력해야 한다.

셋째, 정의적 측면의 강조이다. 일반적으로 진로를 선택할 때 일의 능률과 관련이 있는 인지적 측면의 요인을 고려한다. 진정한 의미의 일은 인지적 요인뿐만 아니라 일은 능률 이외에 우리에게 보람, 즐거움, 행복감 등과 관련된 정의적 요인에 의해서 더 좌우된다고 할 수 있다.

넷째, 일의 올바른 의미 이해이다. 대부분의 경우 직업이 개인의 경제적 욕구 충족을 위한 수단으로 생각하는 경향이 있지만, 이외에도 직업이 주는 의미는 개인의 사회적, 심리적 욕구를 충족시키는 부가적인 잠재력을 가지고 있다. 따라서 특정 직업에 대해서 가지고 있는 편견이나 고정관념에서 벗어나 자신에게 적합한 직업선택을 통해 생활의 의미를 찾도록 해야 한다.

다섯째, 의사결정기술의 증진이다. 진로를 결정하는 일은 개인의 일생을 통해서 가장 중요한 과업 중의 하나다. 그러나 이렇게 중요한 결정이 매우 불합리한 과정을 거쳐서 내려지는 경우가 많다. 즉 자신에 대한 이해 없이, 일의 세계에 대한 편견에 의해서, 부모의 요구에 의해서, 또 외적인 욕구 추구에만 급급하다 보면 결정의 결과에 대해 불만족스러움과 부작용을 낳게 된다.

### 3) 진로발달이론

진로발달이론은 인간발달의 개념을 진로라는 측면에 도입한 것으로서 진로발달을 개인의 전체발달의 한 국면으로 보고자 하는 관점이다. 이 장에서는 Ginzberg의 발달이론, Super의 발달이론, Tiedeman과 O'Hara의 발달이론, Tuckman의 발달이론, Gottfredson의 직업포부 발달이론 등을 중심으로 살펴보고자 한다.

#### (1) Ginzberg(1952)의 직업발달 이론

Ginzberg의 진로발달 이론은 진로에 발달의 개념을 적용시킨 최초의 이론이다. Ginzberg의 진로발달 이론은 개인의 발달단계를 환상기, 시험기, 현실기의 세 단계를 경험하면서 변화되는 것으로 본다(유정숙, 2008). 그 내용과 특징은 다음과 같다.

① **환상기**(fantasy period, 6~10세)

이 단계에서는 현실여건, 자신의 능력이나 가능성을 고려하지 않고, 독단적으로 특정 직업을 택해서 그 직업에서 하는 일을 놀이 활동을 통해서 표출하려고 한다. 이 연령층의 어린이들은 현실적인 장애를 의식하지 못하기 때문에 자기가 원하는 것은 무엇이든지 하면 된다고 믿고 있어 환상 속에서 비현실적인 선택을 하게 된다.

② **시험기**(tentative period, 11~17세)

청소년 초기단계인 이 때부터는 진로선택 과정에서 흥미, 능력, 가치관이 고려된다. 그러나 현실상황을 충분히 고려하지 않기 때문에 시험기라 불린다.

이는 또한 네 가지의 하위영역인 흥미단계(interest stage), 능력단계(capacity stage), 가치단계(value stage), 전환단계(transition stage)로 나뉜다.

흥미단계에 속하는 연령대는 대략 11~12세로써, 이 연령층의 어린이는 자신의 흥미에 입각해서 직업을 선택하려는 경향이 있다. 능력단계는 13~14세의 연령대로 자신이 흥미를 느끼는 분야에서 성공을 거둘 수 있는 능력을 지니고 있나 시험해 보기 시작한다. 가치단계는 15~16세에 해당하는 시기로 직업을 선택할 때 고려해야 하는 다양한 요인들을 인정하는 단계가 된다. 특수한 직업선호와 관련된 요소들을 인정하고, 직업선호를 자신의 가치관 및 생애목표에 비추어 평가해 본다. 전환단계는 17~18세 전후가 되는 연령대로 점차 주관적인 요소에서 현실적인 외적 요인들로 관심을 돌리게 된다.

③ 현실기(realistic period, 18~22세)

청소년 중기에 해당되는 이 단계에서 비로소 자신의 흥미분야와 현실적인 요건을 고려하고 타협하며 결정하게 된다. 현실적 직업선택 단계는 정서적 불안정, 개인의 문제, 재정적인 풍족함 등의 원인 때문에 늦어지기도 하며 그 하위단계로는 탐색단계(exploration stage), 구체화단계(crystalization stage), 특수화단계(specification stage)가 있다.

탐색단계에서는 자신의 직업선택을 위해 필요하다고 판단되는 교육이나 경험을 쌓으려고 노력하는 단계다. 구체화단계에서는 직업목표를 정하고, 자신의 결정에 관련된 내적 · 외적 요소를 종합할 수 있는 단계다. 특수화단계에서는 자신이 한 결정을 더욱 구체화하고 세밀한 계획을 세우는 단계다.

이러한 Ginzberg의 이론은 진로지도에 필요한 개인의 직업적 성숙도의 규준을 제공하고, 직업선택 과정에서 단계별 문제의 발전과 지도에 도움을 줄 수 있다는 장점을 지니고 있다. 반면에 이 이론은 제한된 표본들에 대한 경험적 관찰결과를 기초로 형성되었기 때문에 일반화하는 데에는 문제가 있다는 비판을 받기도 한다(김봉환, 2013).

Ginzberg 외(1951)는 진로발달에 대한 개념을 정리하자면 각 개인이 독특한 신체적, 정신적 발달하는 것처럼 직업에 대한 지식, 태도, 가능성도 어려서부터 발달하기 시작하여 일련의 비가역적 과정을 거치게 되는데, 이를 진로 발달이라 정의하였다. 즉 개인은 자신의 욕구, 능력, 가치관, 흥미 등의 내적요인과 가정환경, 부모의 영향, 직업조건 등의 외적요인과의 지속적인 타협을 통해 직업을 선택하며, 이렇게 변화하는 개인의 욕구와 환경 사이에 가장 적합한 직업을 찾는 지속적인 탐색과정이 개인의 진로발달에 중요함을 강조한 것이다.

### (2) Super(1957)의 진로발달론

Super이론의 기저를 이루고 있는 것은 자아개념으로 Super는 인간은 자기 이미지와 일치하는 직업을 선택한다고 주장했다. 즉, 인간은 자신이 '나는 이런 사람이다'라고 느끼고 생각했던 바를 반영할 수 있는 직업을 선택한다는 것이다. 직업선택이 아동기-성인기 초기까지만 발달한다고 주장한 Ginzberg의 입장과 달리 Super는 직업선택이 전 생애에 걸쳐 이루어진다고 보았다(김충기, 1986). 그는 직업발달에 있어서 본질적인 역할을 하는 자아개념은 유아기에서부터 형성, 전환, 실천의 과정을 거쳐서 사망에 이르기까지 계속 발달되고 보완된다고 보았다. Super의 진로발달 이론은 자아개념을 진로발달의 핵심으로 강조했다는 점에서 청소년을 대상으로 실시할 진로상담 프로그램 개발의 근거를 제공한다. 왜냐하면 Super의 자아개념은 아들러 이론에서 강조하는 자아의 주관적인 경험을 토대로 자신만의 고유한 생활양식의 통찰로 구체화 될 수 있기 때문이다(정은균, 2008).

Super의 진로발달단계와 특징을 살펴보면 다음과 같다.

① **성장기**(growth stage, 출생~14세)

가정과 학교에서 주요 인물들과 자신을 동일시하고, 자아개념을 발달시켜나가는 시기로, 초기에는 욕구와 환상이 지배적이나 사회참여와 현실 검증이 증가하면서 흥미와 능력을 중요시하게 된다. 그 하위단계는 환상기(fantasy substage), 흥미기(interest substage), 능력기(capacity substage)로 구분이 된다. 환상기는 4~10세의 시기로 욕구가 지배적이며 환상적인 역할수행이 중요한 시기다. 흥미기는 11~12세의 시기로 개인의 취향이 곧 활동의 목표 및 내용을 결정하는 요인이 된다. 능력기는 13~14세의 시기로 능력을 더욱 중요하게 여기며 직업의 요구조건들을 고려하는 시기다.

② **탐색기**(exploration stage, 15~24세)

학교생활, 여가활동 등을 통해 자아검증, 역할수행, 직업적 탐색을 시도하는 시기다. 그 하위단계는 잠정기(tentative substage), 전환기(transition substage), 시행기(trial substage)로 구분된다. 잠정기는 15~17세로써 욕구, 흥미, 능력, 가치, 직업적 기회 등을 고려하기 시작하며, 잠정적인 진로를 선택하고 그것을 환상, 토의, 일, 기타 경험을 통해 시행해 보는 시기다. 전환기는 18~21세로써 취업을 하거나 취업에 필요한 훈련이나 교육을 받으며, 자신의 자아개념을 실천하려고 함에 따라 현실적 요인을 중요시하게 된다. 시행기는 22~24세로써 자신에게 적합해 보이는 직업을 선택해서 최초로 직업을 가지게 된다.

③ **확립기**(establishment stage, 25~44세)

자신에게 적합한 분야를 발견하고 영구적인 위치를 확보하기 위한 노력하는 단계이다. 그 하위단계는 시행기(trial substage), 안정기(stabilization substage)로 구분된다. 시행기는 25~30세로써 자신이 선택한 일의 분야가 적합지 않을 경우, 적합한 일을 발견할 때까지 몇 차례의 변동이 있게 된다. 안정기는 31~44세로써 진로유형이 분명해짐에 따라 그것을 안정시키고 직업세계에서 안정된 위치를 굳히기 위한 노력을 하는 시기다.

④ **유지기**(maintenance stage, 45~64세)

이 시기는 이미 정해진 직업에 정착하여 안정된 삶 속에서 비교적으로 만족하는 생활을 영위한다.

⑤ **쇠퇴기**(decline stage, 65세 이후)

이 시기의 개인은 정신적, 육체적 기능이 쇠퇴하면서 직업전선에서 은퇴하여 새로운 역할과 활동을 탐색한다.

이상의 진로발달 단계를 기초로 〈표 2-1〉과 같이 5단계의 직업발달 과업(vocational development tasks)이 제시되었다(Super, Starishesky, Matlin & Jordaan, 1963; 김봉환, 2013에서 재인용).

Super의 진로발달에 대한 개념을 정리하자면, 직업의 선호도가 증가하는 연속적인 과정인 동시에, 개인의 흥미와 능력 및 가치관, 기회 등과의 타협과정인 동시에 생애발달의 과정을 진로발달로 정의하였다. 이는 진로발달이 '탐색에서 쇠퇴에 이르는 계속적 과정에서의 위치라 할 수 있으며, 곧 해당 연령에서 직업적 발달의 수준이 적정한가를 의미하는 직업성숙의 개념과도 연결된다(Super, 1955).

표 2-1 Super의 직업발달 과업

| 직업발달 과업 | 연령 | 일반적인 특징 |
|---|---|---|
| 구체화 (crystallization) | 14–17세 | 자신의 흥미, 가치는 물론 가용자원과 일어날지도 모르는 일, 그리고 선호하는 직업을 위한 계획 등을 인식하여 일반적인 직업 목적을 형성하는 지적과정 단계의 과업이다. 이 과업은 선호하는 진로에 대하여 계획하고 그 계획을 어떻게 실행할 것인가를 고려하는 것이다. |
| 특수화 (specification) | 18–21세 | 잠정적인 직업에 대한 선호에서 특정한 직업에 대한 선호로 옮기는 단계의 과업이다. 이 과업은 직업선택을 객관적으로 명백히 하고, 선택된 직업에 대해서 더욱 구체적으로 이해하여 진로계획을 특수화하는 것이다. |
| 실행화 (implementation) | 22–24세 | 선호하는 직업을 위한 교육훈련을 끝마치고 취업하는 단계의 과업이다. |
| 안정화 (stabilization) | 25–35세 | 직업에서 실제 일을 수행하고 재능을 활용함으로써, 진로선택이 적절한 것임을 보여주고 자신의 위치를 확립하는 단계의 과업이다. |
| 공고화 (consolidation) | 35세 이후 | 승진, 지위획득, 경력개발 등을 통하여 자신의 진로를 안정되게 하는 단계의 과업이다. |

### (3) Tiedeman과 O'Hara의 발달이론

Tiedeman과 O'Hara의 이론 역시 Super의 이론과 유사하게 직업발달의 단계를 구분하고 각 단계의 특성을 기술하고 있다. Super는 발달단계를 연령을 고정하여 발달단계를 구분하였다면 Tiedeman과 O'Hara는 직업발달의 단계는 연령과 관계없이 문제의 성질에 의해 좌우된다고 주장하며 일생동안 여러 번 반복될 수도 있다는 입장을 취한다. Super는 직업의식이 연령의 증가에 따라 어떻게 발달하는가를 설명하고 있고, Tiedeman과 O'Hara는 의사결정 과정을 통하여 직업의식이 어떻게 발달해 가는지를 설명하고 있다.

Tiedeman과 O'Hara의 진로 의사결정 단계를 살펴보면 다음과 같다.

① 예상기(anticipation)

예상기는 탐색, 구체화, 선택, 명료화의 네 가지의 하위단계로 나뉘어진다. 탐색기는 자신이 지향할 수 있는 목적을 전부 고려해 보고, 각 대안의 목적을 자신이 이루어 나갈만한 능력과 여건을 갖추고 있는지 자신을 예비평가해 보는 단계이다. 구체화는 자기가 나아갈 수 있는 여러 개의 방향 및 각 방향을 취했을 때 나타날 수 있는 결과를 충분히 고려하고, 또한 자기의 가치관이나 목적 및 실용성에 비추어 적합한 하나를 밀고 나갈 준비를 한다. 선택은 구체화 과정에 이어 하나를 선택하여 자기가 하고자 하는 것과 그렇지 않은 것을 분명히 진술할 수 있게 된다. 명료화는 이미 내린 선택을 더욱 신중하게 분석, 검토하여 부족한 점을 찾아 명확히 하는 작업을 한다.

② 실천기(implementation)

적응기라고도 불리는 이 단계는 적응, 개혁, 통합의 세 가지의 하위단계로 구분을 한다. 적응은 새로운 상황에서 인정과 승인을 받기 위한 노력으로 자신의 일면을 수정하거나 아예 버리기도 한다. 즉 새로운 상황의 요구에 대해서 수용적인 태세가 되는 것이다. 개혁은 수용과는 달리 자신의 역할에 대해 강경한 태도를 보이기 시작한다. 일단 새로운 상황 내에서 인정을 받게 되면 주위 동료나 다른 사람들이 자기와 관점을 같이 할 것이라 믿고 자신의 의견이나 주장을 행사하려 하게 되는 것이다. 이 단계에 들어서면 개인이 집단에 의해 움직여 질 뿐만 아니라 자기가 속한 집단에 개인이 영향력을 미치기 된다. 이러한 독단적 요구가 감소함에 따라 통합기에 들어가게 된다. 통합은 집단의 요구와 개인의 요구 간에 균형이 이루어지게 된다. 개인은 집단에 소속된 일원으로서 자신에 대한 새로운 자아개념을 형성하게 된다. 이것은 고정적인 것이 아니라 일종의 역동적 평형상태이다. 따라서 변화가 가능하며, 그 경로가 분화와 통합의 과정을 계속 주도해 나가게 되는데, 이것이 곧 개인의 직업적 성숙을 가져오게 한다.

#### (4) Tuckman의 발달이론

Tuckman(1974)은 자아인식, 진로인식 및 진로의사결정이라는 세 가지 요소를 중심으로 하는 8단계의 진로발달 이론을 제시하였다. 이 이론은 학생들의 진로발달을 위한 교육에서 요구되는 사항이 무엇인지를 알게 해 주는 토대를 마련해 주고 있다. 특히 이 이론은 기능훈련을 제외한 진로교육의 모든 측면을 광범위하게 내포하고 있다. 발달단계를 살펴보면 다음과 같다.

① 1단계: 일반적 의존성의 단계

유치원에서 초등학교 1학년까지의 과정으로 이 단계의 진로발달은 외적 통제에 의존한다.

② 2단계: 자기주장의 단계

초등학교 1~2학년에 해당하는 시기로 이 단계의 아동은 점차로 자율성을 갖게 되며, 친구의 선택과 같은 단순한 형태의 선택이 가능하게 된다.

③ 3단계: 조건적 의존성의 단계

초등학교 2~3학년에 해당하는 시기로 이 단계의 아동은 자아를 인식하기 시작하여 더욱 독립적인 존재가 된다. 이 단계에서 자아인식의 초점은 동기와 욕구 그리고 친구와의 관계형성이다.

④ 4단계: 독립성의 단계

초등학교 4학년에 해당하는 시기로 이 단계의 아동은 일의 세계를 이론적으로 탐색한다. 또한 기술과 직업세계에 대한 인식, 사회 내에서의 자신의 위치 등을 생각해 보며 진로결정에 대해 관심을 갖게 된다.

⑤ 5단계: 외부지원의 단계

초등학교 5~6학년에 해당하는 시기로 이 단계의 아동은 외부의 승인이나 인정을 구하게 된다. 아울러 직업적 흥미와 목표, 작업조건, 직무내용 등에 관심을 갖게 된다.

⑥ 6단계: 자기결정의 단계

학교 1~2학년에 해당하는 시기로 개인은 자신의 규칙과 규범을 설정하고 자아인식을 위해 노력하며 직업군을 탐색하기 시작한다. 또한 직업관을 갖기 시작하며 진로 결정의 기본 요인들을 현실적인 관점에서 탐색한다.

⑦ 7단계: 상호관계의 단계

중학교 3학년에서 고등학교 1학년에 해당하는 시기로 이 단계에서 개인은 동료집단의 문화와 교우관계를 중시하는 관점에서 진로를 선택하게 된다. 직업선택의 가치, 일에 대한 기대와 보상, 작업환경, 의사결정의 효율성 등에 대해 관심을 가진다.

⑧ 8단계: 자율성의 단계

고등학교 2~3학년에 해당하는 시기로 개인은 직업에 대한 탐색과 아울러 자기 자신에 대한 인식을 확고히 하게 된다. 진로문제에서 자신의 적합성 여부, 교육조건, 선택 가능성 등에 초점을 두면서 대안을 점차적으로 줄여 나간다.

### (5) Gottfredson의 직업포부 발달이론

Gottfredson(1981)은 Super와 마찬가지로 발달적 단계를 다루면서, 사람이 어떻게 특정 직업에 매력을 느끼게 되는지를 기술하며 직업적 포부의 발달은 Gottfredson이 제시한 이론의 중요한 주제이며 자아개념은 직업발달에서 중요한 요인으로 본다. 자아개념 발달의 중요한 결정요인은 사회계층, 지능수준 및 다양한 경험 등이다. Gottfredson의 직업 포부의 발달단계를 살펴보면 다음과 같다.

#### ① 직업과 관련된 개인발달의 단계

직업과 관련한 개인의 발달을 네 단계로 구분하여 설명하자면 첫 번째는 3세에서 5세가 이 시기로 '힘과 크기 지향성' 단계로 사고과정이 구체화되며 어른이 된다는 것의 의미를 알게 된다. 두 번째는 6~8세의 시기로 자아개념이 성(gender)의 발달에 의해서 영향을 받게 된다. 세 번째는 9~13세의 시기로 사회계층에 대한 개념이 생기면서 상황 속에서 자아를 인식하게 되고, 일의 수준에 대한 이해를 확장시킨다. 네 번째는 14세의 시기로 내성적인 사고를 통하여 자아인식이 발달되며, 타인에 대한 개념이 생겨난다. 자아성찰과 사회계층의 맥락에서 직업적 포부가 더욱 발달하게 된다.

#### ② 직업적 선호의 발달단계

이 발달 모델에서의 직업적 선호는 신체적 · 정신적 성장과 더불어 복잡하게 나타난다. 직업선호의 주요 결정요인은 자아개념이 발달하면서 설정되는 포부에 대한 한계다. 이를 단계별로 살펴보면 1단계에서는 어린이로서의 구체적 사고를 통해 자신이 생각하고 있는 직업에 대해서 긍정적인 입장을 취하게 되며, 2단계에서는 자신이 선호하는 직업에 대해서 더 엄격한 평가를 할 수 있게 된다. 3단계에서는 평가를 위한 좀 더 많은 기준들을 갖게 되며, 4단계에서는 청소년으로서 자신에 대한 자각, 자신의 성 유형, 사회계층 등의 모든 조건들을 고려하게 된다.

Gottfredson은 이 과정에서 사회 · 경제적 배경과 지능 수준을 강조하였으며, 사람들은 직업세계에서 자신의 사회적 공간, 지적 수준, 성 유형에 맞는 직업을 선택한다고 보았다.

### 4) 진로선택이론

진로상담은 체계적이고 검증된 이론에 기초하여 전개되어야 하는데, 여기에 기여할 수 있는 것이 곧 진로이론이다. 대부분의 진로이론들은 '왜 사람들은 특정한 직업을 선택하게 되는가?'에 대한 답을 제시하고 있다. 이러한 이론은 내용을 강조하고 있는 진로발달이론과 과정을 강조하는 진로발달이론으로 구별한다. 이번 장에서는 여러 분류체계 중 공통적으로 다루고 있는 이론들을 중심으로 선택적 관점에서의 이론과 발달적 관점에서의 이론을 구분하여 알아보고자 한다. 진로선택적 관점에 해당하는 Parsons의 특성-요인이론, Holland의 인성이론, Krumboltz의 사회학습이론, Blau 등의 사회학적이론, Dawis와 Lofquist의 직업적응이론을 순차적으로 알아보겠다.

#### (1) Parsons의 특성-요인이론

Parsons의 특성-요인이론은 진로상담과 관련하여 초창기의 이론이며, 매우 원론적인 내용을 다루고 있으며, 이 이론을 토대로 해서 다른 많은 이론들과 진로상담에 활용되고 있는 검사들이 생겨나게 되었다.

특성-요인이론은 개인의 특성과 직업 또는 직무를 구성하는 요인에 관심을 두고 있으며, 요약하자면 다음과 같다(Klein & Weiner, 1977).

첫째, 각 개인은 믿을 수 있고 타당하게 측정될 수 있는 독특한 특성을 지니고 있다. 둘째, 직업은 직업적 성공을 위해 필요한 매우 구체적인 특성을 지닌 집합체이다. 셋째, 직업선택은 직접적인 인지과정이며 연결이 가능하다. 넷째, 개인의 특성과 직업의 요구 간에 연결이 잘 될수록 직업적 성공(생산성의 증가 또는 직무만족)의 가능성이 커진다.

특성-요인이론은 생의 어느 특정한 시기에 의사결정을 하려고 할 때 도움을 줄 수 있는 이론으로서 개인차 심리학과 응용심리학에 근거를 두고 있으며 대표적인 이론가로는 Pasons, Williamson, Hull 등이 있다.

진로상담의 선구자 Parsons는 그의 저서 「직업의 선택」에서 현명한 직업선택에 관련되는 세 가지 주요 요인들을 ① 자신에 대한 명확한 이해, 즉 자신의 적성, 능력, 흥미, 포부, 환경 등의 이해, ② 다양한 직업에 대한 자격요건, 장단점, 보수, 취업기회, 장래전망 등에 관한지식, ③ 위 두 요인간이 합리적인 연결을 중심으로 진로상담을 통해 내담자가 현명한 선택을 하도록 도와주는 활동이라고 제시하고 있다. Parsons의 특성-요인이론에서는 개인의 특성에 대한 객관적 자료와 직업의 특성에 관한 자료를 중시하고 있다.

### (2) Holland의 인성이론

#### ① Holland의 이론의 네 가지 주요 가정

Holland의 이론은 다음과 같은 네 가지의 중요한 가정을 기초로 하고 있다. 첫째, 우리문화의 대부분의 사람들은 여섯 가지 성격유형(실제적, 탐구적, 예술적, 사회적, 기업가적, 관습적 유형) 중의 하나로 분류될 수 있다. 둘째, 환경에도 여섯 가지 직업 환경유형(실제적, 탐구적, 예술적, 사회적, 기업가적, 관습적 유형)이 있다. 각 환경유형은 주어진 성격유형에 의해 결정되며, 환경을 특정한 문제와 기회를 포함한 물리적인 환경에 따라 설명될 수 있다. 셋째, 사람들의 자신의 기술과 능력을 발휘하고 태도와 가치를 표현하며, 이러한 특징들에 부합되는 문제와 역할을 수행할 수 있는 환경을 찾는다. 넷째, 행동은 성격과 환경의 상호작용에 의해 결정된다.

② 여섯 가지 유형

**가) 실재적 유형**

기계, 도구, 동물에 관한 체계적인 조작활동을 좋아한다. 사회적 기술이 부족하다. 실재적 유형에 속하는 전형적인 직업은 기술자이다.

**나) 탐구적 유형**

분석적이고 호기심이 많고 조직적이며 정확하다. 리더십 기술이 부족하다. 대표적인 직업은 과학자이다.

**다) 예술가적 유형**

표현이 풍부하고 독창적이며 비순응적이다. 규범적인 기술이 부족하다. 음악가와 미술가는 예술적인 유형이다.

**라) 사회적 유형**

다른 사람과 함께 일하거나 다른 사람을 돕는 것을 즐기지만 도구와 기계를 포함하는 질서정연하고 조직적인 활동을 싫어한다. 기계적이고 과학적인 능력이 부족하다. 사회복지가, 교육자, 상담가는 사회적인 유형이다.

**마) 기업가적 유형**

조직 목표나 경제적 목표를 달성하기 위해 타인을 조작하는 활동을 즐긴다. 상징적이고 체계적인 활동을 싫어하며 과학적 능력이 부족하다. 기업경영인, 정치가는 기업가적 유형이다.

**바) 관습적 유형**

체계적으로 자료를 잘 처리하고 기록을 정리하거나 자료를 재생산하는 것을 좋아한다. 그 대신 심리적 활동은 피한다. 경리사원, 사서 등이 이에 속하는 유형이다.

③ Holland 모형

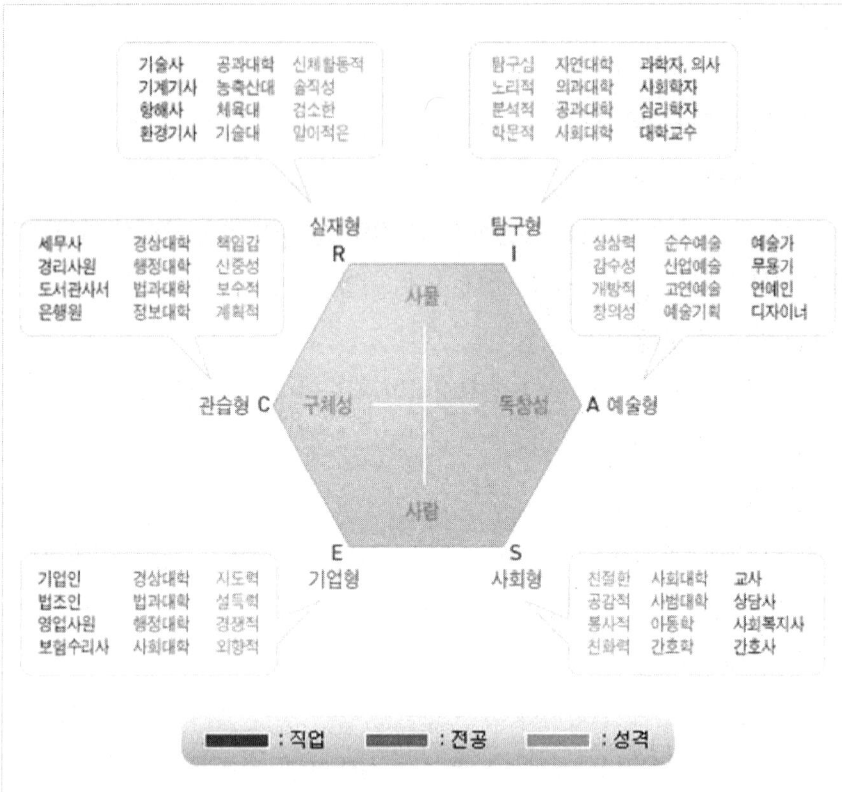
기술사 공과대학 신체활동적
기계기사 농축산대 솔직성
항해사 체육대 검소한
환경기사 기술대 말이적은
탐구심 자연대학 과학자, 의사
논리적 의과대학 사회학자
분석적 공과대학 심리학자
학문적 사회대학 대학교수
실재형 R
탐구형 I
세무사 경상대학 책임감
경리사원 행정대학 신중성
도서관사서 법과대학 보수적
은행원 정보대학 계획적
상상력 순수예술 예술가
감수성 산업예술 무용가
개방적 고연예술 연예인
창의성 예술기획 디자이너
사물
관습형 C
구체성
독창성
A 예술형
사람
E 기업형
S 사회형
기업인 경상대학 지도력
법조인 법과대학 설득력
영업사원 행정대학 경쟁적
보험수리사 사회대학 외향적
친절한 사회대학 교사
공감적 사범대학 상담사
봉사적 아동학 사회복지사
친화력 간호학 간호사
: 직업
: 전공
: 성격

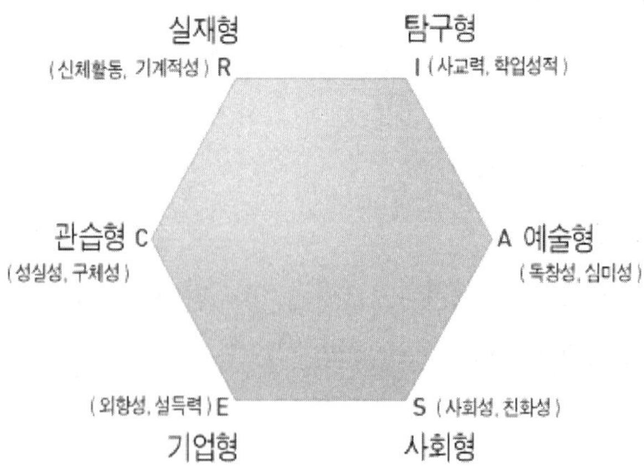
실재형
(신체활동, 기계적성) R
탐구형
I (사교력, 학업성적)
관습형 C
(성실성, 구체성)
A 예술형
(독창성, 심미성)
(외향성, 설득력) E
기업형
S (사회성, 친화성)
사회형

④ 다섯 가지 주요개념

**가) 일관성**(consistency)

성격모형과 환경모형을 연결지을 때, 어떤 쌍들은 다른 유형의 쌍들보다 공통점을 더 많이 가지고 있다. 즉, 정육각형 모형상의 두 유형 간 근접성에 따라 설명된다. 또한 이 개념은 흥미유형에서 뿐만 아니라 환경유형에서도 적용된다.

**나) 차별성**(differentiation)

차별성은 사람이나 환경이 얼마나 잘 구별되는지를 의미한다. 예를 들어 어떤 사람은 특정 직업흥미유형과 유사하면서 다른 유형과는 유사하지 않을 수 있고, 환경도 마찬가지로 어떤 한 가지 유형에만 지배되는 경우가 있다. 모든 유형에 똑같은 유사성을 나타내는 사람들은 특징이 없거나 잘 규정되지 않았다고 생각할 수 있다.

**다) 정체성**(identity)

개인적 측면에서의 정체성이란 개인의 목표, 흥미, 재능에 대한 명확하고 견고한 청사진을 말한다. 환경적 측면에서의 정체성이란 조직의 투명성, 안정성, 목표 · 일 · 보상의 통합이라고 규정된다. Holland이론의 가장 핵심 과정은 한 개인의 성격이 직업명에 투사되는 것이다.

**라) 일치성**(congruence)

사람들은 자신의 유형과 비슷하거나 정체성이 있는 환경유형에서 일하거나 생활할 때 일치성이 높아지게 된다. 또한, 사람은 중요한 보상이 제공되는 환경에서 능력을 최대한 발휘한다. 일치도에 있어서는 육각형 모형을 사용하여 네 가지 수준(예: R-R의 완전일체에서 R-I 혹은 R-C, R-A 혹은 R-E 끝으로 R-S의 가장 낮은 일치도 순)으로 제시하였다.

**마) 계측성**(calculus)

Holland는 "유형(환경) 내 또는 유형 간의 관계는 육각형 모델에 따라 정리될 수 있는데, 육각형 모델에서 유형(환경)간의 거리는 그들 사이의 이론적 관계에

반비례한다"는 것을 시사한다. 계측성을 통해 육각형은 개인 흥미에 대한 일관성의 정도를 나타내 주는 모형으로 활용될 수 있다.

### (3) Roe의 욕구이론

Roe는 MORS에서 힌트를 얻어 흥미에 대한 다양한 요인분석에 관심을 돌리게 되었다. 그는 흥미에 기초해서 직업을 8개의 군집으로 나누고 각각의 군집에 알맞은 직업들의 목록을 작성했다. 직업 활동과 관련된 인간관계의 특성과 강도에 기초한 연속선상에 직업들이 배열될 수 있으며, 연속선상에서 가까이 위치한 군집들이 떨어진 군집보다 인간관계의 특성과 강도 면에서 더 유사하다. 그가 제안한 여덟 가지 직업군은 다음과 같다.

#### ① 일반문화직(general culture) 군집

이 군집의 직업들은 문화유산의 보존과 전수에 관련된다. 개인보다는 인류의 활동에 흥미가 있다.

#### ② 과학직(science) 군집

과학이론과 이론을 특정한 환경에 적용하는 것과 관련된다.

#### ③ 옥외활동(outdoor) 군집

농산물, 수산자원, 지하자원, 임산물, 기타의 천연자원을 개발, 보존, 수확하는 것과 축산업에 관련된 직업들을 말한다.

#### ④ 기술직(technology) 군집

상품과 재화의 생산, 유지, 운송과 관련된 직업을 포함하는 군집. 운송과 정보통신에 관련된 직업뿐만 아니라 공학, 기능, 기계, 무역에 관련된 직업들도

이 영역에 속한다.

⑤ 단체직(organization) 군집

사업, 제조업, 행정에 종사하는 관리직 화이트 칼라가 이 군집에 해당되며, 기업의 조직과 효율적인 기능에 주로 관련된 직업들이다. 인간관계의 질은 대개 형식화되어 있다.

⑥ 비즈니스직(business Contact) 군집

이 군집에 속하는 직업은 일대일 만남을 통해 공산품, 투자상품, 부동산을 판매하는 것과 관련된다. 대인관계가 중요하나 타인을 도와주기보다는 어떤 행동을 취하도록 상대방을 설득하는데 초점을 둔다.

⑦ 서비스직(service) 군집

기본적으로 다른 사람의 욕구와 복지에 관심을 가지고 봉사하는 것에 관련된다. 사회사업, 가이던스 등이 이 군집에 속한다. 이 군집의 본질적인 요인은 다른 사람을 위해서 무엇인가를 하고 있는 환경이다.

⑧ 예능직(arts and entertainment) 군집

창조적인 예술과 연예에 관련된 특별한 기술을 사용하는 것과 관련된 직업들이 여기에 속한다. 대부분의 경우 개인과 대중 또는 조직화된 한 집단과 대중 사이의 관계에 초점을 둔다.

각 군집은 다시 책임, 능력, 기술의 정도를 기준으로 하여 각 6단계로 나뉜다. 이러한 기준들 사이의 상관관계는 없으며, 책무성의 정도가 단계의 구분에 가장 결정적인 영향을 미친다. 책무성에는 결정을 내리는 횟수와 곤란도, 다양한 문제들을 어떻게 처리해야 하는지도 포함된다.

① 1단계 고급 전문관리

이 단계는 중요한 사안에 대해 독립적인 책임을지는 전문가들 뿐만 아니라 개혁자, 창조자, 최고경영 관리자들 포함한다. 이 단계의 기준은 첫째, 중요하고 독립적이며 다양한 책임을 진다. 둘째, 정책을 만든다. 셋째, 박사나 이에 준하는 정도의 교육을 받는다.

② 2단계 중급 전문관리

자율성이 있으나 고급단계보다 더 좁은 영역에 대한 덜 중요한 책임이 따른다. 단계설정의 기준은 첫째, 중요도와 다양성의 측면에서 자신과 타인에 대한 중간 수준의 책임을 진다. 둘째, 정책을 해석한다. 셋째, 석사학위 이상, 박사와 그에 준하는 정도의 교육보다는 낮은 수준의 교육을 받는다.

③ 3단계 준 전문관리

단계설정의 기준은 첫째, 타인에 대한 낮은 수준의 책임을 진다. 둘째, 정책을 적용하거나 오직 자신만을 위한 의사결정을 할 수 있다. 셋째, 고등학교나 기술학교 또는 그에 준하는 정도의 교육수준을 요구한다.

④ 4단계 숙련직

이 단계와 5, 6단계의 구분은 고전적인 분류에 의한 것이다. 이 단계에서는 견습이나 다른 특수한 훈련과 경험이 필요하다.

⑤ 5단계 반숙련직

약간의 훈련과 경험을 요구하지만 4단계보다는 매우 낮은 수준, 훨씬 더 적은 자율과 주도권이 주어진다.

⑥ 6단계 비숙련직

특수한 훈련이나 교육이 필요하지 않으며, 간단한 지시를 따르거나 단순한 반복활동에 종사하기 위해서 필요한 능력 이상을 요구하지 않는다.

Roe는 초기의 경험은 가정환경에 의해 주로 영향을 받으며, 특히 부모와의 관계에 의해 영향을 받기 때문에 부모행동에 대해 관심을 기울였다. 직업군의 선택은 부모-자녀 관계 속에서 형성된 개인의 욕구구조에 의해서 결정된다. 여기에서 욕구구조는 유전적 특성과 함께 어렸을 때 경험하는 좌절과 만족에 의해 형성되는데, 이러한 가설은 Maslow의 욕구이론에 영향을 받은 것이다. 따뜻한 부모-자녀 관계에서 성장한 사람은 인간지향적인 성격을 형성하게 하며, 나아가서는 직업선택에 반영된다. 인간지향적인 직업(서비스직, 비즈니스직, 단체직, 문화직, 예능직)을 선택한다. 차가운 부모-자녀 관계에서 성장한 사람은 자신에게 어떤 눈제가 있을 때 부모나 주위사람에게 도움을 청하지 않고 사람과의 접촉이 아닌 다른 수단을 통해서 해결하는 방법을 터득, 그 결과 비인간지향적인 직업(기술직, 옥외활동직, 과학직)등을 선택한다.

### (4) Krumboltz의 사회학습이론

Krumboltz의 진로의사결정에 대한 사회학습이론은 교육적, 직업적 선호 및 기술이 어떻게 획득되며 교육 프로그램, 직업, 현장의 일들이 어떻게 선택되는가를 설명하기 위하여 발달된 이론이다. 행동에 대한 일반적인 사회학습이론을 기초로 개인의 성격과 행동은 그의 독특한 학습경험에 의해서 가장 잘 설명할 수 있다고 가정하면서, 진로의사결정에 영향을 미치는 요인들의 상호작용을 밝히고 있다.

① 진로결정 요인

Krumboltz는 진로결정에 영향을 미치는 요인을 다음과 같은 네 가지로 분류하였다. 첫째, 유전적 요인과 특별한 능력이다. 둘째, 환경적 조건과 사건이다. 이는 환경에서의 특정한 사건이 기술개발, 활동, 진로선호에 영향을 미친다는 것이다. 셋째, 학습경험이다. 개인이 과거에 학습한 경험은 현재 또는 미래의 교육적, 직업적 의사결정에 영향을 미치는데 Krumboltz는 크게 두 가지 유형의 학습경험을 가정하고 있다.

가) 도구적 학습경험

사람들은 정적인 강화를 받게 되면 이와 관련된 행동을 반복하려는 경향을 보이는데 이러한 행동을 반복하는 과정에서 관련된 기술을 더욱 잘 숙지하게 되고 행동 그 자체에 내적인 흥미를 갖게 된다는 것이다. 일반적으로 도구적 학습경험은 선행사건 →행동 →결과의 순서에 의해서 학습된다.

나) 연상적 학습경험

이전에 경험한 감정적 중립사건이나 자극을 정서적으로 비중립적인 사건이나 자극과 연결시킬 때 일어난다. 예를 들어, 중병에 걸렸던 사람이 병원에서의 치료로 건강을 회복하였다면, 그는 병원이라는 감정적 중립자극이 그에게 정적인 영향을 미쳐 나중에 의사가 되길 희망할 수도 있을 것이다.

넷째, 과제접근 기술이다. 과제접근 기술은 개인이 환경을 이해하고, 이에 대처하며 미래를 예견하는 능력이나 경향으로 학습경험, 유전적 요인, 환경적 조건이나 사건의 상호작용으로 나타난다. 과제접근 기술에는 문제해결 기술, 일하는 습관, 정보수집 능력, 감성적 반응, 인지적 과정 등이 포함된다.

② 진로결정 요인들의 결과

첫 번째는 자기관찰의 일반화다. 이는 자기 자신의 직접적 · 간접적인 수행이나 자신의 흥미나 가치를 평가하는 외형적 · 내면적인 자기진술을 의미한다. 선행 학습경험에 의해 영향을 받을 뿐만 아니라 새로운 학습경험의 결과에 영향을 미친다. 이러한 일반화는 개인에 의해 표현되는 흥미의 형태로 보이기도 하나, 사회학습이론가들은 경험의 결과로 흥미가 생기는 것이지, 흥미의 결과로 경험하는 것이 아니라고 생각한다. 그러나 흥미는 선행 학습경험에 대한 개인의 반응을 간결하고 정확하게 요약해 주기 때문에 진로의사결정에서 매우 중요하다.

두 번째는 세계관 일반화다. 학습경험의 결과 사람들은 자기가 살고 있는 환경을 관찰하고 이러한 일반화를 또 다른 환경에서 어떤 일이 일어날 것인가를 예측하는데 이용할 수 있다.

세 번째는 과제접근 기술이다. 과제접근 기술은 환경에 대처하고, 자신의 관찰을 통한 일반화나 세계관 일반화와 관련지어 환경을 해석한다. 미래 사건에 대해 예견하는 인지적 능력, 수행능력 그리고 감정적인 경향으로 작업습관, 감정적 반응과 같은 정신체계, 지각과 사고 과정 등을 포함한다.

네 번째는 행위의 산출이다. 이 행위의 산출은 학습경험 및 위에서 언급한 세 가지의 결과에서 나오는데, 의사결정과 관련된 특수한 행위로 구성된다.

# 제3장

# 비행

1. 비행의 개념
2. 비행의 원인과 유형
3. 학교상황에서의 비행-학교폭력
4. 비행청소년의 상담과 지도

## 1. 비행의 개념

비행의 국어사전적 의미는 도리나 도덕 또는 법규에 어긋나는 행위로 성인에게는 적용되지 않고, 청소년에게만 적용되는 용어다. 일반적으로 비행은 '지위비행'과 '범죄비행'으로 유형화되는데 지위비행은 성인이 하였을 경우에는 문제가 되지 않으나 청소년이기 때문에 문제시되는 행위로서, 청소년이라는 지위에 걸맞지 않는 문제 행위, 예컨대 가출, 무단결석, 연령 미달자의 음주 및 흡연 등과 같이 비교적 심각성이 덜한 행위를 의미하며, 범죄비행은 청소년이 형벌법규에 규정된 범죄행위를 한 경우를 의미한다(송광섭, 2003). 즉 비행이란 법률적 의미의 범죄행위는 물론 도덕적, 윤리적, 사회적 측면에서 지위에 걸맞지 않는 옳지 못한 행동을 모두 포괄하는 의미이다(심응철, 1989).

비행은 이상행동, 일탈행동, 부적응행동, 탈선행동 등과 혼용되어 쓰이기에 이들을 정확하게 구별할 필요는 없어 보인다. 일반적으로 범죄를 주로 성인에게 적용한다면 비행과 일탈은 청소년에게 적용되는 개념이라 볼 수 있다. 따라서 비행의 개념은 넓은 의미로는 모든 반사회적 행위를 지칭하지만 좁은 의미로는 청소년 비행을 지칭하는 것이 보통이다(최선자, 2003). 즉, 물건을 훔치거나 타인에게 상해를 입히는 것과 같이 실정법을 위반하는 행위뿐만 아니라(법률적 기준), 거짓말을 상습적으로 하는 것과 같이 중요한 도덕적 규범을 위반하는 행위(도덕적 기준), 학교를 무단결석하는 것과 같이 중요한 학칙을 위반하는 행위(교육적 기준), 부모에게 욕설을 하거나 가출을 하는 것과 같이 사회적으로 중시되는 윤리적 규칙을 위반하는 행위(사회적 기준) 등 다양한 범위를 포함한다.

우리나라 소년법 등에서 반사회성이 있는 청소년의 환경 조정과 품행 교정을 위한 보호처분 등의 필요한 조치를 하고, 형사처분에 관한 특별조치를 함으로써 청소년이 건전하게 성장하도록 돕는 것으로 규정하고 있다(법률 제11005호 소년법 제1조 목적).

오늘날 우리사회의 청소년 비행문제는 이미 심각한 수준에 이르렀는데 공식통계(아동청소년백서, 2009; 범죄백서, 2011; 박경희, 2012)를 살펴보면 청소년 비행의 몇 가지 특성을 파악할 수 있다.

첫재, 매년 공식적으로 파악된 청소년비행의 수가 증가하고 있다.

둘째, 청소년 비행의 저연령화이다.

셋째, 사회적으로 더 문제가 더 될 수 있는 것이 지속적이고, 상습적인 비행이다.

넷째, 청소년의 비행행태가 흉폭화, 중비행화되고 있다.

다섯째, 여자 청소년 비행이 꾸준히 증가하고 있다.

이상에서 살펴본 바를 토대로 사회적으로 바람직하지 않은 행동, 가정, 학교, 직장, 지역 등에서 금지되고 비난받아 타인의 덕성을 해하는 행위, 즉 이러한 문제행동이 비행이 된다.

## 2. 비행의 원인과 유형

### 1) 비행의 원인

인간이 비행을 일으키는 배경에는 사회적, 경제적, 문화적인 요인이 발생조건이 되고 있으며, 비행 또는 문제행동의 원인(위험요인)을 다음의 3가지 요건을 들 수 있다.

### (1) 인간 자신, 즉 인격구조에 어떤 문제가 많이 있을 경우(개인적 요인)

인간생활에서 생존과 관련해서 일탈적인 사회화에 의하기도 하지만 관계없이 성장 후의 생활사, 즉 직업사와 가족 사이에서의 좌절과 실패에 의하기도 한다.

이러한 이유로 비행청소년들의 개인적 위험요인을 보자면, 첫째, 자기 자신에 대한 만족도 및 수용도가 낮다. 자기가 못났고 열등하며 쓸모없고 사랑받지 못한 존재라고 느끼고 자신감도 낮다(이숙영 외, 1996). 둘째, 충동을 조절·통제하는 능력이 부족한 경우가 많다. 생리적 특성이나 정서적 불안정으로 인하여 주의가 쉽게 흐트러져 집중력이 부족하고, 같은 또래에 비해 과잉활동적으로 움직이며 쉽게 흥분하고 예민하게 반응하는 경향이 있다(이숙영 외, 1996; 박성수 외, 1997). 셋째, 자신의 감정이나 욕구를 분명히 인식하고 적절한 방법으로 표현하는 데 어려움을 겪는 경우가 많다. 자신의 욕구와 감정을 인정·수용받고 싶은 욕구가 부모나 주변 인물들에 의해서 반복적으로 무시되거나 좌절되는 경험을 함으로써 자신의 감정과 욕구를 자동적으로 부인 혹은 왜곡하는 경향을 갖게 된 것이다(김계현 외, 2013). 넷째, 자기중심적 인지왜곡, 다섯째, 문제해결 능력의 부족, 여섯째, 사회적 기술의 부족 등으로 볼 수 있다.

### (2) 기초적인 가족생활관계에서 지장을 줄 경우(가족요인)

생활행동이 구조화되어 있는데, 이러한 생활구조의 붕괴가 문제가 되는 것이다. 특히 기초적인 생활집단으로서 가족 생활붕괴의 영향이 크다. 이것은 갈등, 긴장, 소외, 부적응문제이기도 하다. 즉 자애로운 양육의 부족과 적절한 훈육의 부족, 자녀의 발달에 따른 관계조정의 실패, 부모 간 불화 등이다.

#### (3) 그 외 학교 및 또래관계에 문제가 있을 경우

청소년기는 또래의 영향이 강력한 시기다. 이러한 시기에 이미 비행경험이 있는 또래와 어울리거나, 소위 '노는 아이들'과 어울리는 것은 비행의 촉발과 유지에 중요한 위험요인이 된다. 또한 한국사회에서 학교성적은 청소년이 자아존중감뿐만 아니라 사회적 지위를 결정하는 중요한 잣대로 작용하는 것이 현실이다. 이런 현실에서 학교성적이 저조하거나 하락하는 것은 청소년의 비행뿐만 아니라 다양한 문제를 유발할 수 있는 위험요인이 된다(유성경 등, 1999).

### 2) 비행의 유형

#### (1) 학급사태에서의 비행(문제행동)

학급사태에서 일어날 수 있는 비행(문제행동)은 퇴영적 행동(with-drawal), 공격성, 과잉활동성(hyper-activity), 심한 불안감, 학교에 대한 공포감 등이 포함된다.

① 퇴영적 행동

심한 경우 아동은 수줍어하고, 두려워하며, 숨기는 것이 많고 냉담하다. 이들은 일상생활에 있어서 불쾌하고 힘이 드는 일에 직면하면 극복하려 하지 않고 도피의 수단으로써 백일몽이나 환상에 빠지기를 잘한다. 이렇게 되면 그 아이는 점점 더 고립되며 다른 아동과 접촉을 끊게 된다. 일반적으로 이런 아동들은 조용하고 표면적으로 다른 사람에게 해를 입히지 않으므로 교사들의 눈에 띄지 않거나 또는 띈다 해도 교사는 이들을 모범생으로 오인하는 수도 가끔 있다.

② 공격성

공격성은 강도나 유형의 차이를 막론하고 현대사회의 폭력이나 범죄 등에서 심각한 문제로 대두되고 있다. 공격성이 높은 사람은 사회질서나 규범을 고려하지 않고 자기중심적으로 행동하는 경향이 있다. 즉 비사회적이고 공격적인 청소년은 일반적으로 행동이 난폭하고, 비복종적이며, 파괴적이다. 이런 청소년은 가끔 공부시간에 혼란을 일으키게 되며 교사에게도 쓸데없이 반항을 한다. 반항의 형태로는 언어적일 수도 있고 때로는 행동적일 수도 있다. 이들은 또 남의 물건을 훔치거나 빼앗으며, 싸움을 자주 하고, 학교 기물을 파괴한다.

③ 과잉활동성

신경질적 장애로 인해 생기는 행동이상이다. 이들은 일반적으로 잠시도 가만히 앉아 있지 못하고 움직이며, 흥분을 잘하고 충동적인 행동을 한다. 뿐만 아니라 자기에게 주어진 과업을 완성하는 일이 드물고, 항상 남의 주의를 끄는 활동을 하게 된다. 또 싸움, 거짓말, 도둑질 등 반사회적 행동도 한다. 이들은 학업문제에 있어서 상당한 곤란을 일으키게 되고 아무런 생각 없이 시험지에 그냥 답하기도 한다.

④ 심한 불안감

이들은 지나치게 활동을 하거나 안절부절 못하며, 공부 시간에 주위를 집중하지 못한다. 가끔 이들은 과잉활동성과 잘 구별이 되지 않으므로 오해를 받기도 한다. 일반적으로 불안 반응은 ① 만성적 불안상태, ② 갑작스런 불안감, ③ 까무러침의 세 가지 공통된 반응 형태로 분류된다. 이런 불안감은 학교 공부를 실제로 이끄는 기본적인 원인이 된다.

⑤ 학교에 대한 공포감

심한 불안감의 결과로 학교에 대해 공포감을 형성할 우려가 있다. 그렇게 되면 학교를 장기적으로 무단결석하게 된다. 대체로 이들은 어떤 선생님, 학급 학생 중 특정인, 공부, 학교의 물리적 환경(교실, 화장실, 층계 등), 점심시간 등 학교의 어떤 면에 대해 공포심을 갖고 있다. 이들은 위장병, 두통 등의 질병을 갖고 있어 이를 이유로 학교를 결석하는 경우가 많다. 이런 것을 정신-신체질환이라 한다.

## 3. 학교상황에서의 비행-학교폭력

### 1) 원인

학교폭력은 한 가지 원인에 의해서 발생하는 경우가 극히 드물고, 여러 원인이 복합적으로 작용하여 발생하는 경우가 대부분이다. 또한 학교폭력은 그 정도나 양상이 갈수록 다양해지고 예측할 수 없는 상황에서 돌발적으로 발생하고 있어 정확한 원인을 찾기가 쉽지 않다. 따라서 학교폭력에 미치는 다양한 요인을 고려하여 통합적으로 접근해야 한다(문용린 외, 2006). 학교폭력의 일반적인 원인을 살펴보면 ① 기형적인 입시교육, ② 폭력적인 정치문화, ③ 도덕성과 자긍심 상실, ④ 가정교육 소홀(문제가정과 결손가정의 콤플렉스), ⑤ 황금만능주의 팽배(한탕주의 및 경제적 격차 콤플렉스), ⑥ 비교육적인 유해환경으로 폭력문화와 퇴폐향락문화 추구(노래방, 비디오방, 오락실, 유흥장, 편의점 등 유해업소 난립, 왜색만화, 음란 비디오 등 폭력음란물 범람, 본드, 히로뽕 등 약물 중독) 등이다.

### 2) 학교폭력 등의 비행추세의 주요 요인

첫째, 사회가 급속히 발전됨에 따라 물질만능주의 사고와 향락풍조가 고조되고 있으나 사회적인 통제력이 약하다. 또한 지역사회에서 실직이나 열악한 경제 수준과 관련된 범죄나 폭력에 노출될수록 청소년이 폭력에 연루될 가능성은 증가한다(McLloyd, 1998).

둘째, 윤리도덕의 타락에서 오는 인간관계의 퇴폐화 등으로 성인세대의 권위상실에서 오는 영향에 기인한다. 입시위주의 교육문화와 교육환경으로 인해 학생들이 원만한 인간관계를 형성하는 데 필요한 사회적 기술이나 타인을 배려하고 상대방의 입장을 이해하는 방법에 대한 훈련이 부족한데 기인한다.

셋째, 일부 상업주의적 대중매체(TV, 영화, 잡지, 만화 등)가 다양한 경로를 통해 청소년들이 폭력에 노출될 가능성을 증가시킨다. 대중매체를 통해 언어적 · 신체적 폭력을 많이 경험한 청소년일수록 학교폭력 가해 경험이 많은 것으로 나타났으며, 가치판단에도 부정적 영향을 주고 있다.

넷째, 가족 기능의 약화로 인하여 부모와 자녀세대 간에 대화 부족 및 의사소통의 장애, 경제적인 어려움에 따른 생활의 불편, 강압적이고 일관성이 결여된 부모의 자녀 양육방식, 아버지의 지나친 음주 및 가족구성원에 대한 폭행, 부모와 자식이 서로 자신의 요구만을 강요하는 이기적인 행동의 만연 등 다양한 문제를 안고 있는 경우가 많다.

다섯째, 학교교육의 내적 충실의 미흡으로 인한 사회적응력 결여 등을 들 수 있다. 즉 낮은 성적, 교사의 무관심이나 부적절한 대우, 낮은 학문적 자아개념 또는 학업적 흥미, 문제학생과의 교우관계 등이 있다.

### 3) 학교폭력의 대책

#### (1) 학교폭력 발생시 신속하고 적극적으로 대처한다.

학교교사는 학교의 명예나 인사상 불이익을 두려워해 학교폭력을 방치하지 말고 신속하고 적극적인 해결책을 모색해야 할 것이며, 학부모는 학교폭력의 심각성을 고려해 창피하다거나 보복이 두려워 미온적으로 대처하지 말고 널리 알려 맞서 싸워야 할 것이다. 학생은 보복이 두려워 숨기거나 혼자 고민하지 말고 용기를 가지고 부모와 상의를 하는 등 즉각 사후조치를 취해 조기 수습을 해야 한다.

#### (2) 징벌이나 처벌위주보다는 교육적인 차원에서 예방 · 재활의 방식으로 이루어져야 한다.

구체적인 대안으로는 청소년선도 및 보호관찰제도 개선, 비행청소년 상담 프로그램 개발, 재활교육장 및 청소년 훈련장 확보, 사회봉사 명령 및 수강명령 제도 개선 · 활용, 가해자 부모와 피해자 부모 간의 동지적 연대의식 속에 대화로써 합의 해결, 교사가 가해학생과 피해학생 간의 사랑의 중재자 역할을 담당한다.

#### (3) 학교폭력 구제상담기관을 설치한다.

학교상담실은 전문적인 상담요원을 활용하여 문턱이 낮고, 학생들에게는 친근한 실질적인 상담실을 운영하여야 할 것이며, 아동심리 치료실이나 상담치료 기관과 연계하여 가해학생의 심리치료와 피해학생의 구제 프로그램에 참여할 수 있게 한다. 현재 한국청소년상담원에서는 청소년상담사제도를 도입해서 매년 1회씩 청소년상담사 시험제도를 시행하고 있으며, 청소년상담실에서는 전문청소년상담사들이 배치되어 상담활동을 펼치고 있다. 그러나 상담자격자들은 각 분야의 전문상담자를 중심으로 운영하는 것이 바람직할 것이다.

### (4) 범국가적 차원에서 체계적이고 종합적인 학교폭력 근절 대책을 강구한다.

학교폭력이 발생했을 때 가해학생과 피해학생에 대한 신속한 조치뿐만 아니라 학교 풍토가 반폭력적이고 안전한 장소가 될 수 있도록 범국가적 노력이 이루어져야 할 것이다. 국가와 정부 차원에서 학교폭력을 예방하고 대처하기 위해 적극적으로 노력해야 할 것이다. 예를들면, 학교폭력 피해신고센터 설치, 학교폭력 예방프로그램(정서함양 프로그램) 개발 및 교육, 비상전화 설치(학교폭력은 000번), 치료기관 및 재활기관과 연계, 학교폭력예방 운동전개, 학급당 인원감축을 통한 인성교육 강화 등이다.

### (5) 교사와 학부모가 발견할 수 있는 피해학생의 징후

교사가 수업시간 중, 점심시간과 쉬는 시간, 등하교 시간 및 기타 상황에서 발견할 수 있는 피해학생의 징후는 다음과 같다(교육과학기술부 학교폭력 예방 종합포털사이트, 2013; 조정실 · 차명호, 2010).

① 수업시간 중에 발견할 수 있는 징후
- 교과서가 없거나 필기도구가 없다.
- 교과서와 노트, 가방에 낙서가 많다.
- 지우개나 휴지, 쪽지가 특정 아이를 향한다.
- 자주 준비물을 챙겨 오지 않아 야단을 맞는다.
- 자주 등을 만지고 가려운 듯 몸을 자주 비튼다.

- 평상시와 달리 수업에 집중하지 못하고 불안해 보인다.
- 옷 등에 낙서나 욕설이나 비방이 담긴 쪽지가 붙어 있다.
- 종종 무슨 생각에 골몰해 있는지 정신이 팔려 있는 듯 보인다.
- 특정 아이를 빼고 그 아이를 둘러싼 아이들이 이유를 알 수 없는 웃음을 짓는다.
- 옷이 젖어 있거나 찢겨 있을 때 그에 대해 물어 보면 별일 아니라고 대답한다.
- 코피가 나거나 얼굴에 생채기가 있을 때 그에 대해 물어 보면 괜찮다거나 별일 아니라고 한다.

② 점심시간과 쉬는 시간에 발견할 수 있는 징후

- 자주 점심을 먹지 않는다.
- 점심을 혼자 먹을 때가 많고 빨리 먹는다.
- 친구들과 자주 스파링 연습, 격투기 등을 한다.
- 교실 안보다 교실 밖에서 시간을 보내려 한다.
- 자기 교실에 있기보다 이 반, 저 반 다른 반을 떠돈다.
- 같이 어울리는 친구가 거의 없거나 소수의 학생과 어울린다.
- 친구들과 어울리기보다 교무실이나 교과전담실로 와서 선생님과 어울리려 한다.

③ 등하교 시간 및 기타 상황에서 발견되는 징후

- 무단결석을 한다.
- 자주 지각을 한다.
- 학교 성적이 급격히 떨어진다.
- 이전과 달리 수업에 흥미를 보이지 않는다.
- 작은 일에도 예민하고 신경질적으로 반응한다.

- 자신의 집과 방향이 다른 노선의 버스를 탄다.
- 다른 학생보다 빨리 혹은 아주 늦게 학교에서 나간다.
- 수련회, 수학여행 및 체육대회 등 학교 행사에 참석하지 않는다.

한편 학부모가 학교생활, 친구관계, 신체적 영역, 정서 · 행동적 영역에서 발견할 수 있는 피해학생의 징후는 다음과 같다(조정실 · 차명호, 2010).

① 학교생활 영역에서 발견할 수 있는 징후

- 학교 성적이 급격히 떨어진다.
- 학원이나 학교에 무단결석을 한다.
- 노트나 가방, 책 등에 낙서가 많이 있다.
- 옷이 더럽혀져 있거나 찢겨 있는 경우가 많다.
- 학용품이나 교과서가 자주 없어지거나 망가져 있다.
- 갑자기 학교에 가기 싫어하고 학교를 그만두거나 전학을 가고 싶어한다.
- 학교에 가거나 집에 올 때 엉뚱한 교통 노선을 이용해 시간이 많이 소요된다.

② 친구관계에서 발견할 수 있는 징후

- 문자를 하거나 메신저를 할 친구가 없다.
- 친구의 생일 파티에 초대를 받는 일이 드물다.
- 친구의 전화를 받고 갑자기 외출하는 경우가 많다.
- 전화벨이 울리면 불안해하며 전화를 받지 말라고 한다.
- 다른 아이들이 괴롭힘 때문에 입은 피해에 대해 자주 말한다.
- 자신이 아끼는 물건(휴대폰, MP3, 전자사전, 닌텐도, 옷 등)을 자주 친구에게 빌려 주었다고 한다.

③ 신체적 영역에서 발견할 수 있는 징후

- 몸에 상처나 멍 자국이 있다.
- 머리나 배 등이 자주 아프다고 호소한다.
- 학교에서 돌아와 배고프다며 폭식을 한다.
- 집에 돌아오면 피곤한 듯 주저앉거나 누워 있다.
- 작은 일에도 깜짝깜짝 놀라고 신경질적으로 반응한다.
- 몸을 움직이는 일을 하지 않으려 하고 혼자 자기 방에 있기를 좋아한다.
- 밤에 잠을 제대로 자지 못하며 식은땀을 흘리면서 잠꼬대 앓는 소리를 한다.

④ 정서 · 행동적 영역에서 발견할 수 있는 징후

- 부모와 눈을 잘 마주치지 않고 피한다.
- 내성적이고 소심하며 초조한 기색을 보인다.
- 전보다 화를 자주 내고 눈물을 자주 보인다.
- 복수나 살인, 칼이나 총에 대해 관심을 보인다.
- 갑자기 격투기나 태권도 학원에 보내 달라고 한다.
- 전보다 자주 용돈을 달라고 하며, 때로는 훔치기도 한다.
- 쉬는 날 밖에 나가지 않고 주로 컴퓨터 게임에 몰두하며 게임을 과도하게 한다.

### (6) 학교폭력의 최근 경향과 특징

① 폭력방법의 악질화와 잔인화로 범죄양상을 띠고 있다.

② 학교폭력의 집단화 및 조직화 추세로 나타난다.

③ 학교폭력의 일반화 및 일상화의 흐름을 지닌다.

④ 여학생의 학교폭력이 증가한다.

⑤ 학교폭력 가해자의 연령 저하 추세로 나타난다.

⑥ 노출되지 않고 은밀히 행하여져 폐쇄화되는 경향이 있다.

## 4. 비행청소년의 상담과 지도

비행행동 또는 이탈행동(deviated behavior)이란 사회학적으로 보면 사회집단 내지 사회체제 속에서 사회적 · 문화적으로 받아 들여지고 있는 표준, 즉 사회적 규범에서 이탈되거나 또는 상반되는 행동을 말한다. 또 각 개인에 대해서는 사회적으로 보면 어떤 사회 체계 속에서 정당한 것으로 승인되고 있는 기대를 깨뜨리는 행동이라고 했다.

이러한 이탈행동에는 부정적인 방향으로서의 이탈이 있다. 부정적 이탈이란 역할 이탈의 한 형태인데, 이러한 현상은 비행이나 범죄행위와 같은 반사회적 행동이다. 반면에 긍정적 이탈이란 기존 도덕률이나 규범에 준하는 방향이기는 하나 요구되는 수준을 넘어서 이탈하는 행동을 말한다. Merton, R. K.에 의하면 이것은 초동조적 성격을 가질 수 있다. 예컨대, 역할을 존경하는 입장에 있는 상사에 대한 지나친 공손 따위이다. 학생의 비행을 예방하고 그 상담과 지도를 위해서 학교 현장에서는 다음의 몇 가지 점에서 고찰될 수 있다.

### 1) 비행청소년 상담

대체로 아동이나 청소년이 스스로 도움의 필요성을 느껴서 상담자를 찾기보다는 부모나 교사에게 이끌려 상담자를 만나게 됨에 따라 비자발적이고 상담의 동기가 낮은 경향이 많다(김혜숙 · 공윤정 · 박한샘, 1997). 더욱이 비행청소년은 비행이 형성되고 반복되어 온 과정과 결과에서 부모나 교사 및 주변 성인들과의 관계가 악화되어 성인들 전반에 대해서 반항과 불신감을 가지고 있은 경우가 많다. 또한 이들은 자기 자신은 아무런 문제가 없다고 보거나 자기 행동의 책임을 다른 사람이나 환경의 탓으로 돌리기 때문에 변화의 동기가 잘 나타나지 않고 상담자에게 도움을 요청하기보다는 불평자 혹은 방문자 유형의 내담자이다. 이러한 연유로 비행청소년과의 상담에서 효과적인 상담관계를 형성하기 위해서는 오랜 인내와 정성을 지속적으로 들여야만 한다.

### (1) 무조건 존중

무조건적 존중이란 내담자의 배경이나 능력이나 행동의 잘잘못에 관계없이 한 사람의 인간으로 존중하고 수용하는 것을 의미한다. 상담자가 무조건적 존중과 수용의 태도를 비행청소년에게 전달하더라도 이들이 쉽게 협조적인 태도로 응대해 오지는 않는 것이 보통이다. 비행청소년들은 초기양육과정이나 비행형성과정에서 성인들에게 속거나 거부되고 멸시당했던 경험들이 상당수 있기 때문에, 성인인 상담자의 온정적이고 수용적인 태도를 자연스럽게 받아들이지 못하는 것이다. 그래서 이들은 상담자의 무조건적인 존중의 태도가 정말 신뢰할 만한 것인지 시험하는 행동을 여러 번 되풀이하는 경우가 많다. 이러한 시도는 상담자의 신뢰성을 시험하는 것이지만, 다른 한편으로는 상담자에게 의존하고 수용되고 싶어하면서도 다시 상처받을까 두려워하는 마음의 표현이기도 함을 상담자는 이해할 필요가 있다(김계현 외, 2013).

### (2) 공감적 이해

어떤 내담자건 상담자는 내담자의 입장에서 내담자를 공감적으로 이해하고자 노력해야 한다. 그러나 비행청소년의 공감적 이해란 그 해당 청소년이 그런 비행행위를 할 수밖에 없었던 이유와 과정, 배경, 그런 행위를 했기 때문에 혹은 했음에도 불구하고 가지는 복잡한 생각과 느낌과 바람 등을 그 청소년의 입장에서 이해하는 것을 의미한다(김계현 외, 2013).

### (3) 한계 내의 자유롭고 안전한 분위기 형성

정해진 공간의 정해진 의자에 앉아서 이야기만 나누는 식의 상담보다는 운동이나 연극, 음악, 미술활동 등 다양한 보조전략을 활용하거나 함께 산책을 하거나 간단한 간식과 음료를 나누는 등 긴장을 풀고 분위기를 부드럽게 할 수 있는 방법들을 함께 동원하는 융통성 있는 접근이 이루어진다면 비행청소년들이 마음을 터놓기가 좀 더 수월해질 수 있다. 근간에는 비행청소년들이 모이는 곳으로 찾아가는 상담을 시도하고 있다. 물론 자유롭고 편안한 분위기는 무엇이든 허용되는 무제한적인 자유가 아니라, 내담자가 지지와 수용을 느낄 수 있는 한편 진정한 한계가 있는 것이어야 한다(Sommers-Flanagan al., 1997; 박성수 외, 1997).

### (4) 긍정적 측면의 인정과 활용

변화의 동기가 별로 없는 내담자들을 위해서 Cooper(1995)는 첫째, 아무것도 변화시키려 하지 말고 단지 그 사람의 대처 · 적응방식 중에서 긍정적인 어떤 측면들을 지지하고 인정하거나 둘째, 문제의 일부 측면 특히 문제에 대한 예외적 경우들을 관찰하거나 생각해 보도록 하거나 셋째, 즉각적으로 눈에 띄지는 않지만 그 사람이 변화시키고자 할 의욕이 있을 만하고 변화의 가능성이 있을 만한 다른 문제를 찾아서 그 문제를 해결하도록 하라고 권한다. 이러한 제안은 변화의 동기가 낮고 상담에 비협조적인 비행청소년 내담자에게도 적용할 수 있는 것으로서, 내담자들을 스스로가 인식하든 않든 나름대로 풍부한 내적 자원들과 강점들을 갖고 있으며 눈덩이가 커지듯이 아주 작은 긍정적 변화가 조금씩 더 큰 변화들을 차례로 가져올 수 있음을 믿는 단기상담접근의 기본 가정들(Durant, 1995)에 기초하고 있다.

#### (5) 대인관계 능력의 증진을 위한 훈련

대인관계와 사회생활에서 요구되는 기본적 태도와 능력의 훈련이 필요하다. 즉 가족 내 폭력 상황에 대처하기, 부모와 형제 수용하기, 가족의 긍정적 요구 수용하기, 긍정적 감정 표현하기, 학업 스트레스에 대처하기, 교사와 학교에 대한 적응전략 개발하기, 친구의 비행 유혹 거절하기, 친구의 문제해결 돕기, 새로운 친구 사귀기, 여가활용 방안 개발하기(이숙영 외, 1996) 등이 포함된다.

상담자는 이상의 다양한 능력들 중에서 각 비행청소년에게 부족한 부분이 무엇인지를 파악하고 이를 증진하기 위한 교육과 훈련을 제공할 필요가 있다(김계현 외, 2013).

### 2) 부모상담

비행청소년들은 스스로 상담자를 찾는 경우가 극히 드물고 주로 부모가 자녀를 데리고 상담실을 찾게 되며, 비행문제의 해결을 위해서는 부모의 적극적 협조가 어떤 방식으로든 매우 중요하다는 점에서 비행상담은 대체로 비행청소년의 부모를 상담하는 과정을 포함하게 된다. 비행자녀를 둔 부모들이 모두 상담에 협조적이지는 않다는 것, 오히려 부정적 태도를 지닌 부모들이 더 많다는 것이 상담자들의 경험일 것이다(김계현 외, 2013).

문제해결 가능성에 대한 인식과 자원을 발견하고, 가족관계의 변화 — 부모 간 유대의 강화와 왜곡된 세대 간의 유대약화 — 등이 있다. 상담자는 부모 자신을 충분히 이해했다는 느낌을 주어 상담관계가 형성되게 하고 그러한 정서적 연결감이 부모를 도울 수 있으며 비행청소년 자녀를 돕는 것이라는 것을 알게 한다.

### 3) 학교 교과지도 및 생활지도

학교의 본래 기능은 교과학습 지도와 학생지도의 양대 기능이 행해지고 있어 교과 학습면에서 볼 때 지식의 축적, 실력의 연마는 물론 열심히 면학하는 풍조의 조성이 필요하다.

오늘날 현대교육이 지향하고 있는 전인교육의 초점에 맞춰서 교육에 임해야 할 것이다. 최근에는 업적주의(achievement)를 내세우는 교육으로 일관되고 있으며, 가장 훌륭한 사람을 만들어 내는데는 미흡한 점이 있다. 교과학습의 능률을 높이는 방법으로 다음과 같은 방법 등을 들 수 있다.

#### (1) 교과목의 충실

각 과목 교사는 교과목에 충실을 기하여 학생들로 하여금 스스로 과목에 애착을 느끼고 공부에 전념할 수 있도록 공통적인 노력과 관심을 기울여야 한다.

#### (2) 독서지도

인류의 위대한 스승을 만나기 위해 좋은 책을 선택해서 읽도록 권장한다. 옛날의 위대한 사람들과 책을 통해 만나서 대화함으로써 그들의 정신 사상을 배우고 거기서 새로운 자아를 발견하고 심화의 희열을 느끼는 것이 진정한 독서이기 때문에 여기에서 새로운 정신적 창조가 이루어지며 스스로 자아가 성장 · 발달될 수 있도록 자기지도에 조력하는 것이다.

#### (3) 가치관 교육

사회는 급격히 변화하며 그 변화의 속도는 헤아리기 어려울 만큼 다양성을 띠고 있다. 이러한 변화의 양상 중 문화변동은 정신과 물질 면에서 두드러지게 나타나고 있다. 물질문화가 발달하고 있는 만큼 비물질변화, 즉 정신문화가 뒤따르지 못한 데서 문화지체(cultural lag) 현상이 도처에서 일어나고 있다.

이처럼 격동하는 사회변동과 문화지체 현상은 인생관 · 세계관에 변화를 일으켜서 현대인은 가치관의 혼란 속에서 방황하고 있다. 이러한 환경 속에서 올바른 가치관을 갖도록 지식위주의 교육에서 일관성 있는 인간교육 · 도덕교육을 통하여 새 가치관 · 국가관의 확립과 올바른 사도확립과 주체성 있는 새 청소년상 정립에 노력해야 할 것이다. 사회가 요구하는 근면 · 자조 · 협동하는 새 인간성을 창조해 내도록 학교교사는 선도적 지도자가 되어야 한다.

현대생활지도에서는 변화의 다양화에 따라서 적응을 위한 새로운 가치체제가 필요하게 되었다. 이는 현대사회가 물질위주의 사고로 치솟고 있다는 사실로서, 황금만능주의 또는 물질위주의 사고로 치솟고 있다는 사실로서, 황금만능주의 또는 유물주의에 대한 사고의 변화이다. 이는 소년범죄의 한 원인이 유흥비 충당에 큰 비중을 차지하고 있기 때문이다.

자아의 발달과 가치는 더불어 감정과 정서적 수준에서 형성된다. 즉 가치는 자아의 잉태나 감정이다. 이 가치체계의 형성에 있어서 인간존중의 생각, 정신우위 사상을 고취하도록 가치관 정립에 대한 학교교육의 시대적 사명은 막중한 것이다.

### (4) 학생생활지도 체제의 강화

인간행동에는 행동의 원인이 있으며 비행(문제행동)에는 그 원인이 어떤 의미가 내포되어 있다는 심리학적인 가정이 있으나 행동양상은 복합성을 지니고 있어 지도상에 많은 난점이 나타나게 된다. 학생층의 이탈행동으로는 음주 · 흡연 · 불량교유 · 가출 · 도벽 · 폭행 · 난폭한 행동 · 무단결석 · 흉기소지 · 유흥가 배회 등 문제양상은 복잡다양하다. 근래에 와서 부쩍 늘어난 문제행동은 물건 훔치기 · 돈치기(도박) · 흉기소지 · 성적 불량행위 · 싸움 · 기물파손 등이다.

학교에서의 부적응행동은 비행과 밀접한 관련을 가지고 있음에 비추어 현재 학교에서는 진로지도에 전력을 경주하고 있는 바 전인간적 교육을 위하여 학교생활 전반에 걸쳐 교내외 생활지도의 철저, 문제학생의 조기발견 지도가 필요하다. 이탈행동의 조기 발견은 예방적 대책의 첫걸음이다. 문제 학생 전담 전문가의 확보는 물론, 전문가가 지도에 임할 수 있도록 학교행정의 최선의 협조와 지원이 배려되어야 할 것이다. 교육현장에서는 잠정적으로나마 훈육적인 접근방법과 생활지도적인 접근방법은 부득이 양자택일이나 대립이 아닌 완충과 조화를 가지지 않으면 안 된다.

학교현장에서 요청되는 상담자의 태도와 기술을 고찰하면 다음과 같다.

① 윤리적 행동

상담자의 기본태도는 높은 신뢰감을 줄 수 있는 윤리적 행동으로 학생 생활에의 비밀을 약속한다.

② 융통성

상담자는 너무 엄격하거나 권위적인 존재로서만 학생을 대하는 것으로부터 융통성 있는 다양한 방법을 사용한다.

③ 지적 우수성

상담자는 지식, 마음, 논리적인 태도에 있어서 우월성을 지니고 있어야 한다.

④ 수락성

상담자는 학생의 희망 · 회의 · 불안 등에 대해서 수동적 수락성을 보여야 한다.

⑤ 이해성

상담자와 학생 간의 원활한 의사소통은 물론 학생행동에 이해심을 보인다.

⑥ 감수성

상담자는 무엇보다도 자기의 태도가 성실해야 한다.

### (5) 집단지도 활동의 강화

학교에서 상담자는 학교생활지도 프로그램의 책임을 지고 있다. 이 프로그램에서 중심이 되는 것은 다음과 같다.

첫째, 개인차를 인식하고 학생들의 통합성을 존중하며 학생들 스스로가 결정을 내리도록 기꺼이 허용하여 주는 등의 철학, 소위 '학생복지관'을 학교행정가들이 가지는 일이다.

둘째, 학생에 관한 신중한 연구와 전문적인 지원을 한다.

셋째, 학교 프로그램과 지역사회 자원을 조정하는 일이다.

청소년은 항상 자기 동년배와 그들의 행동양식을 강하게 동일시한다. 이들 청소년은 성인 세계에 들어가고 있다는 느낌보다는 격리되어 있다는 느낌이 청소년들 사이에서 암묵적으로 감지되고 있다. 이에 대한 반동으로서 그들은 보다 더 강렬하게 자신의 세대들에게 집착한다. 이것이 '격리된 사회'라는 개념, 즉 젊은 세대와 성인세대 사이의 거리를 넓히는 관념의 출처이다. 청소년의 고독은 깊고 철저한 고독이며 미래는 이 고독을 더 깊게 할는지도 모른다. 새로운 여건과 새로운 기회가 있는 세계, 가치뿐만 아니라 직업도 변하는 그러한 세계를 청소년들은 점점 더 직면하게 된다. 이 세계 안에 살고 있는 많은 사람들은 급속한 변화를 받아들이는 것이 어렵다는 것을 알게 되었다. 상담자의 과업도 이에 상응하여 복잡해진다. 말하자면 상담자는 고정되어 있는 청소년을 이해하는 것만으로는 충분하지 않다는 것이다.

인간의 대부분의 생활은 집단에서 형성되기 때문에 집단 내에서 자기와 타인과의 관계를 민주적으로 맺어 나가는 태도 · 흥미 · 습관 · 기술 등의 능력이 배양되도록 학생집단을 대상으로 지도하는 데 그 교육적 의의를 찾아볼 수 있다. 집단지도의 영역은 다음과 같다.

① 신입생지도(orientation)

각종 학교에 있어서 입학 초기에 학생으로 하여금 학교생활에 하루 빨리 적응할 수 있도록 돕는 일련의 교육활동이다. 학교의 전통 · 규칙 · 지식 등을 인식시키며, 학교생활에 애착을 느끼게 하는 활동이다.

② 교육활동

교육지도에 있어서 하나의 문제는 효과적인 학습방법에 대한 지도이다. 예를 들면, 독서능력 향상, 필기하는 방법, 강의를 들으면서 필기하는 방법, 시험을 위한 예습 및 복습, 도서관 활용 등이다. 또 하나의 커다란 활동은 진학지도이다. 해당 학교 졸업생들이 상급학교 진학에 대한 상세한 정보를 수집 · 제공하는 활동이다.

③ 직업지도를 위한 활동

직업선택, 직업준비, 취업알선 등에 관한 지도로 직업정보에 대한 역동적인 활동이다.

④ 인성적 · 사회적 지도활동

학생들의 인성적 지도나 사회성 지도는 인격적 적응이나 대인관계에 있어서 적응을 돕는 일이므로, 각종 과외 활동에서 중요성을 찾아볼 수 있다.

⑤ 건강지도 및 여가선용활동

학생들의 보건 · 건강 등 위생관리면의 신체적 건강과 정신적 건강을 유지할 수 있는 지도가 필요하며, 현대 문화생활 속에서 증대된 여가시간의 지도는 매우 중요하다. 레크리에이션은 취미 활동과 관련하여 활동이 전개될 수 잇으며 즐기면서 창조적이면 최선이 된다.

⑥ 학생자치활동 및 서클활동

학생자치활동과 서클활동의 근본적인 뜻을 자치능력 배양, 민주주의 실천도장, 지도성의 배양 등으로 각 활동별 지도체제의 확립이 중요하다.

⑦ 홈룸활동

홈룸은 자유롭고 자발적인 발표와 의견을 나눔으로써 새로운 생활 습관을 형성하고 장래 계획 있는 사회인의 양성에 보탬이 되기 때문에 지도교사의 분위기 조성이 필요하다.

### (6) 학교주변의 환경정화

사회 환경이 교육적으로 대단히 중요한 의미를 지니고 있다는 것은 교육은 가정 · 학교 · 사회 3자의 상호적인 관계에 의하여 이루어진다는 것이며, 이는 인지적 학습에서 보는 정의적인 학습에서 더욱 그러하다.

최근 도덕개념은 학교 내적 환경보다도 학교 외적 환경에서 더 영향을 받는 경우가 많다. 교문 밖의 사회 환경적 측면에서 볼 때 학생비행을 유발하는 각종 유해업소 · 퇴폐업소의 남발로 도덕적 질서가 문란되고 있다. 이에 학교주변 환경을 정화하도록 학교 내에 환경정화위원회를 조직하여 학교주변의 지역사회 환경정화에 노력을 기울여야 할 것이다.

# 제4장

# 성격

1. 성격의 정의
2. 성격의 결정요인
3. 성격이론
4. 성격검사법

## 1. 성격의 정의

성격(personality)이란 용어는 어원적으로 라틴어 페르조나(persona)를 내포한 말로 탈 혹은 가면의 뜻을 함축하고 있다. 즉 겉으로 드러난 탈의 모습을 통해 그 사람의 성격을 미루어 알 수 있으며 사람들에게 보여지는 개인의 모습 및 특성을 나타낸다는 의미를 가지고 있다.

성격이란 각 개인이 지닌 특유한 성질이나 품성을 의미하며, 기질, 개성, 인격 등 여러 가지 다양한 의미를 내포하고 있다. 성격은 특징적 행동과 감추어진 행동을 결정하며 한 개인은 다른 개인들로부터 지속적으로 구별지어 주는 개인의 독특한 심리적 특징이다.

또한 성격에 관해서 학자들마다 나름대로 정의를 내리고 있는데, Mischel(1976)은 성격은 보통 개인이 접하는 생활 상황에 대해 적응의 특성을 기술하는 사고와 감정을 포함하는 구별된 행동패턴을 의미한다. Maddi(1996)는 성격은 사람들의 심리적 행동(사고, 감정, 행위)에 있어 공통성과 차이를 결정하는 일련의 안정된 경향성과 특성이다. 이러한 심리적 행동은 시간에 따른 연속성을 가지며 어떤 순간의 사회적 및 생물학적 압력이 단일한 결과로서 쉽게 이해될 수 없다. Ryckman(2000)은 성격은 개인이 소유한 일련의 역동적이고 조직화된 특성으로서, 이러한 특성은 다양한 상황에서 개인의 인지, 동기, 행동에 독특하게 영향을 준다. Burger(2000)는 성격은 일관된 행동패턴 및 개인 내부에서 일어나는 정신내적 과정이다라고 정의하고 있다.

이 밖에도 많은 학자들이 성격에 관한 정의를 내리고 있지만, 그 중 가장 대표적인 것으로 Allport의 진술을 들 수 있다. 그는 '성격은 각 개인의 정신, 신체적 체계 안에서 그의 특징적 사고와 행동을 결정해 주는 역동적 조직이다'

라고 다음과 같이 정의하였다.

첫째, 성격을 논할 때에는 각 개인의 정신과 신체, 즉 심신 둘 다를 고려해야만 한다.

둘째, 성격은 각 개인의 특징적인 것, 즉 독특성을 지닌 것이다.

셋째, 성격은 사고와 행동, 즉 인간이 하는 모든 것에 영향을 미친다.

마지막으로, 이러한 성격은 정적인 존재가 아니라 끊임없이 발달하고 변화하는 역동적인 특징을 가지고 있는 것이다.

이러한 다양한 성격의 정의를 바탕으로 정리해 보면, 성격이란 비교적 일관되고 안정적이면서도 변화가 가능한 역동적인 성질을 지니고 있는 각 개인의 독특한 성질로서, 인간의 사고와 행동에 영향을 미치는 것이라고 정의할 수 있다.

## 2. 성격의 결정 요인

성격이 형성되는 데 영향을 미치는 요인이 무엇인가? 즉 유전에 의한 것인가? 또는 개인에게 주어지는 환경자극의 차이에 기인한 것인가는 성격과 관련된 뜨거운 논쟁들 중의 하나다.

아직까지 성격이 형성되고 결정되는 요인에 대해서는 명확한 증거는 밝혀져 있지 않으나 일반적으로 성격은 생물학적 요인과 환경적 요인의 상호작용에 의한 것으로 알려져 있다.

### 1) 생물학적 요인

유전적 요인이 성격에 영향에 준다는 것을 가장 잘 증명할 수 있는 연구는 쌍둥이 연구이다. 쌍생아 연구는 서로 다른 환경에서 자란 쌍생아의 유사도를 검토하는 방법으로, 특히 일란성 쌍생아와 이란성 쌍생아의 비교 연구가 많이 보고되고 있는데, 성격이나 행동 특성에 있어서 주로 일란성 쌍생아의 유사도가 이란성 쌍생아의 유사도보다 높게 보고되어 유전의 영향력을 지지해 주고 있다.

24,000쌍 이상의 쌍둥이 연구에서 이란성 쌍둥이보다 일란성 쌍둥이가 정서적 반응이나 활동량, 적응성, 사회성 등에서 유사한 반응을 보였다(Loehlin, 1992).

쌍생아를 연구한 Gottschaldt의 보고에 의하면 지적인 상층구조의 심리적 특성에 있어서는 유전적인 소질의 작용력이 환경력에 비해서 2~3배 높고, 활동성, 계획성, 개방성, 무관심도, 활발성 등과 같이 내부감각적 기저에 속하는 능동성에 있어서는 유전력이 5~6배, 그리고 근본기준 같은 측면은 유전력이 12배 이상으로 거의 유전력에 의존하고 있다고 보고하고 있다(권형자, 2005).

예를 들면 아이젠크(Eyesenk)와 같이 생물학적 입장을 취하는 성격 이론가들은 유전을 보다 중요하게 여긴다고 볼 수 있다.

### 2) 환경적 요인

성격이 유전적 요인에 의해 기초가 형성된다고 하더라도 유전적 요인이 환경적 경험과 자극에 의해 수정될 가능성도 간과할 수 없다. 이와 마찬가지로 성격의 형성에 있어서도 환경적 요인이 중요한 영향을 미치게 된다. 환경은 개인이 살고 있는 곳이며 그 속에서 어떤 경험을 하느냐가 성격형성에 영향을 미치게 된다. 이러한 환경적 요인에는 가정환경, 학교환경, 사회 문화적인 환경 등이 있는데, 이 중에서도 특히 가정환경은 개인의 성격형성에 중요한 영향을 미치는 요인이 된다.

인간은 대개 출생과 동시에 한 가정의 구성원이 된다. 특히 가정에서의 부모의 양육태도는 자녀의 성격형성에 중요한 영향을 미치게 된다. 뿐만 아니라 문화, 관습 등 사회제도의 영향을 받게 된다.

### 3) 생물학적 요인과 환경적 요인의 상호작용

동일한 유전자를 가지고 태어난 쌍둥이도 자라면서 서로 성격이 다를 수 있고, 동일한 환경에서 자란 형제 자매도 서로 성격이 다를 수 있다. 따라서 사람의 성격은 유전적 요인이나 환경적 요인 중 어느 하나에 절대적인 영향을 받는다고 할 수 없다.

일란성 쌍둥이라 할지라도 신체적 조건뿐만 아니라 부모나 가족, 그리고 주위의 다른 사람들과의 관계에서도 유사한 환경이기 때문에 더 비슷한 성격을 형성할 수도 있으므로 개인의 성격은 유전적 요인에 의해 형성하게 된다고 결론짓기에는 설득력이 부족하다고 본다. 이와 같이 인간 개인의 성격은 타고난 유전적 요인과 성장하면서 경험하는 환경적 요인의 상호작용에 의해 형성된다는 이론이 설득력을 가진다.

## 3. 성격이론

성격의 개념 정의가 다양하게 논의되는 것처럼 성격이론 또한 다양한 견해가 있다. 성격이론은 심리학에서 인간의 행동과 생활방식을 이해하기 위하여 인간에 대한 체계적인 관찰연구나 실험연구 등을 통해 형성된 이론이다. 성격이론에 대한 이해를 함으로써 인간의 존재에 대한 이해를 할 수 있으며, 매우 복잡한 인간관계 이해에도 도움이 될 것이다. 성격이론을 포괄적인 하나의 이론으로 제시하기에는 어려움이 따르므로 여기서는 성격형성 과정을 중심으로 한 여러 이론을 살펴보고자 한다.

### 1) 정신역동 이론

#### (1) Freud의 정신분석 이론

Freud는 정신과 의사로서 인간의 정신구조와 역동의 발달과정을 체계적으로 정리하였다. 또한 인간의 정신세계를 의식(conscious)과 무의식(unconsciousness)으로 구분하여 무의식의 성질과 역할을 중심으로 성격이론을 체계화하였다. Freud는 성격이 심리성적 발달단계에 따라 형성된다고 보았으며 인간이 본능에 의해 지배를 받는다고 보았다. 삶의 본능에는 성적 본능, 배고픔 등 신체적 욕구와 미술, 음악, 사랑과 같은 창조적 구성요소가 포함되며, 삶의 본능의 에너지를 리비도(libido)라고 불렀다. Freud의 정신분석학은 Jung이나 Adler 등이 발전시킨 정신분석학과는 구별하여 전통적 정신분석학이라 불리어지고 있다.

#### (2) 정신의 구조

Freud는 인간의 정신세계가 의식의 수준에 있어서 무의식, 전의식, 의식의 세계로 나누고, 의식을 빙산의 일각에 비유했다. 물위에 떠 있는 작은 부분을 의식(conscious), 물 속에 잠겨있는 훨씬 더 큰 부분을 무의식(unconscious), 그리고 파도에 의하여 물 표면에 나타나기도 하고 잠기기도 하는 부분을 전의식

(preconscious)으로 보았다.

① 의식

의식이란 개인이 의식할 수 있는 부분으로 수면 밖에 존재한다. 우리가 인지할 수 있는 감각, 지각, 기억, 감정과 모든 경험을 포함하며, 자신이 주의를 기울이는 순간 곧 의식할 수 있는 정신생활의 한 부분이다. 그런데 이 경험은 단지 잠시 동안만 의식될 뿐 시간이 경과하거나 우리가 주의를 다른 곳으로 돌리면 재빠르게 전의식이나 무의식 속으로 사라져 버리게 된다. 따라서 의식은 성격의 아주 작고 제한된 부분만을 나타낸다.

② 전의식

전의식이란 흔히 이용 가능한 기억이다. 전의식은 수면의 바로 밑에 위치한 부분으로 주의를 기울여 자각하려고 노력하면 곧 의식될 수 있는 감각, 지각, 경험, 감정 등을 말한다. 전의식은 마음 속에서 무의식과 의식영역을 연결해 주는 역할을 한다.

③ 무의식

무의식은 인간 정신의 가장 깊고 중요한 부분으로 Freud가 가장 중요하게 생각했던 자각의 수준이다. Freud는 인간행동 이해에 있어서 무의식을 강조하였다. 이 무의식은 의식 밖에 있기 때문에 전혀 자각하지 못하는 상태에서 은연중에 말과 행동에 영향을 미치는 정신영역이다. Freud는 이 무의식의 영역에서 인간의 본능적인 추진력, 정열, 억압된 관념 및 감정 등을 찾으려고 시도했다.

### (3) 성격의 구조

Freud는 성격이 세 가지의 기본적 구조, 즉 원초아(id), 자아(ego), 초자아

(superego)로 구성되어 있다고 보았다. 이 세 가지의 성격구조들은 각기 서로 다른 원리에 따라 작동한다. 즉 서로 추구하는 바가 다르다는 것이다.

① 원초아(id)

id는 성격의 기초를 이루는 것으로 인간이 태어날 때부터 존재한다. 또한 id는 성격의 가장 기본이 되는 바탕으로 끊임없이 추구하는 인간의 본능적 충동들을 포함한다. 이러한 본능적 욕구들은 삶의 본능이라 불린다. 삶의 본능 중 Freud가 특히 중요하게 생각한 것은 성적 본능이다. 성적 욕구 에너지 원천은 리비도(libido)라 하며 성적 욕구는 즉각적인 만족을 추구한다. id에 자리 잡은 본능적 욕구들은 한 가지 독특한 원리에 따라 작동하는데 그것은 현실적인 제한이나 미래의 결과에 상관없이 즉각적인 쾌락을 추구하기 때문에 쾌락원리(pleasure principle)의 지배를 받는다고 한다.

② 자아(ego)

ego는 id와 외부 현실과의 매개역할을 한다. ego는 모든 사고 및 추리활동을 통제하는 것으로 id가 '길들여지지 않은 열정'이라면, ego는 '이성과 분별'을 뜻한다. id는 무조건 즉각적인 욕구충족을 추구하는 데 반해서 ego는 id와 superego 사이에서 현실적인 상황을 고려하여 욕구충족을 지연시키거나 경우에 따라서는 욕구를 억제하도록 한다. 또한 ego와 id는 분리되어 존재할 수 없으므로 ego는 본능과 현실적 요구를 적절히 조절하여 개인의 생활을 유지시키는 기능을 한다.

③ 초자아(superego)

id와 ego만으로 이루어진 성격은 이기적이며 효과적으로 행동은 하겠지만 비사회적이다. superego는 사회적 규범이나 가치관 등을 내면화시키는 과정에서 발생하는 일종의 도덕적 힘이다. superego는 도덕적 원리를 추구하여,

도덕이나 가치에 위배되는 id의 충동들을 견제하고, 자아의 현실적 목표들을 도덕적이며 이상적인 목표로 유도하려 한다. 이러한 superego는 두 가지 측면, 즉 양심(conscience)과 자아 이상(ego ideal)이라는 두 하위체계로 나눌 수 있다. 양심은 잘못된 행위에 대하여 처벌이나 비난을 받은 경험에서 가치체계가 내면화된 것이다. 자아 이상은 잘한 행위에 대하여 보상이나 칭찬을 받은 경험을 바탕으로 발달하며 아동에게 목표와 포부, 자존심과 긍지를 느끼게 해 준다. 잘 발달된 superego는 자아 이상과 자아의 행동을 비교하고 그에 따라 ego에게 보상을 주거나 처벌을 한다.

이러한 세 가지 성격 구조들은 서로 담고 있는 내용과 추구하는 바가 다르다. 따라서 자연히 이들 간에는 마찰과 갈등이 일어나게 된다. id는 본능적 욕구를 직접적으로 충족시키려 하고 ego는 현실에 비추어 이를 저지하려 한다. superego는 id와 ego가 이상과 도덕에 위배되는 행위를 하는지 항상 감시한다. 이러한 갈등이 심리적 문제의 근원이 된다. 즉 id와 ego, 그리고 superego 간에 서로 균형을 이루지 못하는 것이 심리적 증상형성의 출발점이 되며, 건강한 성격의 형성에 문제가 생기게 되는 것이다.

따라서 건강한 성격은 ego와 id, superego 간에 적절한 균형을 이루었을 때, 특히 ego가 성격 구조들 간의 갈등을 중재하고 조정하는 역할을 잘 수행할 때 형성될 수 있다.

### (4) 성격 발달단계

Freud는 성격발달의 세 가지 기본원칙으로 정신적 결정론, 무의식의 중요성, 성적 에너지(libido)를 제시하였다. 첫째, 정신적 결정론은 인간의 정신적 활동이 이전의 행동이나 사건에 의해 결정된다고 보는 것이다. 둘째, 인간의 행동이 의식적 과정보다는 인식할 수 없는 무의식에 의해 동기가 유발된다고 보았다. 셋째, 본능적인 성적 에너지가 행동과 사고의 동기가 된다고 간주하였다.

특히, Freud는 모든 본능이 근본적으로 성적인 것이라 믿었고 인간의 성격발달이 성적인 욕구와 밀접한 관련이 있다고 보았다. 이 성격발달을 심리성적발달이라 일컬었으며 발달단계를 구강기, 항문기, 남근기, 잠복기, 생식기로 제시하였다. 그리고 각 단계마다 그 단계에서의 욕구가 충족되어져야 한다고 하였다. 그렇지 않고 욕구가 충족되지 못하면 나이에 따라 다음 단계로의 계속적인 발달이 진전되어야 함에도 불구하고 그 단계에 그냥 머물러 있으려는 경향이 나타나는 데 이를 고착현상(fixation)이라 한다. 반면 발달이 진행되어진 경우, 어떤 어려움이나 좌절이 경험되어질 때 욕구충족이 쉬웠던 앞 단계로 되돌아가려는 경향이 생기기도 하는데 이를 앞 단계로의 퇴행(regression)이라고 한다. 한편 Freud의 주장에 따르면 각 단계마다 인간의 욕구는 충족되어져야 하지만 과도한 욕구충족의 경우도 바람직하지 않다고 한다. 따라서 각 단계에서의 욕구를 적절히 충족시켜야 적응에 문제가 생기지 않는다.

① 구강기(oral stage)

출생에서 1세까지로 유아는 리비도가 입에 있기 때문에 주로 빠는 행위를 통해 쾌감을 충족시킨다. 인공수유나 이유 등으로 구강 욕구 충족이 좌절되거나 반대로 과도하게 충족되는 경험을 하게 되면 구강 고착 성격을 갖게 된다. 이것은 후에 과식이나 과음, 과흡연 등과 같은 행동 특성으로 나타나기도 하고 때로는 타인에 대한 의존 혹은 분노 등으로 표현되기도 한다. 수다스러운 성격, 이야기 중 항상 남의 아픈 부분을 꼬집어 내어 상대방의 감정을 상하게 하는 성격, 기분이 언짢은 경우 무엇이든 먹고 싶어하는 성격 등도 구강기 성격의 예이다.

② 항문기(anal stage)

대소변을 가리는 훈련이 시작되는 1~ 3세까지로 성적 에너지가 항문에 집중되는 시기를 말한다. 이 시기의 유아는 처음으로 본능적 욕구 충족을 통제받는 경험을 하게 된다. 구강기에서처럼 이 시기에도 대소변 훈련과 관련하여 너무 엄격하고 강압적인 경험을 하거나 반대로 너무 느슨한 경험을 하게 되면 항문 고착 성격을 갖게 된다. 항문 고착 성격은 항문 폭발적 성격과 항문 강박적 성격으로 구분된다. 전자의 경우는 보통 지저분하고 정돈되지 않으며 낭비벽이 있는 행동 특성을 나타내고, 후자의 경우는 고집이 세고 완고하며 검소한 반면에 인색한 특성으로 나타난다.

③ 남근기(phallic stage)

4~5세경에는 리비도가 항문에서 성기로 옮아간다. 따라서 성기를 통한 리비도의 만족을 추구하게 된다. 남아의 경우 이성의 부모인 어머니에 대해 성적인 욕망과 애착을 느끼며 아버지를 경쟁자로 생각하는 소위 오이디푸스 콤플렉스(Oedipus complex)를 나타낸다. 이러한 과정에서 남아에게 거세불안이 유발되는데 이 불안을 감소시키기 위해 어머니에 대한 성적인 욕망과 아버지에 대한 적대감을 억압하게 되며 아울러 아버지에 대한 동일시를 통하여 남성다움을 발달시켜 간다. 여아의 경우 이를 엘렉트라 콤플렉스(Electra complex)라 부른다. 이러한 과정에 여아에게 남근 선망이 나타난다. 남아, 여아 모두 같은 성의 부모를 동일시함으로써, 이 시기의 갈등을 해결하게 된다. 남근기에 고착이 유발되는 성격으로는 자신의 아름다움과 비범함에 도취되어, 끊임 없이 인정받고 싶어하는 자기애적 성격(narcissistic personality)이 있다.

④ 잠복기(latency stage)

6~12세 무렵까지로 초등학교 재학시기와 대략 일치한다. 이 시기는 오이디푸스 콤플렉스를 극복하고 성적 욕구나 갈등이 억압되는 평온한 시기라고 볼 수 있다. 이 시기의 아동은 지적 활동이나 운동 등 집 밖에서의 사회적 활동에 많은 에너지를 투입하며, 특히 지적인 탐색이나 주위 환경에 대한 탐색

이 활발하게 나타난다.

따라서 성적인 에너지는 잠시 잠복해 있게 되는 시기인 것이다.

⑤ 생식기(genital stage)

이 시기는 심리성적 발달의 마지막 단계다. 이 단계는 리비도가 다시 성기로 돌아오고 성행위를 통한 성적인 만족을 추구하고, 이성에 대해 진정한 관심과 성숙한 사랑을 할 수 있다. 이 단계에 이르기까지 순조롭게 발달한 사람은 이타적이고 원숙한 성격을 지니게 된다. 이상적인 성격발달을 위해서는 근면을 배워야 하고, 근면과 만족을 지연시킬 줄 아는 인내와 책임감 학습이 중요하다.

### 2) Adler의 개인심리학

열등감과 보상은 Adler가 만든 개인심리학의 주요 개념이며 가족구도와 출생순위가 우리 생활양식 형성에 중요하다는 것을 강조하였다. 부모가 같고 거의 같은 환경에서 자라난 아이들일지라도 개인의 출생순위에 따라 생활양식이나 성격의 형성에 다음과 같이 서로 다른 영향을 받는다고 하였다. Freud가 행동이 선천적 본능에 의해 유발된다고 보고 성을 강조한데 반해 Adler는 사회적 자극이 행동의 동기를 유발한다 하여 사회적 관심을 강조하였다.

#### (1) 첫째 아이

첫째는 처음 태어나서 '독자'의 시기까지는 부모의 모든 사랑과 관심을 한몸에 받는 독특한 위치를 갖는다. 그러다가 동생이 태어나면서부터는 그의 즐거웠던 자리를 빼앗기게 되는데, 때로는 이것이 마음의 상처가 될 수도 있어 이를 가리켜 Adler는 맏이를 '폐위된 왕'에 비유했다. 대개 첫째는 책임감이 강하고 의젓하며 열심히 일하고 앞에 나서기를 좋아하며 때로는 이기적인 경향이 있기도 하다.

### (2) 둘째 또는 중간 아이

둘째는 태어날 때부터 형이나 누나라는 경쟁자가 있으므로 둘째 아이의 가장 큰 특성은 '경쟁'이다. 둘째 아이는 형이나 누나를 능가하기 위한 자극과 도전을 받는다. 따라서 둘째는 형의 약점을 찾는 요령을 발달시키게 되고 형이 실패한 것을 달성함으로써 부모나 선생님으로부터 칭찬을 받기 위해 노력한다. 따라서 대부분 둘째는 첫째와 반대되는 양상을 보이며, 대부분 적응력과 경쟁심이 아주 강하고 대단한 야망을 가진 성격이 된다.

### (3) 막내 아이

막내는 과잉보호될 가능성이 가장 크다. 때문에 과도하게 의존적이 된다. 그러나 막내는 모두가 자기보다 크고 힘세고 특권이 있는 형으로 둘러싸여 독립심의 부족과 함께 강한 열등감을 경험하기 쉽다. 그럼에도 불구하고 막내는 형들을 능가하고자 하는 강한 동기유발 때문에 막내는 가족 중에 가장 야망이 있는 아이가 되기도 한다. 이를 가리켜 Adler는 '도전적인 막내는 혁명가로 될 가능성이 많다'고 했다.

### (4) 독자(외동아)

Adler에 의하면 독자는 경쟁할 형제가 없는 독특한 위치에 있다. 독자는 가족 내에서 관심의 중심이 되고, 자신에 대해 과장된 견해를 갖고 있다. Adler는 독자가 전형적으로 소심하고 의존적이라는데 동의한다. 부모가 독자에 대하여 일방적으로 불안해하는 태도는 자식에게도 전달되어진다.

### 3) Erikson의 심리사회적 성격이론

Erikson은 인간의 성격이 평생을 통해 발달한다는 것을 강조하였으며, 인간의 전생에 대한 발달단계를 제시한 최초의 심리학자이다.

Erikson의 발달 이론은 자아발달과 매우 관련이 깊다. 자아야말로 인간의 행동과 기능의 기초가 된다고 여겼으며, 심리사회적 측면이라는 기준을 가지고서 생을 여덟 단계로 구분하고 있다. 각 단계는 적응적 대처 양식과 부적응적 대처 양식이라는 양극적 측면을 가지고 있다. 매 단계마다 문화적 목표와 동경, 사회적 기대와 요건, 문화가 개인에게 제공하는 기회들이 있다는 것이다.

Erikson의 인간발달단계 모델은 점성적 모델(epigenetic model)이라고 불리운다. 즉 점성적 원리는 인간 발달이 유전적 요인에 의존한 일련의 단계에 의해 지배된다는 생각이다. 인생주기의 각 단계는 이 단계의 과업이 우세하게 출현하는 최적의 시간(결정적 시기)이 있고, 그리고 모든 단계가 계획대로 전개될 때 완전한 기능을 하는 성격이 형성됨을 암시한다.

#### (1) **신뢰감 대 불신감**(유아기 : 0~1세)

Freud의 구강기와 유사한 단계로 인간이 가장 무력한 시기인 출생 후 일년 이내에 나타나는 시기다.

이 시기에 유아는 부모를 신뢰하는 것과 신뢰하지 않는 것으로 나누어진다. 유아와 돌보는 엄마와의 상호작용을 통한 사회적 관계는 유아가 세상을 신뢰하느냐 그렇지 않으면 불신의 태도로 보느냐를 결정하게 된다. 엄마가 유아의 신체적 욕구에 매우 반응적이고 안정적이고 애정적이며 충분한 사랑과 안정감을 제공한다면 유아는 주위 세상을 신뢰하게 되고, 엄마가 거부적이고 무관심하며 행동에 일관성이 없으면 유아는 주위 세상에 대한 불신의 태도를 발달시킨다. 이러한 기본 신뢰감은 타인에 대해서 뿐만 아니라 자신에 대한 태도를 특징짓게 된다. 이렇게 양육의 질에 따라서 신뢰 혹은 불신의 태도를 발달시키게 된다.

### (2) **자율감 대 수치심과 의심**(아동전기 : 2~3세)

Freud의 항문기에 해당하는 시기로 아동은 자신의 성장을 위한 많은 활동을 하며 다양한 신체적 및 정신적 능력을 발달시킨다. 따라서 아동은 최초로 많은 일들을 스스로 할 수 있게 되며 이 과정에서 자율 의지를 경험하게 된다. Erikson은 집착과 해방에 관련된 능력을 특히 강조하였는데 이러한 능력과 관련된 행동이 나중의 모순되는 행동과 태도의 원인이 된다고 생각했다. 아동은 스스로의 의지에 의해서 행하거나, 행하지 않거나의 경험을 통해 아동은 어느 정도 선택을 실천할 수 있다고 주장하였다. 아동이 자율적인 의지를 실천하도록 허용되지 않으면 타인과의 관계에서 수치심을 느끼거나 자신에 대한 회의감을 발달시킨다.

### (3) **주도성 대 죄책감**(아동후기 : 3~5세)

이 시기에는 아동의 운동 능력이나 지적 능력이 더욱 완전하게 발달함으로써 더욱 많은 것을 행할 수 있으며, 활동의 목표나 계획을 세워 이를 달성코자 노력하게 된다. 이 과정에서 주도성이 발달하게 되며, 이 시기에 환상 형태의 주도성으로서 이성 부모에 대한 소유욕이 나타난다. 또한 새로운 자기 주도적 활동이나 환상에 대해 처벌하거나 금기시하고 혹은 나쁜 것으로 느끼도록 하면서 죄책감으로 발달시킨다. 오이디푸스 콤플렉스와 관련하여 아동은 더욱 현실적인 목표로 인도될 수 있으며 이를 통해 성인과 같은 책임감과 도덕성을 발달시키게 된다.

### (4) **근면성 대 열등감**(학동기 : 6~11세)

이 시기에는 아동의 세계가 상당히 확대되고 집 밖에서 새로운 영향력을 받게 된다. 집이나 학교에서 활동하면서 근면성을 학습하기 시작하는데 이것은 주로 타인으로부터 인정을 받고 과제의 완수로부터 오는 즐거움을 얻기 위한 수단으로서 작용한다. 이러한 새로운 기능들은 주로 부모나 교사의 태도에 의해 결정되는데, 건설적이고 교훈적인 칭찬이나 강화는 근면성을 길러주지만, 조롱하고 거부적인 태도를 보이면 부적합감이나 열등의식을 발달시킨다.

### (5) **자아정체감 대 역할혼돈**(청소년기 : 12~18세)

이 시기의 청소년은 급격한 신체 변화와 사회적 요구에 당황하게 되며 자신의 존재에 대한 새로운 탐색을 시작한다. Erikson은 이 시기를 개인의 자아정체감이 해결되어야 하는 중요한 시기로 간주하였다. 청소년기는 아동기와 성인기 간의 과도적 시기로서 자아정체감을 형성하고 수용하는 일이 지극히 어렵고 불안한 과제가 된다. 정체감이 형성된 개인들은 확신을 가지고 다가오는 성인기에 대비하지만 실패한 개인들은 정체감 위기, 즉 역할 혼돈에 빠진다. Erikson은 정체감 발달에 있어서 청소년이 동일시하고자 하는 인물이나 사회집단의 영향력을 강조하였다.

### (6) **친밀성 대 고립감**(성인전기 : 19~35세)

이 시기에는 부모로부터 독립을 성취하여 직업을 선택하고 배우자를 찾으면서 성숙하고 책임 있는 성인으로서의 역할을 시작한다. 생산적인 일에 종사할 뿐 아니라 우정 혹은 성적 결합의 형태로 타인과 친밀한 관계를 수립한다.

따라서 자신의 정체감을 타인과 융화시켜야 할 필요가 있으며, 자신의 정체감을 타인과 융화시킨다는 것이 자신의 정체감을 잃는다는 것은 결코 아니다. 친밀한 관계를 수립하는 데 실패한 개인의 경우, 고립감을 가지고 타인과의 접촉을 회피하거나 자신에게 위협적으로 느껴지는 사람에게 거부적이며 공격적인 태도를 보이기도 한다.

#### (7) **생산성 대 침체감**(성인 후기 또는 장년기 : 35~50세)

이 시기에는 주로 다음 세대를 가르치고 지도하는 데 능동적이고 직접적으로 관여하게 된다. 자신의 자녀가 없는 경우에 다음 세대를 위한 사회봉사 등을 통해 생산성을 발휘하게 된다. 또한 자신이 종사하는 분야와 관련된 직업적인 성취나 학문적, 예술적 업적 등에서도 이러한 생산성이 나타날 수 있다. 이러한 생산성의 형성에 실패한 개인은 침체감과 권태감에 빠지고 빈곤한 대인관계 등을 나타낸다.

#### (8) **자아통합 대 절망감**(노년기)

노년기에는 신체적인 노쇠와 직업으로부터의 은퇴, 친한 친구나 배우자의 죽음 등으로 인하여 무력감에 빠지기 쉽다. 이 단계는 자아통합감 혹은 절망의 시기로서 이것은 개인의 전 생애를 조망하는 방식을 결정한다. 만일 성취감과 만족감으로 생을 회고하며 성패에 잘 적응했다면 자아통합감을 갖게 되는데, 이것은 자신의 위치와 과거를 수용하는 것을 의미한다. 반면에 자신의 삶이 무의미한 것이었다고 느끼게 되면 절망감에 빠지게 된다.

### 4) 행동주의적 발달이론

행동주의적 발달이론에서는 성격을 결정하는 요인이 내적 요소가 아니라 외부 환경 자극이라고 본다. 사람은 외부자극인 경험을 통해서 학습한 방식대로 자극에 반응(행동)하는데 이러한 반응의 차이가 개인의 성격특성을 결정한다는 입장이다. 행동주의자들은 성격이라는 개념을 잘 인정하지 않고 흔히 성격 차이라고 말하는 것도 개인이 경험한 환경 조건의 차이에서 비롯되는 행동이나 사고의 차이라고 한다.

### (1) Pavlov의 고전적 조건화

고전적 조건형성(classical conditioning)에 관한 연구는 20세기 초 파블로프(Pavlov, 1927)의 개의 소화과정을 연구하던 실험에서 시작되었다. 그는 어떤 자극에 대해서 처음에는 아무런 반응도 일으키지 않다가 무조건 자극을 반복해서 제시하게 되면 이후 조건 자극을 보였을 때도 무조건 자극을 제시했을 때와 같은 반응을 보인다는 사실을 발견하게 되었다. 의도적으로 형성된 조건반응은 원래의 자극과 유사한 다른 자극에 대해서도 반응을 보이는 자극의 일반화를 보이지만 이후 조건자극에 대해서만 반응을 보이는 변별과정이 나타나며, 이러한 행위를 반복하면 점차 반응을 보이는 빈도가 감소하는 소거현상이 나타난다. Watson은 이러한 Pavlov의 이론을 성격형성에 적용하였으며 흰쥐를 통해 아동에게 공포 반응을 실험한 결과, 이를 증명하였다. 따라서 사람의 성격은 어린 시절부터 경험한 것이 무엇이냐에 따라서 결정된다는 것이다. 즉 인간이 복잡한 행동이나 불안은 이와 같은 과정을 거치면서 형성되고 발달된다는 입장이다.

### (2) Skinner의 조작적 조건화

고전적 조건화가 선행 자극에 대해서 나타나는 반응의 관계를 중요시한다면, 조작적 조건화는 행동의 결과 뒤에 오는 반응의 관계에 초점을 둔다.

Skinner의 조작적 조건형성의 핵심개념이 강화이다. 강화(reinforcement)에는 정적 강화(positive reinforcement)와 부적 강화(negative reinforcement)가 있다. 강화는 개인이 특정한 상황에서 어떤 행동을 할 것인가는 그가 과거에 현재와 같은 유사한 상황에서 선택했던 행동 가운데 어떤 행동이 강화를 받았는가에 영향을 받는다는 것이다. 성격은 어떤 행동을 한 다음에 주어지는 보상, 즉 강화가 무엇이냐에 따라서 결정된다. 이와 같이 사람들은 어떤 행동을 한 다음의 결과가 긍정적인가 부정적인가에 따라서 성격과 행동이 결정된다는 입장이다.

#### (3) Bandura의 사회학습이론

사회학습이론의 창시자 Bandura는 인간행동이 행동, 인지, 환경요인을 수반하는 상호결정론에 기인한다는 입장을 보였다. Bandura의 사회학습이론은 관찰학습, 모방학습, 대리학습이라고도 불리우는 데, 개인의 성격이 관찰에 의해서 형성될 수 있음을 말한다. 사람들은 타인의 행동을 모방하고 관찰하며 그 결과를 인지과정을 통해서 결정함으로써 성격이 형성된다는 입장이다. Bandura는 개인이 처한 환경에서 스스로 그 환경을 극복하고 자신이 원하는 결과를 얻을 수 있다는 기대를 자기효능감이라고 하며 이것은 특정한 행동을 했을 때 보상이 올 것인지 처벌이 올 것인지에 대한 신념이나 기대가 행동의 빈도나 강도에 영향을 미친다는 것이다.

### 5) 인본주의적 발달이론

인본주의적 발달이론은 개인의 경험과 세계를 경험하는 나름대로의 경험방식을 강조한다. 즉 개인이 자기 자신과 세계를 어떻게 지각하고 해석하는가에 따라서 성격이 다르게 형성된다는 입장이다. 이러한 입장은 하나의 개인 안에 존재하는 무의식적 욕구나 동기를 강조한 정신역동적인 입장이나 외부환경의 영향을 강조한 행동주의와는 관점을 달리하고 있다. 인본주의적 관점에 속하는 성격이론으로 Rogers의 인간중심 접근, Maslow의 자아실현 접근 등이 있다.

### (1) 로저스의 인간중심 접근

Rogers(1961)의 철학적 입장은 현상학(phenomenology)의 영향을 받아 형성되었다. 인간의 행동을 현상적인 장(field)에서 유기체가 지각한 요구를 만족시키기 위한 목표 지향적인 시도로 보았다. 현상학적인 관점은 개인에게 현실로 보이는 것은 바로 그가 인식하는 모든 것을 포함한 인간이 내적 준거체계나 그의 주관적 세계 내에 존재하는 것을 뜻한다. 이 같은 입장은 개인의 지각과 경험들이 그의 진실을 구성할 뿐만 아니라 그의 행동에 기초를 형성한다고 믿는다. 인간은 그들이 사물을 어떻게 지각하여 해석하였는지에 따라 사실을 형성한다.

### (2) 매슬로우의 자아실현 접근

Maslow(1971)는 인간의 행동을 활성화시키고 이끄는 다섯 가지 욕구를 제안하였다. 이러한 욕구는 생리적 욕구, 안전의 욕구, 소속감과 애정의 욕구, 자기존중의 욕구, 자아실현의 욕구이다. 이와 같은 욕구를 충족시키는데 있어서는 위계설에 의한다고 설명하면서 하위의 욕구는 그 위의 상위욕구가 충족되기 전에 충족되어야 하며, 중요한 것은 모든 욕구가 동시에 생기지 않는다는 것이다. 따라서 모든 인간은 과거, 현재 뿐만 아니라 미래의 의지와 자아실현을 하고자 하는 의지에 의해서 성격이 형성되어진다.

## 4. 성격검사법

### 1) 관찰법

관찰법은 연구 대상의 행동을 직접 관찰함으로써 자료 수집을 하는 것이다. 인간의 행동을 규정하는 중요한 요인의 하나가 개인의 성격이라고 한다면, 행동의 관찰은 성격 이해의 가장 기본적인 방법이라 하겠다. 이 방법은 교육장면에 있어서의 학생 이해의 방법으로서 일반적으로 광범위하게 이용되고 있다.

관찰법에는 관찰하고자 하는 행동이 나타날 수 있는 상황을 인위적으로 만들어 놓고 그 상황에서의 행동을 관찰하는 실험 실적 관찰과 일상의 장면에서 나타나는 행동 그대로를 관찰하는 자연적 관찰이 있다. 근래에는 현장 중심의 자연적 관찰법인 참여관찰법이 각광을 받고 있다.

### 2) 질문지법

연구문제에 대하여 일정한 방식 및 내용의 질문지를 작성하고 조사대상자에게 제시하여 그 결과를 얻어서 연구자료로 사용하는 것이다. 이 방법은 질문항목이 목록식으로 열거되어 있는 경우가 많아서 목록식 검사라고 불리어지고 있다. 대부분의 경우는 피검자의 자기평가보고에 의하지만, 목적과 상황에 따라서 다른 사람이나 검사자가 판단하여 평정하는 경우도 있다.

질문지법에는 특히 자기 평정의 경우 피검자의 태도가 문제가 될 수도 있다. 즉 정직하게 답하느냐, 방어적으로 답하느냐에 따라 결과에 차이가 생길 가능성이 있기 때문에 이러한 단점을 최소한으로 줄이고 검사도구의 신뢰도를 높이기 위한 고려가 별도로 취해지고 있다.

### (1) MBTI

MBTI(Myers-Briggs Type Indicator)는 Jung의 심리유형론을 근거로 하여 Katharine Cook Briggs와 Isabel Briggs Myers가 보다 쉽고 일상생활에 유용하게 활용할 수 있도록 고안한 자기보고식 성격유형지표이다.

MBTI의 바탕이 되는 Jung의 심리유형론의 요점은 각 개인이 외부로부터 정보를 수집하고(인식기능), 자신이 수집한 정보에 근거해서 행동을 위한 결정을 내리는데(판단기능) 있어서 각 개인이 선호하는 방법이 근본적으로 다르다는 것이다. 선호경향이란 Jung의 심리유형론에 따르면, 교육이나 환경의 영향을 받기 이전에 이미 인간에게 잠재되어 있는 선천적 심리경향을 말하며, 각 개인은 자신의 기질과 성향에 따라 외향/내향, 감각/직관, 사고/감정, 판단/인식의 4가지 이분척도에 따라 나뉘어진다. 그리고 이러한 네 가지 선호지표를 조합하여 16가지 성격유형이 만들어지며 개인은 이 중 한 가지의 성격유형을 갖게 된다.

### (2) MMPI

MMPI(The Minnesota Multiphasic Personality Inventory)는 세계적으로 가장 널리 쓰이고 가장 많이 연구되어 있는 객관적 성격검사이다. MMPI는 1940년대 미국 미네소타 대학의 심리학자인 Hathaway와 정신과 의사인 Mckinley에 의하여 비정상적인 행동을 객관적으로 측정하기 위한 수단으로 만들어졌다. MMPI의 일차적인 목적은 정신과적 진단분류를 위한 측정으로 만들어진 것이지 일반적 성격특성을 측정하기 위한 것은 아니다. 그러나 병리적 분류의 개념이 정상인의 행동과 비교될 수 있다는 전제하에 MMPI를 통한 정상인의 행동

설명 및 일반적 성격특성에 관한 유추도 어느 정도 가능할 수 있다. 다시 말하면, MMPI는 개인의 인성특징의 비정상성 혹은 징후를 평가하여 상담 및 정신치료에 기여하기 위함은 물론, 비정상적이고 불건전한 증상이 진전될 가능성을 미리 찾아 내어 예방 및 지도책을 도모하기 위한 것이다. MMPI는 청소년에게도 사용되었으나 기존의 MMPI에서 청소년에게 부적합한 문항을 삭제, 수정하고 478문항의 청소년용인 MMPI-A가 개발되었다.

#### (3) 에니어그램(Enneagram)

에니어그램이란 그리스어로 에니어(ennea, 아홉)와 그램(grammos, 도형, 선, 점)을 뜻한다. 1960년대에 볼리비아 심리학자 오스카조와 칠레 심리학자 글라우디어 나란조가 성격유형 연구에 적용하였으며, 이후 여러 연구자들이 다양한 훈련과 책을 쓰고 프로그램을 만들어 에니어그램 체계를 발진시켜 가고 있다. 에니어그램은 사람의 성격유형을 9가지 유형으로 분류할 수 있으며, 아홉 가지의 성격유형을 배우는 과정에서 가장 중요한 일은 나 자신의 유형을 통해 자신을 이해하고 나머지 여덟 개의 유형을 통해 다른 사람을 이해하는 법을 배우는 것이다.

### 3) 사례연구

어떠한 특정한 행동의 원인을 파악하는 방법으로 과거의 성장과정이나 생활상을 분석하는 방법이다. 사례연구(case study)는 성격이나 문제행동의 발생원인과 조건을 진단하고 자료를 수집하며 정신적, 신체적, 정서적, 물리적 환경, 사회적 환경 등의 다양한 정보를 수집하여 해석하고 분석하여 교육현장에 사용되는 연구방법이다.

#### 4) 투사법 검사

인간은 자기의 감정이나 욕구에 따라 외부사건을 해석하려는 경향을 갖고 있다. 투사법은 인간의 이러한 특성에 의거해서 개개인에게 명확하지 않은 그림 등을 제시해서 가능한 자유롭게 반응하게 한 후 이것을 토대로 그 개인의 잠재적인 욕구, 원망, 신념 등을 밝히고자 하는 시도다. 검사 결과는 검사자의 주관적 해석에 따르며, 객관적 질문지법으로는 드러나지 않는 개인의 심층적 분석이나 임상적 진단의 목적으로 많이 사용되고 있다.

##### (1) Rorschach 검사

Rorschach가 고안한 검사로 잉크를 떨어뜨린 모양을 보고 그 모양이 어떤 것으로 보이는지를 묻고 답하는 형식으로 이루어져서 잉크반점 검사라고도 불린다. 백지 한가운데 잉크를 떨어뜨려 반으로 접은 것을 펴보면 우연히 만들어진 좌우 대칭의 추상적인 도형이 만들어지는데 Rorschach검사는 이러한 추상적 도형들로 구성되어 있다.

이 도형들을 자극도판으로 이용하여 피검자에게 보여주고 그것이 무엇으로 보이는가를 자유롭게 응답하게 하여 그 개인의 성격을 진단하게 된다.

##### (2) TAT(주제통각검사)

TAT(Thematic Apperception Test)는 Murry에 의해서 발전된 검사로서 주제통각검사라고 한다. 이것은 우리 주변에서 흔히 볼 수 있는 광경이면서도 명확하지 않은 애매모호한 상황의 그림을 보여주고 그 속의 인물이나 배경을 보고 그 장면에 대해 자유롭게 이야기를 꾸며 보게 하는 검사다. 그리고 이를 토대로 그 개인의 과거 경험이나 현재의 욕구, 감정, 태도 등을 분석하게 된다. 아동용으로 CAT검사가 있는데 이는 인물 대신에 아이들과 친숙한 동물, 그림을 그려

놓은 것이다.

### (3) BGT

BGT(Bender Gestalt Test)는 Bender 여사가 고안한 검사로 9매의 간단한 기하학적 도형으로 구성된 도판을 피검자들에게 한 장씩 차례로 보여주고 그것을 종이 위에 그리도록 한 다음, 그 결과에 따라 개인의 성격 특성을 분석하고자 하는 방법이다. 이 검사로는 주로 정신분열증, 신경증, 조울증, 정신박약 또는 기질적 뇌장애 등을 진단할 수 있다.

### (4) 집-나무-사람 검사(H-T-P)

HTP는 피검자에게 집, 나무, 사람을 그리도록 하여 자기상, 가족관계 및 대인관계, 정서 상태를 포함한 성격구조에 대해 알아보는 투사적 검사로, 벅(Buck, 1948, 1964)이 개발하고 해머(Hammer, 1969)가 발전시켰다. 해석에는 그림을 그려 나가는 순서, 방식, 크기, 위치, 필압, 선의 특징, 지우기, 왜곡, 생략, 세부묘사 등이 포함되며 그에 대한 추가적인 질문을 통하여 해석을 할 수 있다.

### (5) 문장완성법(Sentence Completion Test)

이 검사는 미완결형의 비교적 짧은 문장들을 제시하여 공백 부분을 연상하게 하는 검사다. 문장의 뒷부분을 자기 자신의 이야기로 자유롭게 써넣게 함으로써 하나의 완성된 문장으로 완성시키게 한 후 그 분석을 통해 개인의 성격이나 적응 상태 등을 이해하게 된다. 이 검사를 통해 지적 능력 측면, 정의적 측면, 가치 지향적 측면, 정신 역동적 측면이나 신체적 요인, 가정적 · 성장적 요인, 대인적 · 사회적 요인에 대한 정보를 얻을 수 있다.

# 제5장

# 상담

1. 인간중심 상담
2. 정신분석 상담
3. 합리적 · 정서적 상담
4. 행동주의 상담
5. 현실요법 상담

# 1. 인간중심 상담

## 1) 주요개념

인간중심 상담이론은 임상적 경험과 연구에서 발전해 왔다. 이론적 서술이 일차 목표는 아니지만, 치료 과정과 상담 과정에서 도출된 발견들을 종합하고 체계화함으로 성격이론으로 발전할 수 있었다. 인간중심 상담은 인간이 현재 나타내는 성격특성의 원인보다는 성격변화의 과정에 관심을 가지고 있다.

### (1) 자아실현의 경향성(유아의 특징)

인간은 '자신의 잠재력과 가능성을 실현시키려는 유기체의 타고난 경향성'을 가지고 있으며 자신이 무엇이 되고자 하는 가능성과 잠재력을 지니고 있다. 어떤 문제가 발생하여 어려움을 겪고 있다면 이것은 가능성과 잠재력이 부족한 것보다는 자신의 가능성과 자신의 잠재력을 발견하지 못해 실현할 수 없는 것이다. 인간은 자신의 어려움을 극복하려는 정신적인 건강함을 가지고 있다.

### (2) 자기 개념의 발달

자기 개념으로 한 개인은 모든 생각과 태도들의 집합체라고 본다. 아이가 성장하고 발달하며 '자신과 외부'에 대한 것을 인식하게 된다. 그리고 자신의 존재와 다양한 경험을 통해 자기 개념을 형성해 간다.

### (3) 긍정적 존중의 욕구

자신을 자각하기 시작하면서 남들로부터 긍정적 존중을 받으려는 욕구가 발달한다.

### (4) 자기존중 욕구 발달

자신을 존중해 주는 만족과 좌절을 통해 사람은 자기 존중감을 발달하게 된다. 이것은 타인에 의해 존중되는 경험을 통해 인식되는 학습된 자기 인식이다. 이 욕구가 충족이 될 때 자존감은 높아지고, 반대의 경우는 낮은 자존감을 가지게 된다. 이 욕구는 너무 강해서 자아실현 경향성을 능가한다.

### (5) 조건부 가치의 발달

한 개인의 가치를 판단하는 외적인 조건들을 말한다. 즉, 자신에게 중요한 타자(부모)에 의해 부여된 가치로 흔히 부모를 포함한 중요한 타자들에 의해 부여된 가치 기준일 경우가 많다. 즉, 자라나는 아이들에게 부모의 가치 조건들을 부여하게 되면 아이는 부모의 사랑을 확증하기 위해 자신에게 맞는 조건적 자기 개념을 형성하며 발달한다.

### (6) 자기와 경험의 불일치

외적으로 부여된 가치 조건에 따라 살게 되면 자기 개념과 외부에서 경험되어지는 것과 다른 경험을 하게 된다. 이런 경험에서 불일치가 많을수록 부정적인 경험들로 인해 자신의 잠재력을 잃게 되고 실현할 수 있는 심리적인 강화가 일어나지 않으며 심리적인 문제와 부적응이 일어나게 된다.

#### (7) 부적응 행동의 발달

자기와 경험의 불일치는 위협과 불안이 된다. 그러면 개인은 위협으로부터 자신을 보호하고 자기일관성을 보존하기 위해 왜곡과 부인을 통한 방어기제를 사용하게 된다. 심리적으로 건강한 사람도 자아개념에 위협을 받게되면 방어기제를 사용할 수 있다. 그러나 그 경험이 보통 이상으로 자주 발생하면 공격적인 수준의 불안을 경험하고 일상생활에 지장을 주며 결국은 심각한 상태에 이르게 되는 부조화의 모습을 신경증이라고 한다.

그런데 만약 개인의 자아개념과 경험의 큰 불일치가 생기면 방어기제를 작용할 수 없는 '무방비'상태가 된다. 이 상태에서는 부조화를 일으키는 경험이 의식 속에 그대로 상징화되어 자아개념은 산산조각이 난다. 따라서 자아가 위협적 경험으로부터 자신을 방어하지 못할 때 성격파탄과 정신병리가 발생한다.

### 2) 상담의 목표

인간중심 상담은 자신의 잠재되어 있는 능력을 통해 문제를 극복하며 해방시키는 것을 목표로 한다. 상담자의 적극적인 신뢰를 통해 내담자는 자신의 문제에 대해 이해하고 자신의 문제를 스스로 파악할 수 있도록 돕는다. 상담자와 내담자의 긍정적인 경험을 통해 자신의 문제에 대한 잘못된 부분을 수정하고 현실과 자아의 개념의 극을 좁혀 가며 내담자의 능력을 발휘할 수 있도록 지지해 주는 것이다.

### 3) 상담자의 태도

인간중심 상담은 치료자의 기법적 기술이나 지식보다는 상담자의 철학적

인식으로 모든 인간은 자신의 문제를 스스로 극복할 수 있는 힘이 있다는 인식을 중요시 여긴다. 치료자의 가장 중요한 핵심적 태도는 바로 '진솔성, 무조건적 긍정적 존중, 그리고 공감적 이해'라고 할 수 있다. 상담자의 핵심적 태도를 통해 내담자는 치료를 위한 성장과 자신의 능력을 경험하게 된다.

### (1) 진솔성

진솔성이란 상담자가 내담자를 바라볼 때 그 모습 그대로 바라보는 것이다. 또한 상담자도 내담자에게 자신의 모습을 숨기려하지 않고 자신의 모든 것을 보여주는 것이다. 약점과 가식적인 모습이 아니라 솔직한 상담자의 모습을 통해 내담자가 자신도 진실한 자기 자신을 만나게 되고 자신이 극복해야 할 문제들을 찾게 된다.

진솔한 반응은 상담자의 단순한 자기노출과는 구별되어야 한다. 상담자의 자기노출은 자신에 관한 경험과 생각 그리고 느낌을 보여주는 점에서 비슷해 보일 수 있으나 상담자의 진실성은 내담자에 대한 인식을 진솔하게 표현하는 것이다. 내담자에게 느껴지는 부정적인 느낌과 생각까지 숨기지 않고 진솔하게 전달하는 것이 중요하다.

이러한 진솔성이 내담자에게 도움이 되기도 하지만 상담자가 느끼는 감정과 생각을 '충동적'으로 표현한다면 상담자의 진솔성은 오히려 상담에 방해가 될 수 있다. 무엇보다 상담의 과정에서 내담자가 자신의 건강함을 회복하고 자신에게 진실한 경험을 하기 위해 중요하고 적절한 상황에 적용하는 것이 필요하다.

### (2) 무조건적, 긍정적 존중

내담자를 한 인간으로 받아들이며 감정과 생각 그리고 행동들을 그대로 받아들이며 평가하지 않는 것은 매우 중요하다. 상담자는 전적으로 내담자를 수용하고 인정해야 한다. 상담자는 불필요하게 탐색을 하거나 해석하지 않는다. 이런 태도는 '무조건적'이고 '긍정적'인 것이어야 한다. 상담자가 이러한 태도를 통해 내담자는 자신이 가진 감정과 생각을 이해하고 자신의 감정을 자연스럽게 표현하게 된다.

내담자라는 인간에 대한 관심과 있는 그대로 느끼고 표현할 수 있는 기회를 마련하는 것을 통해 내담자는 자신의 내면적 문제를 발견하고 문제해결을 위한 자신의 잠재적 능력을 발견하게 된다. 상담자의 조건이 없는 수용을 통해 내담자는 '성장'과 '성숙'의 과정을 경험하게 된다.

#### (3) 공감적 이해

공감(empathy)이란 내담자가 느끼는 감정과 생각이라는 경험을 상담자가 이해하고 내담자의 입장에서 서 있는 것이다. 공감은 감정적인 동정의 느낌이 아니다. 전적으로 내담자의 입장에서의 감정과 생각을 있는 그대로 받아들이는 것이다.

공감은 내담자를 전적으로 존중해 주는 것으로 내담자가 심리적인 안정과 존중의 경험을 하게 된다. 또한 내담자의 감정과 생각을 이해함으로 상담의 과정에 중요한 역할을 한다.

공감은 내담자의 감정과 생각을 전적으로 수용하게 되어 내담자 스스로 자신의 문제를 찾고 자기 개념을 확장해 갈 수 있도록 하는 변화의 시작이 된다.

#### (4) 내담자 중심

상담의 중심은 전적으로 내담자에게 있다. 내담자의 성장을 위한 힘을 가지고 있다는 것을 믿고 내담자가 전적으로 자신의 감정과 생각을 드러내게 할 수 있는 상담의 환경을 통해 상담의 과정을 내담자 중심에 두는 것이다.

### 4) 상담의 기법

인간중심 상담은 기법보다는 상담자의 태도를 강조하여 다른 이론들에 비해 기법의 다양화가 없을 수 있다. 그러나 인간중심 상담은 Rogers의 상담사례를 보면 수용적 경청, 공감적 반응, 반영, 명료화 등의 중요하고 상담의 기본이 될 수 있는 기법을 사용하고 있다.

### 5) 변화의 조건과 과정

Rogers는 변화가 일어나기 위해 내담자와 상담자의 치료를 위한 감정적 관계가 형성되는 것이 중요함을 강조했다. 변화를 위한 조건으로 상담자는 내담자를 존중하고 내담자의 감정에 깊이 집중하는 것이 필요하다. 내담자가 상담의 현장에 온 것은 스스로 문제를 해결할 수 있는 결정을 한 상태로 상담자가 내담자의 문제를 스스로 해결할 수 있는 과정 중에 있다는 것을 인식시키며 내담자의 긍정, 부정의 감정을 인식하고 자신을 지각하고 이해, 수용, 통찰의 과정을 통해 문제를 해결해 간다.

### 6) 치료의 결과

인간중심 상담의 치료 결과는 바로 건강한 삶 즉, '충분히 기능하는 인간(the fully functioning person)'이라고 본다. 충분히 기능하는 인간이란 자기 스스로의 능력을 발견하고 자신의 문제를 이해하고 자신이 원하는 자신의 모습으로 자기를 수용하고 타인을 이해하는 지평이 넓어지는 것이다.

### 7) 공헌과 한계점

#### (1) 공헌점

한 개인에 대한 긍정적인 철학적 배경과 내담자의 입장에서의 진솔성, 공감적 이해 그리고 긍정적인 존중을 통해 한 개인을 이해하려는 상담의 중요성을 강조하였고 이후 참만남집단(encounter group), 인본주의 교육운동 등에 폭넓게 영향을 끼쳤다.

#### (2) 한계점

내담자 중심이기 때문에 치료자의 인격과 소양이 무엇보다 중요하며, 도움의 한계를 정하기가 어렵다. 또한 지나친 내담자 중심으로 인해 무제한의 자유가 발생할 수 있는 치료적 제안을 정하기가 어려울 수 있다. 그리고 현실감이 떨어지고 소통의 능력이 없는 지적 장애가 있는 내담자에게는 접근하기 어렵다는 견해가 있으며 모든 이에게 적용하기 어려운 상담적 제안이 있다.

## 2. 정신분석 상담

### 1) 주요개념

정신분석 상담은 Freud에 의해 창안된 상담이론으로 인간본성이 결정된다는 인과론의 견해를 가지고 있다. 인간의 행동은 생물학적인 본능과 충동이라는 리비도에 의해 결정된다고 본다. 성적 본능과 공격성이 인간 행동의 결정요인으로 인식하며 무의식적인 본능과 충동을 의식화하는 과정을 통해 내담자의 문제를 해결하도록 돕는 것이 상담의 중요한 과정이다.

### 2) 상담의 목표

정신분석에서 성격구조은 id, ego, superego로 나뉘어진다. 건강한 인간은 이 세 가지가 균형을 이루는 것이다. 본능과 현실의 판단력 그리고 도덕적 양심을 적절하게 사용할 줄 알며 현실적 불안(reality anxiety), 신경증적 불안(neurotic anxiety), 도덕적 불안(moral anxiety)으로부터 사랑하고 열심히 일할 수 있는 통합적인 성격으로 변화할 수 있도록 돕는 것이 상담의 주요 목표이다.

### 3) 상담의 과정

#### (1) 시작단계

내담자의 가족력, 성격발달의 단계(구강기, 항문기, 남근기, 잠복기, 성기기), 방어기제, 불안 등을 통해 내담자의 무의식적 부적응의 원인을 찾는 것을 시작한다.

#### (2) 전이의 발달단계

과거의 패턴화된 아동기의 경험에 비롯된 미해결된 무의식의 갈등과 문제들에 대해 떠오르는 무의식의 세계를 탐색함으로 내담자가 상담자를 통해 자신의 무의식적 경험들에 대한 전이 현상이 일어나게 된다. 전이를 통해 억업되었던 자신의 무의식을 재연하며 현실과 환상, 과거와 현재 사이의 갈등을 경험하게 된다. 상담자의 해석과정을 통해 내담자의 통찰과 의식화 과정을 경험하게 된다.

### (3) 지속적 활동단계

내담자의 전이를 해석하는 과정은 장기적으로 진행되며 저항을 분석하고 해석하는 과정을 반복하며 내담자가 자신의 무의식적 갈등을 상담자의 분석을 통해 의식화하는 과정을 지속적으로 활동하게 된다.

### (4) 전이의 해결단계

내담자의 미해결된 갈등들에 대한 방어적인 신경증적 현상들을 규명하며 내담자의 증상들이 완화되는 단계라 할 수 있다. 무의식에서 의식화의 과정을 통해 자아가 통합되고 새로운 것들을 재구성할 수 있는 상태에 대한 불안감이 감소하게 되며 ego의 기능을 강화하게 되는 모습들을 보이게 된다.

## 4) 상담의 기법들

정신분석은 아동기의 성적-심리적인 경험들이 성격을 만들고 무의식적 행동의 중심으로 보고 있다. 내담자의 무의식적인 모든 행동들의 변화를 위해 과거의 경험을 통해 무의식에 있는 억압을 상기시킬 수 있도록 자유연상의 기법을 사용한다. 또한 자유연상을 통해 내담자의 과거의 경험들을 발산하게 되며 무의식의 주머니라고 할 수 있는 꿈을 해석함으로 내면에 억압된 감정과 욕망을 찾아 내는 기법을 사용한다. 그리고 상담의 과정에서 일어나는 전이와 역전이를 분석하고 저항을 분석하는 것을 통해 내담자의 무의식을 의식화하는 기법들을 사용한다.

## 5) 전이와 역전이

정신분석에서 상담자와 내담자 사이에 일어나는 현상이다. 전이는 내담자가 과거의 중요한 인물에게 느꼈던 감정을 상담자에게 투사하는 과정적 현상으로 내담자의 어린 시절의 경험과 무의식을 발견해 가는 중요한 열쇠이다. 전이를 통해 내담자 안에 자리잡은 무의식적인 신뢰와 불신, 사랑과 증오, 독립과 의존과 같은 다양한 양가감정을 회상하게 되는 과정을 통해 내담자를 분석하며 상담의 과정을 통해 내담자의 전이를 분석하고 해석함으로 내담자를 치료하게 된다. 치료의 과정 속에서 상담자 또한 내담자와의 관계에서 발생하게 되는 다양한 감정과 갈등을 느낄 수 있게 되는데 이러한 현상을 상담자의 역전이라 한다. 상담자는 자신에게 일어나는 역전이를 이해하고 내담자와의 관계를 재정립하고 치료에 적용하게 되는 중요한 단서가 되기도 한다.

### 6) 공헌점과 한계점

#### (1) 공헌점

인간의 초기경험이 무의식에 자리잡으며 무의식에 대한 개념 및 인간의 무의식적 행동이 다양한 행동의 영향을 미친다는 인간의 성격을 이론화하며 다양한 심리학의 기초를 마련한 것이다.

#### (2) 한계점

주로 신경증적 또는 정신병리적인 내담자를 중심으로 이론화되어 성적, 공격적인 본능을 지나치게 강조한 것과 내담자의 무의식을 의식화하는 과정이 매우 장시간의 시간과 경비가 드는 것이다.

## 3. 합리적 · 정서적 상담

### 1) 주요개념

합리적 · 정서적 상담은 Ellis에 의해 창시되어 내담자의 비합리적인 신념체계가 부정적인 정서에 영향을 주어 부적절한 행동을 수반하게 될 수 있다는 이론적인 개념을 통해 내담자의 부적절한 신념과 생각을 분석하여 합리적이고 논리적인 신념체계를 갖도록 돕는 상담이다.

### 2) 상담의 목표

합리적 · 정서적 상담의 목표는 내담자 자신에게 관심(self-interest)을 갖게 하며 다른 사람에게 관심을 갖게 함으로 다른 사람들과 어울릴 수 있는 사회적 관심(social-interest)을 갖도록 하는 것이다. 또한 자신의 삶의 책임을 스스로 해결할 수 있는 자기지향(self-direction)과 타인에 대한 관용(tolerance) 그리고 변화에 대한 융통성(flexibility)과 주변의 다양성에 대한 불확실성에 대한 수용(acceptance of uncertainty)을 이루도록 하는 것이다. 일상의 일 이외에도 창조적인 일에 대한 수행(commitment to creative pursuits)과 논리적이고 과학적인 사고(scientific thinking) 그리고 하고 싶은 일에 대한 모험(risk taking)과 미래지향적인 즐거움(long range hedonism)을 통해 자신에 대한 책임과 수용 등을 이룰 수 있도록 돕는 것이다.

### 3) 상담의 과정

#### (1) ABCDE 모형

Ellis의 핵심적인 이론인 ABCDE 모형은 상담의 과정에 중요한 부분을 형성하고 있다.

① Activating event(선행사건)
선행사건은 내담자에게 어려움을 주었던 사건이나 행위를 의미한다.
예) 이별, 실직 등

② Belief system(신념체계)
선행사건으로 일어난 내담자의 사고와 행동에 대한 체계를 의미한다. 이때 합리적인 신념도 있지만 비합리적인 신념이 내담자의 정서적 문제를 일으키게 된다.

③ Consequence(결과)
선행사건으로 발생한 일을 해석한 신념체계가 만든 정서적인 결과라 할 수 있다. 이때 비합리적인 신념으로 인해 내담자의 중심 문제들이 나타나게 되거나 문제에 대한 반응이 비합리적인 결과로 이어지게 된다.

④ Dispute(논박)
내담자의 비합리적인 신념을 합리적인 신념으로 바꿔 줄 수 있도록 상담자의 개입이 이루어지는 과정이다.

⑤ Effect(효과)

내담자는 자신의 비합리적인 신념을 합리적인 신념으로 바꾸게 되어 부정적인 감정과 행동으로부터 벗어나고 합리적인 신념과 사고를 통해 자기 수용적인 태도와 긍정적인 감정을 갖게 되는 결과이다.

### 4) 합리적 신념과 비합리적 신념

#### (1) 합리적 신념

합리적인 신념은 내담자가 경험한 자신의 현실과 일치하며 내담자의 긍정적 결과를 이루기 위해 작용하는 융통성 있고, 적절하며, 모순이 없고, 현실적인 체계라 할 수 있다.

#### (2) 비합리적 신념

비합리적 신념은 합리적인 신념과 반하는 것으로 자기 모순적이고, 융통성이 없으며, 자기 패배적이고, 과장적이고, 독단적이고, 절대적이고, 이기적이고, 비현실적이고, 일관성이 없는 것과 같은 비현실적인 체계라 할 수 있다. Ellis는 이러한 비합리적인 신념들로 인정욕구, 과대한 자기 기대감, 비난성향, 좌절적 반응성향, 정서적 무책임, 과잉불안, 문제회피, 의존성, 무력감, 지나친 타인 지향, 완벽주의를 정의했다.

### 5) 공헌점과 한계점

#### (1) 공헌점

내담자에게 일어나는 부정적 감정을 바꾸기 위해 통합적이고 다양한 인지적, 정서적, 행동적 기법을 적용할 수 있는 기법으로 우울, 분노, 불안, 부부문제, 대인관계 기술, 다양한 임상적인 문제가 있는 내담자에게 응용이 가능하다. 그리고 신념체계를 통해 인간의 부적응을 체계화했다는 것이다.

(2) **한계점**

비합리적인 신념에 대해 논리적 분석을 할 수 없는 내담자(지적 수준이 낮은, 현실감 없는, 사고의 경직)에게 효과를 기대하기 어렵고 너무 지시적이고 강요가 될 수 있는 상담으로 진행될 수 있다.

## 4. 행동주의 상담

### 1) 주요개념

행동주의 상담은 객관적이고 측정 가능한 행동을 통해 내담자의 문제를 건강한 행동으로 해결하도록 돕는 상담이다. 상담에서의 치료와 관련된 행동의 효과성과 평가를 객관적으로 확인하여 인간의 행동을 파악하려고 한다. 인간에 대한 이해는 마음, 의식, 정신이 아니라 행동을 이해하는 것이 필요하고 행동은 심리적 변화에 의한 것이며 외적인 자극과 환경의 영향에 의해 변화하는 것으로 본다.

### 2) 상담의 목표

학습된 부적절한 행동을 수정하여 내담자의 욕구를 충족시킬 수 있는 현실적 행동을 마련하는 것이다. 상담자와 내담자의 합의에 의해 내담자에게 일어나고 있는 부적절한 행동에 따른 적절한 대안 행동을 찾아 객관적인 기법을 활용함으로 상담의 치료적 결과를 이루어 내는 것을 목표로 한다.

### 3) 상담의 기법들

#### (1) 강화

강화(reinforcement)는 행동을 증가시키거나 행동을 적극적이게 하는 것을 의미한다. 바람직한 행동의 증가를 의미하며 강화인자(reinforcer)는 행동의 비율을 자극하는 것으로 강화물 또는 보상이라는 단어를 사용한다. 강화에는 행동의 빈도와 강도를 증가시키는 정적 강화와 행동에 주어진 자극을 제거함으로 행동의 빈도와 강도를 증가시키는 부적 강화가 있다.

#### (2) 소멸과 처벌

소멸(extinction)과 처벌(punishment)은 바람직하지 않는 행동의 감소를 의미한다. 소멸은 특정한 행동에 대해 강화하지 않고 소멸함으로 행동을 감소시키는 것을 의미한다. 처벌은 특별한 행동을 할 가능성을 소멸시키거나 약화하기 위한 목적으로 특정행동을 할 때 혐오자극을 통해 건강한 행동을 제안하게 되는 것이다.

#### (3) 토큰기법

상담의 과정에서 내담자의 긍정적인 행동을 위해 상담자와 정해진 바람직한 행동을 할 때 내담자에게 상담자가 제시하는 강화자극이라 할 수 있다.

### (4) 이완훈련

신체와 정신의 이완을 목적으로 내담자에게 있는 다양한 스트레스와 불안의 문제를 제거하기 위해 사용되는 기법이다. 지속적인 연습이 필요하며 긴장을 충분히 경험한 후 이완 간의 차이를 통해 경험하는 다양한 임상적인 부분에 사용된다.

### (5) 체계적 둔감법

고전적 조건화이론에 기반을 두어 행동주의 상담에 가장 많이 사용되는 기법이다. 주로 불안으로 기인한 내담자의 부정적 행동 또는 회피에 적용이 된다. 문제가 되는 원인 또는 자극과 관련한 행동을 분석하고 대안적 행동을 마련하고 이완훈련을 통해 학습을 한다. 그 후 일어날 수 있는 가장 위협적인 것에서 덜 불안을 일으킬 수 있는 상황으로 옮겨가는 상상적 접근을 통해 진행된다.

### (6) 격리와 과잉교정

격리는 내담자의 부정적 행동의 결과에 따라 정적 강화의 기회를 차단하는 것으로 마치 벌을 주는 것과 같이 부정적 행동이 강화되지 않도록 하는 것이다.

과잉교정은 부정적인 행동이 지나칠 때 사용되며 강화의 대안적 행동이 존재하지 않을 때 효과적이다.

### (7) 주장훈련

사회적인 기술과 경험이 부족한 내담자에게 가장 많이 사용되는 기법이다.

가정, 사회 속에서의 타인과의 관계에서 일어나는 인간관계의 어려움을 자신이 가진 느낌, 생각, 신념, 태도를 표현하기 위해 행동목록을 증가하고 타인의 감정과 생각에 대한 민감성을 배우게 하는 방법이다.

### 4) 공헌점과 한계점

#### (1) 공헌점

가장 대표적인 것은 바로 상담을 구체적인 행동의 변화라는 과학적인 접근을 시도한 것이라 할 수 있다. 치료와 상담을 위해 정확한 기초자료에 근거하며 지속적인 평가를 통해 타당성에 근거하여 진행된다.

#### (2) 한계점

지나치게 객관적이고 과학적인 접근으로 개인의 감정과 정서의 중요성을 관과할 수 있는 점이다. 문제해결과 상황의 변화를 강조하며 내담자의 견해와 말을 잘 듣지 않게 되는 점이라 할 수 있다.

## 5. 현실요법 상담

### 1) 주요개념

현실요법은 William Glasser에 의해 개발된 상담기법으로 인간은 자신의 욕구를 충족하기 위해 자신의 행동을 선택하고 자신의 욕구를 실행하려는 존재로 본다. 외적인 동기보다는 내적인 동기인 욕구를 중요시 여기며 이러한 내적인 욕구를 충족하기 위한 구체적인 바람을 분명히 하는 것이 중요하다. 또한 내적 욕구와 바람을 이루려는 행동을 상담의 과정에서 평가하고 현실에서 원하는 바람을 충족하기 위한 구체적인 계획을 세울 수 있도록 돕는 상담이다.

### 2) 상담의 목표

현실요법은 과거의 초점을 두고 있는 것이 아니라 현재에 초점을 두고 있다. 내담자에게 일어난 과거의 일은 변화하기 어렵다는 생각으로 현재와 미래의 변화될 수 있는 것에 관심을 둔다. 상담 중에 내담자의 과거를 다룰 때에는 현재의 행동과 관련하여 진행된다. 현재의 행동을 중점에 두는 이유는 감정과 태도가 중요하지 않은 것이 아니라 내담자의 변화는 내면의 통찰과 인식이 아니라 행동변화에 의해 태도들이 변한다고 생각한다. 내면의 무의식적인 행동의 원인보다는 현재 내담자가 바라는 욕구와 바램을 비교하며 현재 행해지는 행동을 위한 선택을 평가하는 것을 중요시 여긴다.

### 3) 상담의 과정

현실요법 상담에서 상담자와 내담자의 유대관계를 통해 내담자는 자신의 행동 중에 비현실적인 것을 발견하게 된다. 유대관계를 통해 내담자의 욕구를 만족하려하는 행동들을 이해하며 내담자가 가지고 있는 장점과 가능성에 초점을 두고 현재 생활과 관련한 부분들을 함께 이야기를 한다. 이때 상담자는 내담자의 비현실적인 부분을 스스로 책임감 있는 행동을 할 수 있도록 도와준다. 이때 치료자는 내담자의 현실의 한계에서 충족할 수 있는 실제적이고 실행할 수 있는 계획을 세울 수 있도록 돕는다. 내담자가 자신이 행동한 계획을 실행하도록 도우며 혹시 실행하지 못한 것은 다루거나 벌을 사용하지 않는다. 현실요법에게 있어서 가장 중요한 것은 상담자는 내담자의 변화능력을 믿고 포기하지 않도록 한다.

### 4) 상담의 이론들

#### (1) 선택이론

윌리엄 글래서에게 '통제'는 우리가 이해하고 있는 권력자가 약자에게 행해지는 지배의 성격이 담긴 부정적인 개념의 통제로 생각하고 있지 않다. 그에게 통제는 자신의 삶에 성취감과 긍정적인 자신의 삶을 이끌어 가는 개념으로 설명하고 있다.

현실치료에서 선택이론을 이해하기 위해서는 인간은 타고 내어나며 누구에게나 공통적인 5가지의 욕구를 지니고 있다고 본다. 생리적 욕구, 소속의 욕구, 힘의 욕구, 자유의 욕구, 즐거움의 욕구다. 인간은 행동을 할 때 이러한 5가지의 욕구를 충족시키고자 하는 바램이 있다. 이러한 욕구들이 내담자 삶에 만족스러운 결과를 만들게 된다면 좀 더 내적인 바램을 이끌어 낼 수 있는 행동들을 만들게 된다.

##### ① 현실세계와 지각세계

인간은 기본 욕구와 바람을 충족하기 위해 환경을 통제하는 과정에서 현실의 모든 것이 지각된다. 그러나 모든 것을 충족시킬 수 없다는 것을 발견하게 되어 기대될 수 있는 것만 지각체계로 들어오게 되는데 이때 긍정적 또는 부정적 가치와 관계없이 우리에게 도움이 되는 것을 통과시키는 1차 수준의 지식여과기를 걸쳐 긍정적, 부정적, 중성적으로 가치를 분류는 가치여과기를 통해 내담자의 욕구를 충족시킬 수 있다고 기대하는 것만 지각된 세계로 보내게 된다. 이때 원하는 좋은 세계와 맞지 않을 때는 머릿속의 저울(comparing plate)로 비교하게 되고 기울어지는 차이를 좁히기 위해 원하는 욕구로 인해 행동하게 된다. 그러나 기대하던 현재의 욕구와 일치하게 되면 즐거움을 경험하지만 높거나 낮으면 충족될 수 없다는 것으로 인한 좌절을 경험하게 된다.

② 5가지 기본욕구

인간은 누구나 5가지 기본 욕구를 충족시키기 위해 움직인다고 본다. 이 기본적인 욕구를 충족하지 못할 때 자연스럽게 인식하게 되고 한 가지의 욕구가 충족될 때에도 동시에 다른 욕구를 만족하고 싶은 바램이 발생할 수 있다. 그러나 욕구는 기본적인 것이지만 욕구를 충족하는 바램은 개인마다 다양하게 나타날 수 있다.

인간의 기본적인 욕구는 다섯 가지가 있다. 첫째, 소속과 사랑의 욕구다. 사랑하고 사랑 받고 싶고 누군가에게 소속되고 싶은 욕구로 사람들에게 받아들여지고 싶은 욕구라고 할 수 있다. 소속과 사랑의 욕구는 삶의 원동력이 되는 기본욕구다. 살아 있는 순간은 주변의 다양한 사람들과의 관계를 형성하며 이 욕구를 충족하며 살아가게 된다. 소속과 사랑의 욕구가 충족될 때는 불안과 우울의 모습들이 나타나지 않는다.

둘째, 힘에 대한 욕구다. 자신이 가지고 있는 힘과 능력을 타인에게 인정받고 영향력을 미칠 수 있는 욕구다. 힘의 욕구를 지니는 순간 소속에 대한 욕구와 갈등을 경험하기도 한다.

셋째, 자유에 대한 욕구다. 자신의 의지와 선택을 표현하고 싶은 욕구다. 자신이 선택할 수 있는 욕구가 충족되지 않을 때 자신이 선택하고 싶은 내면의 욕구가 해소되지 않아 심리적 어려움을 경험하게 된다.

넷째, 즐거움에 대한 욕구다. 흥미롭고 재미있는 것을 즐기기를 추구하는 욕구다.

다섯째, 생존의 욕구다. 생존과 관련 있는 신체적인 기본적인 욕구다.

생존의 욕구는 구뇌에 영향을 받게 되는데 신체적이고 생리적인 부족을 느끼게 될 때 신뇌를 통해 욕구를 느끼게 되고 이 욕구를 충족시킬 수 있는 나머지의 심리적이고 정신적인 욕구인 사랑과 소속의 욕구, 힘에 대한 욕구, 자유에 대한 욕구, 즐거움의 욕구에 신호를 보내게 된다.

③ 전행동

전행동은 현실세계에서의 기본적인 욕구를 충족시키기 위해 행동하게 된다. 전행동은 활동하기(acting), 생각하기(thinking), 느끼기(feeling), 신체반응(physiology)을 포함한다. 인간의 욕구는 행동을 시작하게 하는 출발이 되며 원함은 방향이 되어 전행동을 이루어 간다. 전행동에서 활동하기와 생각하기를 변화시키게 된다면 자동적으로 느끼며 생리적인 신체반응이 일어나게 되는 것이다.

④ 3R

현실중심 상담은 3R을 중요시 여긴다. 3R은 책임(Responsibility), 현실(Realty), 옳고 그름(Right and wrong)이다.

윌리함 글래서는 정신적인 건강과 책임을 동일선상에서 보며 책임을 잘 감당하는 사람이 정신적으로 건강한 사람으로 본다. 정신적인 건강이 책임 있는 사람들의 행동원인이 아니라 책임 있는 행동이 정신적인 건강의 원인으로 본다. 정신적인 고통과 아픔 그리고 불행은 바로 책임감 없는 행동의 결과로 볼 수 있지 원인은 아니라고 본다. 책임(Responsibility)은 현실(Reality)을 직시하는 것이다. 현실을 직시하는 것은 현실을 수용하고 현실에서 일어나고 있는 것과 관련한 자신을 통제하여 자신이 바라는 욕구를 충족해 가야 한다.

그리고 현실중심 상담에서는 무엇보다 가치판단의 옳고 그름을 인식하며 현실적 문제를 해결해 가는 것을 중요시 여긴다. 문제있는 행동을 시행하게 될 때 옳고 그름의 기준이 있는 현실적인 책임을 벗어날 수 없게 되는 것이다.

### 5) 공헌점과 한계점

#### (1) 공헌점

현실중심 상담은 행동적이고 지시적이며 접근방법은 인지적이며 실제적이다. 이러한 접근은 과거가 아니라 '여기와 현재'를 중점으로 상담이 진행되어 내담자의 문제해결에 효과적이다. 또한 단기치료적인 접근으로 의식적 행동을 마련하고 계획함으로 내담자가 스스로 통제할 수 있는 능력이 증가할 수 있도록 돕는다.

#### (2) 한계점

상충된 욕구들과 현실의 삶에 대한 책임과 옳고 그름을 판단할 수 있는 지적 수준이 있는 내담자가 아닌 경우 자신의 행동에 책임과 의지가 약해 상담의 효과가 미흡할 수 있다. 또한 내담자의 현재와 관련된 과거를 지나치게 무시하는 경향이 있으며 감정과 태도에 소홀히 할 수 있다.

제3부

# 학교상담 방법

# 제1장

# 집단상담

1. 집단지도와 집단상담
2. 집단지도와 집단상담의 실제

인간은 사회적 존재로서 대부분의 생활이 집단에서 이루어지고, 의식적, 무의식적으로 다른 집단성원과의 인간관계를 맺으며 생활한다. 그러므로 사회적 관계 속에서 인간관계를 어떻게 맺으며 그것을 어떻게 바람직한 방향으로 지도하느냐 하는 생활지도의 문제는 인간생활의 학습으로서 매우 중요한 뜻을 가지는 것이다. 집단지도 및 집단상담은 집단성원과의 인간관계를 원활하게 할 수 있도록 도울 수 있으며, 특정한 일부 학생을 지도하는 개인지도나 상담에 비해 비교적 많은 학생을 대상으로 하면서, 집단의 역동을 이용하여 교정적이며 심층적인 경험을 효과적으로 제공할 수 있어서 효율적인 학습의 성과를 가져올 수 있는 방법으로 유용하게 활용되고 있다. 따라서 본 장에서는 집단을 지도하고 상담하기 위한 지식으로 집단지도와 집단상담의 의미와 목표, 집단의 특성, 집단의 유형과 형식, 과정 및 역동, 집단지도자, 집단 프로그램 계획 등의 내용을 제시하고자 한다.

## 1. 집단지도와 집단상담

### 1) 집단지도와 집단상담의 의미

생활지도와 상담의 궁극적인 목적은 개인이나 집단의 긍정적인 변화를 기대하는 것으로, 그러한 변화를 기대하는 영역이나 변화의 촉진 방식에 따라 그 활동들은 다양한 형태로 구분할 수 있다. 생활지도의 방법으로 개인적으로 행하는 개별지도와 집단적으로 행하는 집단지도를 들 수 있다. 집단지도는 집단 내에서 자기와 타인과의 관계를 민주적으로 맺어 나가는 태도, 흥미,

습관, 기술 등의 능력을 증가시키는 사회성의 발달을 중요시한다. 즉 집단 내 각 학생으로 하여금 집단과 개인의 목표를 성취하고 집단성원의 성격과 사회성이 개발되도록 개선하고 촉진하기 위한 집단적 행위에 집단지도의 의의를 둘 수 있다. 이와 유사한 활동인 집단상담과 집단치료의 의미도 명확히 할 필요가 있다. 집단지도와 집단상담, 집단치료의 형태는 대상이나 문제의 증상, 기간, 다루어지는 내용 등에 따라서 세분화되어진다.

### (1) 집단지도

집단지도(group guidance)는 학생의 개인적 요구와 관심사에 적절한 정보를 제공하는 데 많이 사용된다. 특히 교육, 직업, 사회적 정보를 필요로 하는 학교장면에서 많이 사용되고 학급을 많이 이용한다. 집단지도에서의 핵심적인 역할은 문제의 예방을 위한 교육에 중점을 둔다는 것이다. 그러므로 집단지도는 학생개인과 상담자 사이에 행해지는 것보다는 학생집단을 상대로 하는 생활지도 프로그램의 일부를 의미하는 경우가 많다. Glanz와 Hays(1968)에 의하면 "집단지도는 집단 내에 있는 개인들로 하여금 새로운 정보를 얻고, 새로운 문제에 대한 방향을 얻고, 새로운 활동을 계획하고 수행하도록 조력하는 과정"이다. Kirby(1971)는 "집단지도는 건강한 태도와 행동을 촉진시키기 위한 정보와 자료를 제공해야 한다"고 하고, 집단지도의 접근방법은 예방적이며, 집단지도의 관심은 정보를 수집하고 새로운 문제점에 대한 오리엔테이션을 갖고 학생활동에 관한 계획을 수립하고 수행하며 직업과 학업결정에 관한 자료를 수집하는 것이라고 하였다.

이재창(1994)은 "집단지도는 지도자가 집단의 관리, 방향, 활동 그리고 조직에 대해서 책임을 지며, 현존하는 문제를 단순히 치료하는 것보다는 문제의 발생을 예방하고 개선하는 것을 목표"로 한다. 따라서 집단지도를 집단상담이나 집단치료와 구분하는 초점은 바로 여기에 있다. 집단지도의 내용은 전통적인 수업위주의 교실에서는 학생들이 얻을 수 없는 정보, 예를 들면 직업발달, 직업선택, 학습방법, 친구관계, 약물중독 문제, 이성교제 등에 관한 정보를 제공하는 것이다. 일반적으로 집단지도의 내용은 학생집단의 연령과 집단성원의 필요에 따라 다르다. 집단지도는 자기와 타인의 이해를 증진시킬 수 있는 민주적인 집단분위기에서 정확한 정보를 제공하는데 중점을 둔다고 볼 수가 있다.

### (2) 집단상담

집단상담은 한 사람의 상담자와 평균 5~10명의 내담자가 동시에 관계를 형성해서 상담하는 형태로서 집단지도에 비해서 일반적으로 주제보다는 사람에 초점을 맞추고, 덜 구조화된다. 집단상담은 감정의 반영과 명료화와 태도의 변화에 초점을 두고 있다. 집단상담자는 집단구성원들이 가정이나 대인관계, 자아개념 그리고 개인적, 사회적, 교육적인 문제와 관련된 자신들의 문제와 경험을 다룰 수 있도록 조력하고 성장과 발달 및 적응에 주안점을 둔다.

Hansen 등(1980)은 집단상담은 개인에 따라서 예방적이거나 치료적이 될 수 있다고 하였다. 예방적인 기능은 집단구성원의 문제가 심각한 문제로 발전하기 전에 집단상담을 통해서 개인으로 하여금 문제를 해결할 수 있도록 하는 것이고, 치료적인 기능은 집단구성원의 문제가 이미 심각한 문제로 발전했을 경우에 집단상담을 집단구성원의 행동변화를 가져오기 위한 개입의 과정이 되도록 하는 것이라고 한다.

### (3) 집단치료

집단치료는 심리적인 갈등을 명료화해서 정상적인 삶을 영위할 수 있도록 돕는 과정으로, 참여자들의 심각한 적응의 문제, 정서적인 문제, 발달에 관한 문제를 가진 사람들을 치료하는데 주안점을 둔다. 집단치료는 무의식적인 측면에서 내담자의 행동을 이해하고 변화를 돕는 과정이라고 할 수 있다.

### 2) 집단지도와 집단상담의 목표

집단지도와 집단상담간의 차이는 집단의 목표와 집단지도자의 역할에 있다. 집단지도의 목표는 유용한 지식과 기술의 습득 및 훈련을 강조하며, 예방적인 특징이 강하다. 또한 집단지도자는 학생들을 가르치고 방향을 제시하며 집단을 이끄는 교육적인 역할을 주로 하게 된다. 반면에 집단상담의 목표는 집단에 참여하는 학생들의 욕구에 따라 주로 결정되며, 집단상담 지도자의 역할은 집단 구성원들이 개인적이면서도 공통되는 목표를 달성하도록 돕는 상담기술을 사용하며, 치료적인 특징이 강하다. 집단지도나 집단상담은 개인상담에 비해 시간과 공간적으로 매우 경제적이라고 할 수 있어서, 상담교사의 수가 부족한 학교장면에서 업무 부담을 줄여 줄 수 있다.

#### (1) 집단지도의 목표

집단지도는 학생의 공통적인 문제를 다루는 데 있어서 시간의 절약을 위한 목적을 가지는 생활지도 활동에 적합하다. 특별히 성격에 있어서 기본적으로 교수적인 면에서와 같이 직업에 대한 정보의 공급과 새로운 학생에게 학교에 대한 학습을 돕고, 각 개인을 다른 사람이 필요로 하는 것과 자기에게 유사한 문제를 발견하도록 돕는 것이다. 또한 상담을 위한 방법을 준비하기 위해서 사용되고, 집단지도의 주안점은 정보에 두는 것뿐만 아니라 태도, 정서, 동기유발, 자아개념, 성격의 모든 면에 둔다.

Kitch와 Creary가 제시하는 집단지도의 목적은 ① 공동문제 발견을 조력하기 위해서, ② 적응문제의 해결에 있어서 유용한 정보를 제공하기 위해서, ③ 여러 가지 공동문제와 경험에 관해서 집단사고의 기회를 제공하기 위해서,

④ 자아이해를 촉진하는 경험을 제공하기 위해서, ⑤ 개별상담을 위한 기초를 두고자 함에 있다. 또한 Bennett은 집단지도를 ① 생활의 교육적, 직업적, 사회적 제 분야에 있어서 자율지도를 위하여 필수적인 것을 학습할 기회를 주기 위해서, ② 집단적 역동에 의한 치료적 효과를 내담자 개개인에게 주기 위해서, ③ 순전한 개별적 방법보다 더 효과적으로, 그리고 경제적으로 달성할 수 있는 제반 목표를 달성하기 위하여, ④ 개인 상담과정의 관계에 있어서 보충적인 효과를 올리기 위한 것 등에 목표를 두고 있다. 이영덕 박사는 집단지도의 목표로 다음의 3가지를 들고 있다(공석영 외, 2005). ① 민주적 집단생활의 경험을 통해서 민주적 집단과정에 필요한 이해와 태도, 기능을 길러 줌으로써 민주시민으로서 누구나가 갖추어야 할 자율성의 기초를 닦아 보자는 것이다. ② 집단 속에서 남과 더불어 생활함으로써 자기 자신에 대한 보다 깊은 통찰력을 기르게 하여 자율적 생활에 도움이 되도록 하자는 것이다. ③ 집단 속에서 남과 더불어 생활함으로써 타인에 대한 존경, 관용과 이해를 발달시킴으로써 자율적 인간관계를 높이는데 이바지하는 것이다. 여기에서는 좀 더 세부적인 집단지도의 목적을 제시하고자 한다.

① 자율학습을 위한 경험의 제공

ⓐ 새로운 학교환경에 대한 오리엔테이션과 학교가 제공하는 교육적 기회를 가장 훌륭하게 이용한다.

ⓑ 대인관계에서의 제 문제에 대한 집단학습과 집단의 기준에 맞는 개인적, 집단적 행위를 학습하도록 조력한다.

ⓒ 성장에 따르는 제 문제에 대한 집단학습과 정신위생의 제 원리를 응용 실천할 수 있도록 조력한다.

ⓓ 자기의 태도, 흥미, 능력, 인성적 특징, 개인적 · 사회적 적응의 평가를 위한 가장 적절한 방법을 공동 연구하고 실제 적용법을 고안한다.

ⓔ 학습의 효과적 방법을 공동 연구하고 그 활용을 통하여 자율성의 증진을

기한다.

ⓕ 적응문제와 진보에 관한 집단적 학습을 통해서 독립의 기틀을 마련해 주도록 기한다.

ⓖ 각자에 합당한 직업의 장기계획을 위한 집단적 학습을 통해서 독립의 기틀을 마련해 주도록 기한다.

ⓗ 각자에 합당한 교육적 장기계획을 위한 집단학습에 조력한다.

ⓘ 가치관의 수립과 인생철학의 학습을 위한 집단학습에 조력한다.

② 치료적 효과의 증진

Bennett은 집단지도의 두 번째 목표로서 다음과 같은 점을 들고 있다. 첫째, 집단지도는 인간의 공통적인 문제의 연구로부터 얻는 장래 전망을 갖게 하며, 둘째, 자유로운 분위기 속에서 집단 성원들에게 공통된 문제를 집단적으로 연구하게 함으로써 정서적 긴장을 해소하고 인생의 역동성에 대한 통찰력을 기르고 에너지의 건전한 창의적 발산을 통하여 보다 나은 적응을 위한 치료적 효과를 기하자는데 집단지도의 중요한 목적이 있다.

③ 지도상의 경제 및 효율성

집단적 지도방법의 세 번째 목표는 지도상의 능률과 시간적 · 경제적인 효율성을 들 수 있다. 개인적인 생활지도는 문제성을 지닌 소수의 아동 학생만을 대상으로 하는 소극적인 지도를 생각할 수 있으나, 집단적인 생활지도는 많은 학생을 대상으로 하기 때문에 상대적으로 높은 교육적 의의를 지니는 것이다.

학교 장면에서 학생에게 제공하는 제반 정보나 각종 경험 검사 혹은 실태조사 등을 들 수 있으며, 이 같은 방법은 많은 학생들에게 공통적인 문제를 찾아내고 동시에 시간과 노력을 절약하게 할 것이다.

집단작업이 일어나는 곳으로 학급을 들 수 있는데, 대부분의 교사는 교육철학에 관계없이 교과목 자체뿐만 아니라 학생을 개인으로서 관심을 기울이게 된다. 사실상 학급은 거의 이상적으로 준비가 된 집단지도의 실험장소이다. 예로서 국어 교사가 '국가와 나'라는 주제를 놓고 마담 퀴리에 대해서 공동학습을 함으로써 민족이나 국가관을 확립하는 데 기여할 수 있다.

### (2) 집단상담의 목표

집단상담은 집단상담자와 집단구성원간의 상호 역동적인 대인관계에서 참여자 개개인의 문제해결 및 성장과 발달을 촉진시키는 데 그 목적을 둘 수 있다. Corey(1994)는 집단상담의 목적을 치료적 목적과 예방적 · 교육적 목적을 함께 가진다고 하였으며, 의식적인 사고, 감정 및 행동을 강조하는 대인과정과 문제해결 방법과 전략이 포함된다고 하였다. 이장호(1992)는 집단상담의 목적을 생활과정상의 문제해결과 바람직한 성장 · 발달을 도모하기 위해서 각자의 감정, 태도, 생각 및 행동양식 등을 탐색하고 이해하며 보다 성숙된 수준으로 향상시키는 과정이라고 하였다.

집단상담의 목표는, 첫째, 구성원들과 더불어 개방적이고 정직하게 되는 것이다.

둘째, 자신과 타인을 신뢰하는 것을 배우게 되며, 더 진실하고 진지하게 되는 것이다.

셋째, 자기수용을 증대하고 자신에게 완전함과 완벽함을 요구하지 않게 되는 것이다.

넷째, 자신의 경험에 의한 판단에 따라 결정하며, 타인을 배려하고 정직하고 솔직하게 직면하는 방법을 배우게 되는 것이다.

다섯째, 자기가 원하는 것을 직접적으로 요구하며, 현실적인 범위 안에서 책임을 가질 수 있을 만큼 적절하게 거절할 수 있게 되는 것이다.

여섯째, 자신과 타인의 요구나 감정에 대해서 더 민감해지게 되는 것이다.

일곱째, 개인적인 문제해결 능력을 키우게 되며, 잠재능력과 창의성을 발견하게 되는 것이다. 이 외에도 집단상담은 개인상담에 비해 시간 및 비용이 절약되어 다수의 많은 학생을 대상으로 할 수 있어서 경제적이고, 공통의 주제를 다루어 보편적이고 객관적인 입장에서 자신의 이해를 가져오며, 다른 사람들과의 관계를 집단상담이라는 축소된 사회 안에서 적응해 가는 양식을 학습할 수 있다는 장점이 있다. 반면에 집단상담은 짧은 시간에 많은 구성원들이 자신의 문제를 해결하는 과정이므로 개인상담에 비해서 시간의 제한을 경험하게 된다. 그리고 개인의 문제를 집중적으로 다루기는 매우 어려움이 있으며, 집단상담에서 지향하고자 하는 주제와 관련이 없을 때는 비효과적이라고 할 수 있다.

각각의 상담이론에 따른 집단상담의 목표는 다음과 같다(Corey, G., 1995).

① 정신분석 이론에서는 초기 가족관계를 재경험할 수 있는 분위기를 제공하고, 현재 행동을 유발한 과거사건과 관련 있는 감정을 발견하도록 한다. 잘못된 심리발달의 기원에 대한 통찰과 더불어 올바른 정서적 경험을 하도록 돕는다.

② 아들러 이론에서는 집단참여자가 자신의 삶에 대한 기본 가정을 탐색할 수 있도록 상담관계를 설립하고, 삶의 방식에 대한 보다 넓은 이해력을 고취한다. 또한 그들이 스스로 변화할 수 있는 자신의 힘과 능력을 인식하도록 돕고, 자신이 선택한 삶의 방식과 자신이 원하는 변화에 대해 충분한 책임감을 갖도록 힘을 준다.

③ 사이코드라마에서는 억눌린 감정을 배출하고, 통찰을 하도록 돕고, 새롭고 더 효과적인 대안행동을 배우도록 한다. 갈등을 해결하고 자신에게 지배적인 면을 경험하기 위해 감춰진 가능성들을 밝혀 낸다.

④ 실존이론에서는 자기 인식을 극대화하고, 성장에 방해가 되는 요인들을 줄여 나갈 수 있는 환경을 제공한다. 선택의 자유를 발견하고 사용하도록 돕고, 자신의 선택에 대한 책임감을 갖도록 한다.

⑤ 내담자중심 이론에서는 집단원들로 하여금 자신이 경험하는 다양한 감정들을 충분히 탐색할 수 있는 안전한 환경을 제공한다. 새로운 경험에 더 개방적이고 자신과 자신이 내린 판단에 대한 자신감을 갖도록 고무하며, 현재 순간을 살도록 한다. 개방성, 정직, 자발성을 발전시키도록 한다.

⑥ 게슈탈트 이론에서는 집단원들로 하여금 순간순간의 경험에 미세한 집중을 하도록 하여, 자신이 소유하지 않은 부분들을 인식하고 통합하도록 한다.

⑦ 교류분석 이론에서는 사람들과의 상호작용에서의 인생 각본과 게임들에 빠지지 않도록 돕는다. 초기 결정들을 다시 검토해 보도록 유도하고, 그 인식에 근거한 새로운 결정을 수립하도록 돕는다.

⑧ 행동주의 이론에서는 부적응 행동을 제거하도록 돕고, 새롭고 더 효과적인 행동패턴을 배우도록 돕는다.

⑨ 인지상담 이론에서는 자신의 부정적인 감정에 책임이 있음을 가르친다. 부적응을 일으키는 부정적 감정상태를 파악하도록 돕고, 감정적 부적응 현상을 유지시키는 자기주입 과정을 버리도록 돕는다. 비합리적이고 자기파괴적인 삶의 태도를 제거하고, 더 관용적이고 합리적인 삶의 태도로 대치시킨다.

⑩ 현실요법 이론에서는 현실적이고 책임 있는 행동을 배우고, '성공적인 자아개념'을 가지도록 지도한다. 집단원들에게 자신의 행동을 평가하고, 변화에 관한 행동계획을 수립하도록 돕는다.

## 2. 집단지도와 집단상담의 실제

### 1) 집단의 특성

집단이란 공동목표를 가진 유기체의 집합으로 심리적 상호작용의 양식이 이루어진 것을 말하는데, 집단의 특성은 다음과 같다.

① 집단은 3인이나 그 이상으로 구성되어 있는 모임이다.
② 집단을 구성하고 있는 개인은 공통관심, 공동목직을 가져야만 한다.
③ 집단의 각 구성원은 어떤 종류의 책임을 느끼거나 집단의 어떤 다른 구성원에게 관계의 의미를 느낀다.
④ 집단을 구성하고 있는 사람들 중에는 어떤 종류의 생산적인 상호작용이 되어야만 한다.

집단의 정의를 살펴보면, 공식적이건 비공식적이건 두 사람 이상이 공통관심과 공통자격을 가지고 상호 자극을 주면서 공동생활에 참여하는 사람들의 모임을 말한다. 집단은 서로 관계를 가진 각 개인의 집합체로서, 집단의 최소단위는 2인으로 구성된다. 그들은 하나의 구조(지도성, 힘, 사회역학성, 의사전달 등)를 가지고 있으며, 그것은 구성원 사이에 심리적인 망과 개인차이다. 집단활동의 중요성을 믿는 사회심리학자들은 집단활동을 통한 성격의 수정 개조를 믿고 있다.

생활지도에 있어서 집단작업의 목적은 다음의 4가지로 제시할 수 있다.

① 새로운 환경이나 경험에 대한 각 개인의 오리엔테이션
② 학교 교육과정의 학습경험과는 약간 다른 학습경험의 준비(도서관 이용, 학습방법 등)
③ 개별상담을 위한 배경의 설정이다(상담자료의 수집 및 사전인식)
④ 적응과 치료 등을 들 수 있다.

### 2) 집단원의 구성

집단을 구성할 때는 집단의 목적과 유형에 따라 대상을 선정한다. 집단 대상의 선정에 있어 집단상담의 구성원은 일반적으로 10명 내외의 인원이 적절하지만 집단의 목적에 따라 차이를 나타낼 수 있다. 학교 상황에서 위기상황이나 심각한 문제 집단인 경우는 비교적 소규모 집단으로 하고, 긍정적인 특성을 개발하기 위한 집단은 학급 규모로 이루어지기도 한다. 집단원의 구성에 있어서 성별이나 연령, 학년, 교육정도, 문제 유형과 관심사 등이 아주 동질적이거나 한두 사람만 특별히 이질적이지 않은, 적절히 이질적인 집단이 학습경험을 풍부하게 할 수 있어서 효과적이다. 특히 아동기에는 성별을 달리 하고 청소년기에는 연령을 동질화하는 것이 효과적이다(이장호, 1995; Corey, 1995). 집단지도나 상담은 개인지도와 차이가 있다. 집단지도 및 상담에 적합한 학생들은 대개 내성적인 사람, 대인관계의 의사소통 능력이 필요한 사람, 사회적 기술을 습득할 필요가 있는 학생, 다양한 사람들로부터 피드백을 받으면 도움이 될 학생, 권위를 가진 사람에게 극도의 두려움을 가진 학생 등이 여기에 속한다.

### 3) 집단의 유형과 형식

대표적인 집단의 유형으로는 상담집단, 치료집단, 교육집단, 성장집단, 과업집단, 자조집단, 기타 집단 등으로 분류할 수 있다. 각 집단 유형의 특징을

간략히 살펴보면 다음과 같다.

① 상담집단은 4~12명으로 구성하며, 치료적 목표 외에도 예방적, 교육적, 사회적, 직업적인 목표 설정으로 집단상담이 이루어진다. 상호간 지지와 문제해결을 통해 일상생활의 문제를 해소하도록 한다.
② 치료집단은 상담집단에 비해 심각한 정도의 정서 및 행동문제, 정신장애 치료를 목적으로 하며, 우울, 분노, 불안, 공포 등 심리, 신체적 증상을 가진다.
③ 교육집단은 개인의 성장, 발달, 잠재력을 개발할 목적으로 하며, 심리교육집단과 생활지도집단으로 분류할 수 있다. 정의적 · 인지적 측면의 정신건강 교육의 기회와 다양한 주제에 대한 정보를 제공하기 위해 구성되는 집단이다. 강의나 발표형식으로 구성원들에게 필요한 정보를 제공한 후에 소감과 토의가 이어질 수 있다.
④ 성장집단은 훈련집단, 참만남집단(T-그룹), 마라톤집단 등이 속하며 안전한 분위기에서 치료적 요소를 경험하게 된다. 자신에 대한 정직한 평가, 자기 참모습 깨닫기, 사고 및 감정과 행동의 변화를 꾀하여 궁극적인 성장을 도모한다.
⑤ 과업집단은 구체적인 과업목적을 달성하기 위해 모인 집단이다.
⑥ 자조집단은 전문가들이 돕기에 한계가 있는 문제, 즉 물질오남용, 체중조절 등의 특정 문제를 극복한 사람들이 돌아가며 집단을 이끌어 가는 형태이다.
⑦ 지지집단은 생각과 느낌 공유로 특정 문제와 관심사를 점검해 나가는 집단이다.

기타 집단의 형식으로는 구체적 활동 계획 정도에 따라서 구조화집단, 비구조화집단, 반구조화집단으로 나누고, 집단 회기의 개폐에 따라 개방집단과

폐쇄집단으로 나눌 수 있다. 구조화집단은 사전에 설정된 특정목표 달성을 위해 구체적인 활동으로 구성된다. 비구조화집단은 사전에 정해진 활동이 없고 개개인의 경험과 관심을 토대로 상호작용하여 치료적 효과를 달성하는 집단의 형태이다. 반구조화집단은 비구조화로 운영하되, 필요시 구조화의 활동을 이용할 수 있다. 또한 개방집단은 집단의 회기가 진행되는 동안 기존의 집단원이 집단을 종결하면 새로운 집단원이 들어올 수 있는 집단 형태이고, 폐쇄집단은 특정한 집단원수로 집단이 구성되어 일단 집단이 시작되면 중도에 새로운 집단원이 참여할 수 없는 집단의 형태이다.

### 4) 집단의 역동

집단역동(group dynamics)은 집단 역학 혹은 집단 역동성을 일컫는 말로, 특정한 시간에 집단 내에서 작용하는 사회적인 힘과 상호작용을 의미한다(Gibson & Mitchell, 1981). 이는 1930년경에 사회과학의 발달과 더불어 미국에서 발달된 집단연구의 새로운 분야가 되었다. 처음에는 집단역동이란 집단이 조직되고 관리되는 방법에 관한 일종의 이데올로기(ideology)라고 생각했다. 이 이데올로기는 민주적 지도력의 중요성 결정에 있어서 회원의 참여, 집단 내에서 협동적 활동을 통하여 얻게 되는 이익 등을 강조하였다. 또한 집단 역학성은 역할놀이(role playing) 등과 같은 일종의 기술이라고 생각하였다. 집단역동의 시초는 Lewin에 의해서 이루어졌는데, 집단역동에 대한 방법은 현장연구, 실험 등의 방법을 사용한다. 집단역동은 대체로 인간이 소집단 내에서 상호작용하는 사회적 과정이라고 한다. 5명 내외의 집단을 소집단이라고 하고, 보통 30명 이상의 회원을 가진 집단을 대집단이라고 한다. 집단의 특성은 지각과 인지, 동기와 욕구만족, 집단의 목표, 회원의 상호의존성, 상호작용 등이다. 이와 같은 집단의 역동성을 학교에 적용한 연구들을 보면 다음의 공통적인 목적을 지니고 있다(Hansen & Cramer, 1971; 이재창, 1994, 재인용).

① 학생들로 하여금 소속감을 발전시킬 기회를 제공하는 것이다.
② 집단의 전체경험에 공헌하는 것이다.
③ 협동정신을 개발시키는 것이다.
④ 타인에 대해서 관심을 갖는 마음을 개발시키는 것이다.
⑤ 협동적인 행동이 효과적인 문제해결 방법이라는 것을 인식시키는 것이다. 즉 상담과 생활지도의 구체적인 목적은 문제해결 방법을 향상시키고 타인과 서로 관여해서 배우도록 하는데 있다.

### (1) 집단역동의 관찰

집단역동의 관찰은 집단원들 간이나 상담자와 집단원간의 지속적인 상호작용과 관계를 중심으로 의식과 무의식적인 힘과 에너지의 기능을 관찰한다. 집단 구조, 이론직 접근, 집단구성원들의 성격, 성별, 연령, 문화, 욕구에 의해 집단의 역동성은 영향을 받는다. 집단역동은 상담자의 개입과 중재로 개개인을 변화시키고 치유하는 원동력으로 잘못 사용하면 집단원에게 부정적인 영향을 줄 수도 있으므로 집단원간 주고받는 언어적, 비언어적 행동을 잘 관찰하는 것이 필요하다.

#### ① 관찰 행동

집단의 흐름에 영향을 주는 요소로서 집단상담자에 대한 집단원들의 신뢰수준, 집단원 간의 신뢰와 갈등, 집단원의 참여도, 힘의 대결, 소집단화, 주의를 끌기 위한 행동, 소모적 게임 등을 관찰한다.

#### ② 집단역동의 촉진

집단상담자의 적극 개입으로 일부 집단원이나 상담자에게 대화가 집중되는 것을 차단하고 유사한 주제에 관심을 나타내는 집단원들을 연결시키는 중재자 역할을 한다. 또한 집단원들의 현재 감정을 탐색하고, 상호작용 방식을 관찰, 분석하여 집단역동을 촉진하기 위한 자료로 활용한다.

### (2) 집단역동에 영향을 주는 요소

① 집단원의 배경

성별, 연령, 출신지역, 학력, 결혼상태, 직업, 사회 경제적 지위, 종교, 인종, 민족이 포함/ 어떤 부류의 구성/어떤 기대나 요구/집단경험의 유무/집단회기 주도, 인정의도 유무 등이다.

② 집단 목적의 명료성

자신과 집단원들이 집단의 목적에 적합하게 집단에 참여하고 있는가에 대해 지속적으로 평가한다.

③ 집단의 크기

많으면 응집력이 적고, 크기가 작으면 집단참여에 부담감을 가진다. 교육집단을 제외하고 상담, 치료, 성장, 자조집단은 5~8명으로 제한한다.

④ 집단 회기의 길이

개개인이 자기 관심사를 최소한 언급할 수 있을 정도인 1~3시간이 적당하다. 마라톤 회기도 필요연령과 기능에 따라 다르다.

⑤ 집단 모임 장소

장식, 채광, 조명, 의자의 편안함과 배열상태, 원형의 형태, 탁자 사용제한 등 접근의 용이성, 방음시설, 편안함과 안전함이 중요하다.

⑥ 모임의 빈도수

일주일에 1회 정도가 적절하나 초등학생의 경우 2~3회도 무방하다.

⑦ 모임 시간

하루 24시간 중 어느 시간대로 할 것인가는 집단상담자와 집단원들의 상황을 고려해서 정한다.

⑧ 집단 참여 동기

자발적, 비자발적 참여가 있으며 비자발적 참여자의 경우 자기 의지와 상관없이 참여한 사람들의 입장을 이해하는 의미에서 언급해 준다. 전적으로 부정적인 태도의 집단원은 한쪽에서 따로 책을 읽게 하거나 조용히 게임을 하게 할 수도 있다.

### (3) 집단의 변화 촉진 요인

집단의 변화 촉진 요인(Yalom, 1995)을 11가지로 정리해 보면 다음과 같다.

① **희망 고취**: 자기 삶에 희망을 가진다.
② **보편성**: "나 혼자가 아니구나"하는 느낌을 가진다.
③ **정보 공유**: 다른 사람들에게서 변화와 성장에 필요한 정보를 습득한다.
④ **이타주의**: 다른 사람들을 위해 기꺼이 경험과 생각, 느낌들을 나누어 준다.
⑤ **일차가족 집단의 교정적 요약**: 마치 한 가족과 같은 느낌을 갖게 되고, 경험에서 학습이 일어난다.
⑥ **사회화 기술의 개발**: 성숙한 사람들의 특성으로 나타나는 사회기술을 습득한다.

⑦ **모방 행동**: 다른 집단원들이나 집단상담자의 행동을 관찰하여 필요한 것은 자기 것으로 취한다.

⑧ **대인학습**: 다른 집단원들과의 관계를 통해 배운다.

⑨ **집단응집력**: 다른 집단원들과 서로 연결되어 있다는 느낌을 가진다.

⑩ **감정정화**: 감정과 정서를 방출시킨다.

⑪ **실존적 요인**: 삶의 과정에는 기쁜 일이 있으면 그렇지 않은 일도 있는 법이라는 식으로 현실을 이해하고 직시하게 된다.

### 5) 집단의 과정

하나의 집단이 공동목표를 달성하거나 공동의 과제를 수행하기 위해서 집단지도자와 집단원 혹은 집단원들 간의 상호작용 및 에너지 교환에 의해 발생하는 변화의 추이를 집단의 과정이라고 한다.

집단과정은 집단의 목표 달성을 향해서 계속적으로 진행 중인 활동이다 (Gibson & Mitchell, 1981). 즉, 집단과정은 집단의 시작부터 끝날 때까지의 흐름을 말하며, 집단이 진행되는 단계를 지칭하고 설명하는 것이다. 집단과정에 있어서 필요한 요인은 훌륭한 지도성이다. 리더십의 개념이란 어떤 사회집단 내에서 이미 존재하고 있는 요구라든지, 이해관계 속에서 집단의 응집성을 높이며, 집단원의 의욕을 높이고 집단 내의 목표 통일을 도모하는 성질이라고 할 수 있다.

집단상담은 여러 단계를 거쳐 진행되는데, 일반적인 집단의 과정은 초기단계, 중기단계, 종결단계로 볼 수 있다. 학자에 따라서는 이를 예비집단단계, 탐색단계, 작업단계, 생산단계, 통합단계, 추수단계 등의 과정으로 분류하기도 한다. 이에 따른 각 집단과정의 특징을 살펴보기로 한다.

### (1) 예비집단단계

집단이 시작되기에 앞서, 집단을 계획하고 준비하는 시기다. 집단상담을 위한 실제적 고려사항을 검토하고, 집단상담의 내용을 홍보하고, 사전 오리엔테이션을 한다.

### (2) 탐색단계

집단의 첫 단계에 해당되며, 집단회기가 시작되는 초기로, 집단원들이 자신의 관심사와 집단참여 목표를 탐색하게 되고, 다른 집단원들과 신뢰관계를 형성하는 시기다. 총 10회기로 볼 때, 집단 시작 후 1~2회기 정도가 이 단계에 속한다.

탐색단계의 특징은 집단원들 간의 신뢰수준이 낮아, 집단원들의 불안수준이 높은 편이라 집단참여에 소극적인 태도를 보인다. 이 단계에서 집단상담자는 구조화를 실시하고, 집단의 상호작용을 촉진하기 위해서 집단원들의 모델 역할을 보이며, 긍정적 교류를 촉진하고, 문제행동에 적절히 대처하며, 명확한 한계를 설정함으로써 신뢰분위기를 조성한다.

탐색단계를 촉진하기 위한 전략으로 '해야 할 것'과 '해서는 안 되는 것'에 대한 집단규범이 효과적으로 기능하도록 하며, 집단구성원의 동기, 목적 그리고 문제파악을 도모함으로써 집단원들간의 응집력을 촉진시킨다. 집단원들의 주관적 경험을 적극적으로 주의깊게 경청하고 공감적으로 이해하는 태도와 행동을 가져야 한다. 또한 언어와 행동의 불일치를 사려깊게 직면시킴으로 자신의 모순점을 깨달아 통찰을 얻게 하는 것이 필요하다.

### (3) 작업단계

집단원들이 각자 정한 집단목표 달성을 위한 작업을 시작하는 시기다. 집단원들 스스로의 문제에 대해 각자의 생각이나 감정을 표현하며, 집단원의 관심사에 대해서도 적극적으로 참여하고 경청하여 통찰에 이르는 단계이다.

이 단계의 특징은 집단원들이 다른 집단원들의 비난이나 웃음거리를 의식하게 되어 불안감이 더욱 고조되는 시기다. 자신에 대한 통제력과 상실에 대한 두려움을 집단원들 사이에서 조절하려는 노력이 나타나는 시기이며, 방어적 태도에 따른 갈등이 표출되기도 한다. 이때 집단상담자는 다른 집단원들의 반응을 탐색하면서 함께 대안을 논의하여 집단원들의 불안, 저항, 갈등이 해결될 수 있도록 집단원들의 진솔한 자기탐색을 격려하고, 용기를 북돋아 주고, 집단원들이 갈등과 부정적 감정을 생산적으로 다루도록 돕는다. 직면의 활용을 통해 집단원들의 변화와 성장을 촉진하기도 한다.

작업단계의 촉진 전략은 집단원들의 모험시도를 독려하여 '뜨거운 의자' 기법을 통한 자기노출을 시도하게 하여 시의적절한 해석을 제공하고, 적절한 통제를 유지하며, 비언어 행동에의 적극적 반응을 보인다.

#### (4) 생산단계

집단원들에게 통찰이 일어나고 행동과 사고가 생산적인 방향으로 변화하는 시기로서 특징적인 것은 깊은 신뢰관계가 형성되어 강한 집단 응집력이 조성되며, 피드백 교환이 활성화된다는 것이다. 갈등의 불가피성을 인정하고 적극적인 집단참여로 해결점을 모색한다. 이때 실천 가능한 과제를 부여하여 현실에서 실천할 수 있도록 안내한다.

생산단계의 집단원의 특징은 자신의 감정을 소중하게 여겨 적절히 표현하며, 자기를 수용한다. 다른 집단원들의 사고, 행동, 감정, 경험을 수용적이고 적극적으로 경청하면서 진솔한 피드백으로 지지와 관심을 나타낸다. 직면이 필요한 경우, 자신이 어떤 영향을 받는지에 대한 느낌을 중심으로 직면한다. 다른 집단원들이 제공하는 피드백을 합리화하기보다는 진지하게 고려하고,

스스로 판단하여 행동 변화의 촉매로 활용한다. 집단에서 새로운 행동을 연습하고, 나아가 집단에서 배운 것을 일상생활에 적용한다.

집단상담자의 임무는 생산적인 행동의 역할 모델로서 공감적 이해를 토대로 집단원들을 지지하고, 격려하며, 해석을 통해 자신을 더욱 깊이 탐색하고, 특정 행동의 원인을 이해할 수 있도록 돕는다. 또한 생산단계의 촉진 전략으로는 집단원들 간의 신뢰관계가 쟁점이 되거나 저항이나 일종의 퇴행현상이 일어날 때 효과적으로 다루기 위해 그 동안 집단에서 진행되어 온 상황의 주요 부분을 간추려서 정리하고, 집단원들의 생각과 느낌을 자유롭게 표현하도록 하는 방법이 있다.

### (5) 통합단계

집단원들의 집단경험과 학습 내용을 일상생활에 적용하여 생산적이고 만족한 삶을 영위하는 데 도움이 되도록 하는 단계이다. 이 단계에서는 이별에 대한 복합적 감정을 소유하게 되어 집단 활동에 소극적으로 참여하게 된다. 이에 집단상담자는 집단원들이 헤어짐에 의한 슬픔과 아쉬움을 잘 직면할 수 있도록 도와야 한다. 집단원들이 집단에서 성취한 새로운 행동을 실생활에 적용하도록 지지와 격려를 아끼지 않는다. 집단에서 배운 것을 더 명확하게 정리할 수 있는 기회를 제공하고, 집단이 종결된 후에 개인상담이나 새로운 집단상담의 기회가 있다는 사실을 알리고, 이에 관한 상세한 정보를 집단원에게 제공한다.

### (6) 추수단계

집단이 완전히 종결되고 나서 일정한 시간이 지난 후, 집단원들을 점검하기 위한 시기다. 추수 집단회기는 집단원들이 설정한 목표를 얼마만큼 수행했는지, 계약의 내용과 기대를 어느 정도 충족시켰는지를 평가해 보는 단계이다.

개별 추수 면담으로 집단의 효과를 측정하는 좋은 방법이 되기도 한다. 집단원들의 집단경험 효과를 지속시키기 위해 그 효과가 얼마나 오랫동안 지속되고 그 과정에서 문제점은 없는지, 집단원 개개인의 목표가 얼마나 충족되고 있는지 등을 확인하는 것이 필요하다.

### 6) 집단지도자

일반적으로 집단의 지도자가 수행하는 역할은 항상 그 자체의 성격특성과 리더가 움직이는 특수한 입장에 의해서 결정되는 것이다. 리더십은 집단과 개인 사이에 이루어지는 상호작용인 것이다. 리더십을 유형별로 보면, 독재적 혹은 전체적 지도력, 민주적 지도력, 자유방임적 지도력 등으로 분류될 수 있다. 집단과정의 기능을 수행하는 데 있어서 이러한 세 지도력 중에 민주적 지도력을 사용하는 집단은 항상 생산적이며 창의적이라는 것이 연구에 의해서 밝혀지고 있다. 민주적 지도자란 첫째로 집단의 규범을 대표하고 대변하며, 둘째로 집단원의 비판적 사고를 자극하며, 셋째로 집단이 직면하고 있는 사태를 조성하여 방향을 설정하고, 넷째로 집단의 감정을 수용하고 행동을 통제하고 집단원의 긴장을 완화할 줄 알아야 한다. 집단지도자는 집단성원의 지지를 받는 사람이며, 외부 권위의 힘을 빌리지 않고 집단원의 행동에 영향을 줄 수 있는 사람이다.

집단지도자의 역할은 집단의 성격, 상황, 구성원의 성격에 따라서 달라질 수 있다. 요약하면, 집단지도자는 집단의 공동목표를 달성하기 위해서 집단구성원을 지도하고 공헌하고 있는 관계의 중심적 인물이다.

훌륭한 집단지도자의 자질에 대해서 Stogdill은 보통 지능, 지식, 사물을 인지하는 방법, 사태의 통찰, 언어숙달, 그리고 사회적 적응성 등과 같은 능력에 있어서 보통 다른 구성원보다 우월하다고 관찰하였다. 또한 책임성, 활동성, 협동성, 신망 등의 사회적 요소를 고려해 볼 때, 집단구성원을 능가하며, 동기적인 특징은 지구력에 있어서 다른 집단구성원을 능가한다고 하였다.

### (1) 집단지도자의 일반적 역할

집단지도자의 일반적 역할로 집단의 구성, 집단의 목표수립, 집단의 구조화, 집단의 시작 및 진행, 집단의 분위기 조성, 집단원의 보호 및 수용, 집단의 상호작용을 돕는 역할을 수행하여야 한다.

첫째, 집단원을 선별하고 선발하는 책임이 있다. 효과적인 집단과정을 위한 선발의 일반적 지침은, 도움을 받고자 원하는 동기를 가진 내담자이어야 하고, 자기 관심사나 문제를 기꺼이 말하는 내담자일수록 좋다. 이밖에 집단원을 선발하는 때는 선발을 위한 상담을 통해 개인의 가정 배경이나 발달 과정, 성격에 주의를 기울여야 한다.

둘째, 집단상담의 초기 단계에 집단의 구조화를 통해 집단의 나아갈 방향을 제시하고, 집단상담의 목적과 목표, 집단 활동을 하는데 필요한 규범, 기타 필요한 내용 등에 대해 알려야 할 책임이 있다.

셋째, 집단의 시작을 도와 집단원으로 하여금 상호작용을 시작하도록 이끌어 주어야 하며, 집단원이 서로의 관심사나 감정들을 터놓고 이야기할 수 있고, 소속감과 동료 의식을 느낄 수 있도록 허용적이고 안정적인 분위기를 조성해 주어야 한다.

넷째, 적절하고 효과적인 의사소통 및 상호작용을 촉진시키기 위해 집단의 흐름을 통제하고 집단으로 하여금 의사소통을 방해하는 요인과 장애물을 찾아내어 극복하고 원활한 상호관계를 발달시키도록 도와주어야 한다.

다섯째, 집단원에게 바라는 행동의 모범을 자신이 먼저 시범을 보이는 모델 역할을 하여 집단원도 그렇게 하도록 돕는다.

여섯째, 집단원을 보호하고 수용하기 위해 어떤 집단원이 특별히 개인적인 문제를 깊이 파헤치는 일을 꺼려한다면 상담자는 집단원이 거절할 수 있는 권리를 인정해 주며, 집단원간에 부당한 압력이 있을 때, 즉시 개입하여야 한다.

일곱째, 집단활동의 종결단계에서 집단원들이 집단에서 학습한 것을 실제 생활에서 지속적으로 적용할 수 있도록 준비를 시킨다. 또한 추수지도에 대하여 안내하여 집단상담이 종결된 후에도 개인적으로 지도를 받을 수 있음을 이야기해 주어야 한다.

### (2) 집단지도의 기술

집단지도자의 역할을 효율적으로 수행하기 위해서는 집단지도의 기술이 필요하다. 일반적으로 집단의 형태 및 이론적 지향에 따라 집단지도자가 다양한 기술을 사용할 수 있으나, 대부분의 집단에 공통적으로 적용되는 기본적인 집단지도의 기술 몇 가지를 제시한다.

#### ① 관심 기울이기

사람들은 의사소통을 할 때, 상대방이 관심을 표명해 줄 때 이야기를 계속할 의욕이 생긴다. Ivey와 그의 동료들(1968)은 관심 기울이기 행동의 중심 되는 요소를, 말할 때 시선을 부드럽게 마주치는 것, 몸짓과 얼굴표정에 주의 깊게 듣고 있고, 또 그 참뜻을 이해하고 싶다라고 하는 메시지를 담는 것, 간단한 말이나 동작으로 즉각적인 반응을 보이는 것이라 하였다.

#### ② 적극적 경청하기

적극적인 경청은 대화할 때 집단원이 전하는 말의 내용을 잘 파악하는 것뿐만 아니라 상대방의 비언어적인 몸짓, 표정, 음성 등의 섬세한 변화를 알아차리고, 저변에 깔려 있는 메시지를 감지하고, 나아가서는 상대의 감정도 알아주는 것이다. 즉 집단원의 말, 자세, 음성, 기타 버릇 등에 유의함으로 말과 행동의 일관성에 민감하게 깨어 있어 그가 맛보는 감정과 상태에 공명하여 같이 경험하는 듯 경청하게 되는 것이다. 적극적 경청에 방해되는 요인들은 상대방의 이야기를 진정으로 경청할 의사가 없거나, 자기가 다음에 하고 싶은 말을 생각하거나, 자기 역할에 대하여 지나치게 신경을 쓰고 있을 때, 상대의 감정이나 상태에 공감하는 태도 없이 판단하고 평가하려는 자세 등이 있다.

③ 공감하기

상대방의 입장에서 느끼고 생각해 보는 것으로서, 집단원의 주관적인 세계를 감지하는 기술이다. 집단원의 언어적 메시지와 그 이면의 비언어적 메시지를 감지하여 집단원의 내적 경험을 정확히 포착하면서도 감정에 휩쓸리지 않고 자신의 분리성을 유지하는 능력이다.

④ 반영하기

집단원이 전달하고자 하는 의사의 본질을 스스로 볼 수 있도록 집단원의 말과 행동을 반사 혹은 반영해 주는 기술이다. 즉 집단원의 말이나 행동에서 표현되는 감정 · 생각 · 태도를 상담자가 그의 말 뒤에 숨어 있는 느낌을 다른 참신한 말로 진술해 줄 때, 집단원은 자신의 감정과 태도를 스스로 인식하게 되어 의미 있는 의사소통의 기회를 만들 수 있게 된다.

⑤ 명료화하기

명료화는 말 속에 내포되어 있는 혼동되고 갈등적인 느낌을 가려 내어 집단원이 미처 자각하지 못하고 있는 의미 및 관계를 분명히 해 주는 기술로서, 집단원이 밑바닥에 깔려 있는 핵심적 욕구와 갈등적인 태도를 명확히 구분해서 볼 수 있게 된다.

⑥ 직면시키기

집단원이 자신의 생각과 느낌에 대하여 인식하지 못하고 있거나 인정하기를 거부하는 모순점을 스스로 깨달을 수 있도록 상담자가 솔직하게 지적해 주는 것이다. 이때 집단원들이 공격이나 위협으로 받아들이지 않도록 수용적이고 이해하는 태도로 하는 것이 필요하다.

⑦ 해석

집단원의 행동이나 징후에 대하여 무의식적 동기를 의식화하도록 돕는 기법으로, 집단원이 자신의 감정과 사건, 행동들의 관계 및 의미를 명확하게 의식하지 못할 때 상담자가 이에 대한 추측이나 가설의 형식으로 설명해 줌으로써, 집단원이 자신의 행동을 스스로 해석할 수 있도록 돕는 것이다.

⑧ 자기 개방

상담자가 집단의 과정에 적절하게 자신의 사적인 생각이나 태도, 느낌 등을 솔직하게 보여주는 자기노출 및 개방을 통하여 상담자의 진솔성이 전달되어, 집단원들이 보다 깊이 있는 자기탐색의 모범을 보여주는 기법이다.

⑨ 격려와 지지해 주기

집단원이 위기에 직면하거나 표현에 대한 불안과 두려움을 느낄 때, 미지의 행동을 모험적으로 감행하려고 할 때, 바람직하지 못한 행동을 제거해 보려고 노력할 때, 그의 행위가 내포하고 있는 잠재력, 가능성 등을 보게 해 주어야 할 때 적절하게 사용하는 기법이다. 그러나 단순한 동정이나 감정의 이해, 위로로 그치게 되면 비생산적이 되어, 집단원이 갈등이나 어떤 고통스러운 느낌을 충분히 경험하지 못하게 될 우려가 있다.

⑩ 행동을 제한하기

집단원의 인간성을 비난하거나 공격함이 없이 그의 비생산적인 행동만을 제한하는 기술로서, 제한을 하되 바람직한 방향의 행동을 제시해 주는 것이 필요하다. 예를 들면, 지나치게 질문만 계속할 때, 질문대신에 직접적인 진술문을 사용하도록 하며, 제 삼자적인 험담을 할 때, 집단원과 연결시켜 직접 1 : 1로 이야기하게 한다. 집단 외부의 이야기를 길게 늘어놓을 때는 그 이야기가 현재의 느낌이나 사건과 어떤 관련이 있는지 물어 보고, 다른 집단원의 사적인 비밀을 캐어 내려고 강요할 때는 남의 사적인 영역의 침범임을 지적해야 한다.

⑪ 촉진하기

상담자의 촉진 전략으로 첫째, 집단원들로 하여금 그들의 느낌을 솔직하게 표현하도록 돕는다. 둘째, 안전하고, 수용적이고 신뢰로운 분위기를 조성하는 데 힘쓰고, 셋째, 한 집단원의 관심사나 문제에 관해 모든 집단원들이 같이 생각하도록 초점을 맞추며, 넷째, 도전이나 초청을 통하여 가능한 많은 집단원을 참여시키며, 다섯째, 지도자에게 의존하는 경향을 줄이고, 여섯째, 적절한 질문을 하여 집단원의 자기 탐색과 이해를 돕고, 일곱째, 한 집단원의 말과 행동을 다른 집단원의 관심에다 연결시켜 주고, 여덟째, 갈등이나 의견의 불일치를 공공연히 표현하도록 장려하고, 분명하고 간결한 의사소통의 시범을 통하여 의사소통의 장벽을 극복하도록 도움으로 집단과정을 촉진시킬 수 있다.

### (3) 집단의 문제 상황 대처하기

집단을 진행하면서 집단의 역동에 영향을 미치는 다양한 문제 상황에 대하여 집단상담자는 잘 대처할 수 있어야 한다. 특히 집단상담자들이 저지르기 쉬운 문제 상황은 첫째, 동의를 구하지 않고 특정 집단원에 초점을 맞추는 것, 둘째, 한 집단원에 너무 많거나 적은 시간을 보내는 것, 셋째, 관련이 없는 주제에 초점을 맞추는 것, 넷째, 상처 싸매기 하도록 허용하는 것, 다섯째, 충고 주고받기가 되도록 허용하는 등의 오류를 범할 수 있으므로 주의하여야 한다. 다음으로 역기능적 집단원의 문제 행동에 대처하는 방법을 살펴보기로 한다.

① 침묵과 고립 행동은 집단원들과 좋은 관계를 발전시키기 어렵고, 관찰당하는 것으로 지각되기도 하여 집단원들에게 적대적 반응을 받기도 한다. 이런 집단원은 부정적 자아상을 가지고 있는 경우가 많아 집단상담자는 아주 적은 양이라도 집단에서의 상호작용을 통해 긍정적 관심과 강화를 받음으로써 성공적 경험을 할 수 있도록 지도하여야 한다.

② 독점과 지배적인 행동은 지나치게 말이 많고 능동적인 유형이다. 집단원이 어떤 문제를 제시하면 가로채서 자기의 경험을 장황하게 늘어놓음으로써 집단원들이 공유해야 될 시간을 독차지한다. 이러한 사람은 그 자신의 불안을 감추고, 집단이나 상담자의 주의를 자신의 문제로부터 멀리하기 위해 주목의 중심이 되고, 집단을 지배하려는 욕구를 가지는 것이다. 집단상담자는 이런 사람에게 적절한 피드백을 줌으로써 그의 행동이 얼마나 집단을 소원하게 하고, 집단원들이 얼마나 지루해하고 있는가를 확인시켜 주는 것이 필요하다.

③ 상처 싸매기 행동은 충분한 여유를 갖고 슬픔을 체험하고 표출하는 것이 그 사람의 성장에 도움이 되는데도 불구하고, 자신의 불안을 견디기 힘들어 조급하게 다른 집단원의 상처를 어루만져 주고, 고통을 덜어 주고, 그의 기분을 좋게 해 주려고 애쓰는 행동이다. 집단상담자는 이런 행동을 하게 된 동기를 탐색케 하고 그의 느낌을 내성할 수 있게 해 주어야 한다.

④ 충고하기는 다른 집단원들에게 자신의 지각이나 느낌을 내놓기보다는 그 사람에게 어떻게 느껴야 하고, 또 해야 할 것과 하지 말아야 할 것

등을 말해 주는 행동이다. 집단상담자는 충고자로 하여금 그가 충고를 하게 된 동기에 대해서 스스로 탐색하게 하고, 그가 경험하고 있는 느낌을 상대에게 반영해 주도록 도와주어야 한다.

⑤ 다른 사람들의 기분을 맞추어 주려는 행동은, 남에게 인정받고 사랑을 받으려고 하는 행위로서, 때로는 이런 집단원이 다른 집단원에게 친근감을 느끼게도 하지만, 스스로 배척당할 것을 우려하여 자신의 감정을 있는 그대로 표현하지 못하는 경우가 많다. 갈등 또는 직면 상황에 있는 집단원을 방어해 주거나 중재를 하게 될 때 일종의 내면적 계약(안전하게 지내자. 만약 네가 날 도와주면 필요한 때 너를 도와 줄 것이다)을 추구하는 일련의 행동이 되기도 한다.

⑥ 공격과 적대적 행동을 표출하는 경우로 비판적 질문, 신랄한 비판, 빈정댐, 농담, 이의 제기 등의 간접적이고 미묘한 방법으로 흔히 나타난다. 때로는 모임에 결석하고, 지각하고, 불평하고, 집단을 떠나고, 지나치게 겸손하거나 정중을 가장하는 등 여러 가지 간접적 방법을 취하기도 한다. 공격적 행동은 집단원들에게 적대 감정을 일으키지만 그에 대한 느낌을 표현하기를 주저하게 되므로, 집단상담자는 솔선하여 이와 같은 행동에 직접 맞닥뜨리게 하여, 안정과 사랑을 받고 싶어하는 사람에게서부터 버림을 받아 실망하고 상심한 경험을 탐색해 보도록 하거나, 상대를 공격함으로써 자신을 방어하려는 내면에 대해서 직면해 볼 수 있도록 돕는다.

⑦ 지나치게 의존적인 행동으로 도움을 구걸하려는 문제를 일으킨다. 스스로 무력한 존재인양 함으로 다른 이로 하여금 충고나 도움이 필요하다고 느끼게 만들어 대신 책임을 져 주도록 유혹하는 행동이다. 이런 집단원에게는 그의 의존 욕구를 충족시키거나 강화하는 것을 거부하고, 그의 행동이 자신의 의존성을 계속 유지하려는 수단이라는 사실을 지적해준다.

### 7) 집단 프로그램의 계획

집단 프로그램 계획이란 집단의 공동목표를 달성하기 위해서 계획되는 프로그램과 관련된 모든 활동을 말한다. 집단지도 및 집단상담 프로그램 주제에 따른 일반적인 영역을 분류하고, 프로그램 계획시 준비해야 할 사항에 대하여 알아보기로 한다.

#### (1) 집단 프로그램의 영역

집단 프로그램의 영역으로는 교육발달, 진로발달, 인성 및 사회성의 발달, 건강 및 여가선용지도, 예방지도 등으로 나누어 볼 수 있다. 각 영역의 특징을 서술하면 다음과 같다.

① 교육발달 영역은 아동, 학생들이 자기의 최대한의 성장을 위하여 가능한 모든 교육적 기회를 효과적으로 포착하고 이용할 수 있도록 돕는 일이다. 교육발달을 위한 중요한 활동으로는 진로발달과 학습발달을 위한 지도를 들 수 있다. 진학지도를 위한 집단적 방법을 사용함에 있어 고려해야 할 몇 가지 원칙은 해당학교의 졸업생들이 진학할 범위에 있는 상급학교에 관한 상세한 정보가 준비되어 있어야 하며, 다양성이 있는 방법이 요망되며 특히 집단토론, 졸업생들과 교사로 구성된 패널토론(panel discussion) 및 간단한 사례연구 등의 효과적인 운영이 요망된다. 아울러 다양한 시청각적 자료의 이용이 요청되는 것이다.
교육발달을 위한 또 하나의 중요한 분야로서 효과적인 학습 방법에 대한 지도를 들 수 있다. 효과적인 학습을 위한 활동 속에는 첫째, 여러 가지 활동과 공부를 모두 할 수 있도록 시간 예정을 짜 보는 일, 둘째, 독서능력

을 향상시킬 수 있는 방법을 학습하는 것, 셋째, 읽은 것을 요점을 따서 정리하는 방법의 학습, 넷째, 강의를 들으면서 요점을 필기하는 방법의 학습, 다섯째, 수험을 위해서 복습하고, 준비하는 효과적인 방법의 학습, 여섯째, 도서관을 능률적으로 이용하는 방법의 학습이다. 일곱째, 효과적인 학습에 영향을 주는 제반 외적 조건에 관한 이해이다. 효과적인 학습을 위한 지도는 일부 학생들, 즉 학습방법에 있어서 그릇된 방법이 깊이 습관화된 학생들 및 어떤 교과에 있어서의 기초실력을 가지지 못한 학생들을 위한 교정학습의 지도로 연장되는 것을 원칙으로 한다.

② 진로발달에서 가장 중요한 영역의 활동은 직업선택에 관한 학습활동으로 첫째, 학생 자신의 흥미, 적성, 능력, 신체적 특징에 관한 이해를 증진시킨다. 둘째, 현재 경제체제에 있어서의 직업세계에 대한 이해의 발달을 돕는다. 셋째, 자신의 자질에 근사하게 합치되는 여러 가지 직업의 성격, 조건, 특징에 대한 이해의 발달을 돕는다. 넷째, 직업적 성공에 이바지하는 제요인에 대한 이해의 발달을 돕는다. 다섯째, 종류의 여하를 막론하고 각 직업이 가지는 가치를 존중할 수 있는 태도의 함양을 돕는다. 여섯째, 자기의 제조건에 합당한 직업을 선택하고 이에 자부심을 가질 수 있는 태도와 능력을 배양시킨다. 일곱째, 자기가 선택하고자 하는 직업을 위한 준비, 또는 기회에 민감하고 그 기회를 최대한으로 이용하고자 하는 적극적 태도의 함양을 돕는다. 위의 여러 목적을 달성함에 있어서는 제반 집단검사와 해석, 개별적 혹은 소분단의 책임 하에 지역사회의 직업적 요구의 조사, 직업분석, 토론, 문서연구, 강의, 사례연구, 사회극, 패널토의, 현장견학, 면접, 모든 형태의 보고 등의 다각적인 방법을 전개할 수 있다. 집단학습 프로그램에는 반드시 개별적 상담의 보조가 뒤따라야 한다.

③ 인성·사회성 발달 영역은 인성적 적응이나 대인관계에 있어서의 적응을 돕는 일을 뜻한다. 그 요인들을 열거하여 보면 다음과 같다. 첫째, 인간의

성장 · 발달과 행동의 특징에 대한 이해, 둘째, 정신건강의 원리에 대한 이해, 셋째, 자기가 당면하고 있고, 고민하는 문제가 자기에게만 특별히 있는 것이 아니라 다른 사람들도 그와 같은 문제를 가지고 있다는 사실의 확인, 넷째, 정서적 불만이나 갈등을 발산할 수 있는 기회를 이용, 다섯째, 자기가 지닌 불건전한 태도나 편견을 집단 내의 다른 사람 속에 객관화하여 비판적으로 볼 수 있는 경험의 체득, 여섯째, 자기 자신에 대한 정확한 이해와 사회 환경적 여러 조건의 정확한 이해, 일곱째, 민주적 이상에 입각한 조화적 인간관계 습득, 여덟째, 개인이 소속하고 있는 집단의 민주적 사회 분위기 등을 들 수 있을 것이다. 이러한 학습활동에 부가하여 여러 가지 치료적 내지 예방적 효과를 얻을 수 있을 것이다.

④ 건강지도 및 여가선용지도는 정신적이나 신체적으로 건강한 생활을 유지하기 위해 필요하며, 특히 정신건강을 유지하기 위한 레크리에이션은 취미 생활과 관련하여 활동이 전개될 수 있으며 즐기면서 창조적이면 최선이 된다.

### (2) 집단 프로그램의 계획

① 집단지도 프로그램 수립은 집단원의 발달과정에 따라 요구되는 과업에 알맞게 구성된 구조화된 프로그램 중심으로 이루어진다. 체계적이고 조직적인 집단상담 프로그램을 통해 집단원들은 효과적으로 의사소통하는 방법을 터득하고, 원만한 인간관계를 형성하게 되며, 지속적인 인간적 성장을 이룰 수 있도록 하는 것에 프로그램 구성의 강조점을 두어야 한다.

집단 프로그램을 수립하는 데 있어서 다음의 몇 가지 원칙을 고려할 수 있다.

첫째, 인간의 가치를 인정하고, 개인 의사를 존중하는 방향으로 프로그램을 수립한다.

둘째, 프로그램의 모든 계획, 준비, 참가 및 혜택에 있어서 모든 회원이 참여하여야 좋은 의견의 집약을 통해 집단사고의 과정이 유효하다.

셋째, 집단성격이론은 모집단의 특성, 개인의 성격특성, 내적 구조의 특성 등의 상호의존성에 의해서 특징지워진다.

넷째, 집단지도 프로그램을 수립할 때 집단이 소속하고 있는 기관의 전통 및 활동목적을 기초로 해서 구성원의 흥미나 요구 그리고 사회적 요구를 검토한 후에 그 집단의 수준, 리더십 및 시설과 여건을 참작하여 최종 방향은 창의성의 개발로 향해야 할 것이다.

다섯째, 집단 프로그램은 활동 목적에 따라 달라짐이 원칙이다.

② 집단지도 프로그램 계획서는 다음의 순서에 의해서 구성되어야 한다. ⓐ 제목 ⓑ 주제 ⓒ 주요내용 ⓓ 일정 및 기간 또는 시간 ⓔ 장소 ⓕ 조직(주최, 주관, 후원 등) ⓖ 준비위원 ⓗ 초청자 ⓘ 참가대상 ⓙ 참가인원 ⓚ 소요 예산 및 지출경비다.

③ 프로그램 실시 계획은 사전 준비 및 계획의 단계, 실제 진행의 단계, 종결의 단계로 나눌 수 있다. 사전 계획의 단계에서는 첫째, 교육적인 가치가 있는 생활지도 프로그램인가? 둘째, 학생들이 어느 정도 원하고 있는가? 셋째, 프로그램을 통해서 자기 신장의 기회를 얻게 될 것인가? 등을 검토한 후에 계획을 세울 때는 민주적인 방식으로 학생들 전체 요구에 어느 정도 만족할 것이며, 학교 실정을 고려해서, 새로운 아이디어를 개발해야 한다.

실제 프로그램 진행의 단계에서는 각자 맡은 영역을 충실히 수행함으로써 원활히 일을 수행할 수 있다. 또한 진행된 순서대로 제반 준비상황을 하나씩 점검하고 모든 시설을 적재적소에 배치하며, 침착한 태도로 매사에 임해야 하며 특히 시간상의 지연이 되지 않도록 유의하여야 한다.

프로그램 종결의 단계에서 유의할 것은 첫째, 집단원이 유쾌하고 보람이 있도록 하며, 둘째, 행사장의 정리 및 사용기물의 점검, 셋째, 프로그램 운영의 정리와 보고, 넷째, 평가와 반성 등을 하여야 한다.

④ 평가준비단계에서 집단상담자는 집단의 특수한 요구와 필요성을 성공적으로 달성하게 되면 집단에 참여한 사람들이 얻을 이점에 대해서 구체적으로 기술하며, 목적 달성 여부를 확인할 수 있는 타당하고 신뢰할 수 있는 도구를 사용하여 평가방법을 발전시키려고 노력하여야 할 것이다. 프로그램 실행 후 평가되어야 할 부분들은 다음과 같다.

㉮ 목적달성의 여부: 사전사후검사, 프로그램 과정 기록지, 소감문
㉯ 집단원의 참여율
㉰ 집단원의 욕구충족도
㉱ 인격적 성장의 도움의 정도
㉲ 학생의 호응도
㉳ 창의성 여부
㉴ 친목의 계기
㉵ 소속감 및 분위기 등

표 1-1 평가방법의 예

| 구 분 | 평가내용 | 평가도구 |
|---|---|---|
| 과정평가 | · 프로그램의 적극적인 참여율 및 호응도<br>· 프로그램의 원활한 진행 | · 프로그램 참여율<br>· 안전사고 여부<br>· 프로그램 과정 기록지 |
| 효과평가 | · 대상자별 프로그램 참여 만족도<br>· 긍정적인 정서함양 | · 만족도 설문(혹은 소감문)<br>· 사전사후 검사<br>· 프로그램 참여 소감발표 |

⑤ 활동보고는 적절한 양식을 갖추어 정리하는 것이 바람직할 것이다.

## 제2장

# 사이버상담

우리는 사이버문화의 시대에 살고 있다. 사이버 공간의 특성도 시대에 따라 많은 변화를 거듭해 왔다. 1998년을 기점으로 www체계의 확산에 의해 점차 이용자들의 욕구와 이미지를 스스로 활용할 수 있게 되었던 것이다. 상담 역시 예외는 아니었다. 현실의 공간에서만 이루어지던 상담이 최근에는 가상의 공간에서 해결하고자 하는 욕구가 증대되고 있다.

## 1. 사이버상담의 개념

사이버상담에서 사이버(cyber)는 인공두뇌라는 뜻을 가진 접두어다. 이 용어는 컴퓨터의 인간두뇌 기능을 활용하는 곳에서 쉽게 보게 된다. 그 이유는 컴퓨터의 기능이 인간의 두뇌적 기능을 포함하고 있기 때문이다, 사이버세계는 컴퓨터를 매체로 의사소통이 이루어지는 가상의 세계다. 사이버 공간은 컴퓨터 통신망시스템을 통해 현실 같은 상상의 세계를 연출해 내어 하나의 사회로 존재하고 있다.

사이버상담은 컴퓨터가 만들어 내는 가상공간에서 상담활동이 이루어지는 것으로서 상담자의 근본적인 역할이나 목적이 일반적인 상담과 다르지는 않다. 사이버상담도 상담자와 내담자의 만남을 통해 문제를 해결하며 내담자의 성장을 돕는 전문적 활동이다.

그러나 사이버상담은 가상의 공간에서 이루어진다는 점 때문에 내담자의 감정, 생각, 행동 등을 직접 관찰하지 못하고 컴퓨터 모니터에 올려 진 문자나 영상을 통해서 내담자의 내면세계에 접근할 수밖에 없다. 이러한 차이에도 불구하고 사이버상담은 다음의 상담활동 범위에서 내담자와의 상담활동을 가능하게 한다.

첫째, 상담자와 내담자는 사이버 상에서만 상담과정을 진행해 나가는 경우, 둘째, 상담자와 내담자가 실시간 상담을 하다가 면대면 상담이 불가능한 경우, 셋째, 상담을 진행하다가 필요한 정보를 검색하는 경우 등을 들 수 있다.

이와 같이 사이버 상담은 컴퓨터가 만들어 내는 가상공간에서 상담활동이 이루어지는 것을 기본으로 개인이나 집단을 대상으로 상담 진행을 위해 사이버매체를 활용하여 정보를 탐색하고 제공하기도 하고 면대면 상담 중간에 온라인상담을 실시하기도 하며, 상담 전부를 온라인 상담으로만 진행하는 것 등을 포함하여 사이버상담이라고 한다.

## 2. 사이버상담의 특징

### 1) 문자언어중심 상담

사이버상담은 문자를 통하여 내담자의 감정, 사고, 행동이 상담자에게 전달되고, 내담자에게 보내는 상담자의 배려, 경청, 이해, 설명 등의 메시지도 문자를 통해 전달된다. 이러한 문자중심의 의사소통은 전달하려는 내용이 간단하거나 명확한 경우에 매우 효과적이다. 상담자는 내담자의 외적 단서의 영향을 받지 않고 내담자가 보내는 메시지에 집중하여 내담자에 대한 상담자의 이해를 명확하게 한다.

### 2) 자유로운 상담시간

사이버상담은 시간제약에 있어서 자유롭다. 즉, 서비스를 제공하는 상담기관의 서버에 이상이 없는 한 언제나 상담자가 근무하지 않는 심야시간대 또는 상담소가 운영되지 않는 공휴일이나 명절에도 이용할 수 있다는 점에서 현실적으로 상담을 받을 수 없는 내담자들에게 더 많은 기회를 제공할 수 있게 한다.

### 3) 자유로운 상담공간

사이버상담은 실제적인 공간에서 자유롭다. 내담자는 각자의 단말기를 이용하여 어디서나 실제로는 존재하지 않지만 일종의 가상적 공간에서 상담자와 대화를 나눌 수 있다. 뿐만 아니라 내담자가 상담을 받기 위해 이동을 하지 않아도 되기 때문에 누구든지 상담에 용이하게 접근할 수 있게 한다.

### 4) 익명적인 의사소통

사이버상담은 내담자의 신원에 대해 실제적으로 파악하기가 어렵다. 내담자의 성별, 나이 등 인적 사항을 물을 수는 있으나 그에 대한 대답을 할 것인지, 어느 정도 깊이로 자신을 개방할 것인지, 어느 정도 솔직하게 자신에 관한 정보를 알릴 것인지에 대한 결정은 내담자가 내린다. 내담자는 자신에 대한 정보를 선택적으로 표현할 수 있고 또 이러한 익명적인 의사소통은 때에 따라 상담관계의 형성에 긍정적으로 작용하기도 한다.

### 5) 비밀보장

사이버상담은 비밀을 보장받는 것이 면대면 상담에서보다 더 어렵다는 특징을 가지고 있다. 사이버상담에서 비밀보장이 위험에 처하게 되는데는 네 가지 시점이 있다(Taimom, 1990).

첫째는 파일을 전송하는 중에 노출될 위험이고,

둘째는 치료자의 컴퓨터에 저장되어 있는 것이 공개될 위험이며,

셋째는 내담자의 컴퓨터에 저장된 내용을 가족이나 다른 사람이 보는 것,

넷째는 법정에 소환되었을 때 등이다. 현재 우리나라는 상담자가 법정에 소환되는 상황은 아니지만 상담이 전문화되고 제도화되면서 앞으로는 상담자의 활동이 법적 책임으로 연결될 수도 있다는 점을 유의해야 한다.

### 6) 사이버상담에서 상담자의 기술

사이버상담은 면대면 상담에서 유능한 상담자가 온라인에서도 유능할 것이라고 단언하기는 어렵지만 면대면 상담경험과 훈련이 사이버상담자의 기능을 증진시키는 데는 필수적이다. Stofle(1997)에 의하면 사이버상담기법을 습득하기 위해서는 첫째, 온라인 상담 경험자들과 의사소통을 할 것, 둘째, 내담자의 복지를 우선시 할 것, 셋째, 컴퓨터에 익숙해져야 할 것, 넷째, 사이버상담자는 변화의 시기에 준비할 수 있어야 할 것 등이다.

면대면 상담에서 해 왔던 것과 같은 방법만으로는 상담진행이 어려울 수도 있다. 온라인에서 상담을 하는 것은 많은 겸양을 요구하며 유능한 상담자가 되기 위해서는 상담자 스스로 변화하겠다는 의지와 연구자가 되겠다는 마음자세가 필요하다(Murphy, 1999).

### 7) 사이버상담에 적절한 내담자들

사이버상담에 적합한 내담자가 어떤 내담자들인지 명확하게 정리된 바는 없지만 스토플(Stofle, 1997)이 분류한 내용을 간략하게 정리하면 다음과 같다,

### (1) 입원(1수준)

극심한 자살 또는 자살충동 경향, 관계를 회피함, 세상과 단절됨, 기본기능을 손상시키는 혼란된 생각을 가지고 있거나, 기본기능을 손상시키는 감정 등을 가지고 있다.

### (2) 부분 입원(2수준)

지속적인 수동적 자살생각, 안전을 위한 접촉은 가능, 구체적 계획이나 액팅 아웃의 의도는 없지만 타인에 대한 분노 감정이 있음, 심하게 불안정한 대인관계를 맺고 있음, 치료자와 접촉 이외에는 세상으로부터 단절됨, 혼란된 생각으로 인해 다양한 생활의 방해를 받음, 다양한 측면의 생활을 방해하는 감정 등을 가지고 있다.

### (3) 낮 치료(3수준)

지속적인 수동적 자살생각, 안전을 위한 접촉은 가능, 구체적 계획이나 액팅 아웃의 의도는 없지만 타인에 대한 분노 감정이 있음, 심하게 불안정한 대인관계를 맺고 있음, 가족, 소수의 친구, 부적절한 지원체계와만 접촉함, 혼란된 생각과 만성적인 문제를 가지고 있음, 몇몇 측면의 생활을 방해하는 감정 등을 가지고 있다.

### (4) 심화된 면대면 외래 또는 온라인 치료(4수준)

지속적인 수동적 자살생각, 안전을 위한 접촉은 가능, 구체적 계획이나 액팅 아웃의 의도는 없지만 타인에 대한 분노 감정이 있음, 심한 스트레스를 유발하는 문제를 갖고 있음, 세상에 적극적으로 참여하는데 약간의 어려움이 있음, 일시적인 손상을 야기할 만큼 세상에 대한 잘못된 신념을 가지고 있음, 큰 디스트레스를 유발하는 감정 등을 가지고 있다.

#### (5) 면대면 외래 또는 온라인 치료(5수준)

간헐적으로 발생하는 수동적인 자살생각, 자살 유발 사고와 살인 유발 사고는 없음, 스트레스를 유발하는 관계 문제(개방과 친밀에 대한 어려움), 타인을 비난함, 세상에 적극적으로 참여함, 자기에 대한 잘못된 신념을 가지고 있음(무가치감, 자존감 저하), 감정 관리 능력 결여, 불안정한 감정이 계속되는 감정 등을 가지고 있다.

이와 같이 스토플(stofle, 1997)은 사이버상담에 적설한 내담자의 수준과 내용으로 분류하고 있다. 수준분류는 1수준이 가장 높은 위험수준을 나타내며 내용분류는 자살/살인, 타인과의 관계, 세상에의 참여, 현실검증, 감정/이슈의 5개 부분의 내용으로 분류하고 있다.

### 8) 사이버상담 과정에서 상담사의 역할

사이버상담은 내담자가 접속과 종료에 대해 주도권을 지닐 수 있다. 따라서 사이버상담에서는 상담자의 임상적인 판단에 의하여 이루어지는 구조화 작업을 본격적으로 진행하기가 어렵다. 경우에 따라서는 상담자가 알 수 없는 돌발적인 사태를 만난 내담자가 접속을 끊어 버리면 대화가 진행되는 중간에도 얼마든지 상담이 끝나게 된다.

따라서 임은미(1999)에 의하면 사이버상담의 구조화 과정에서의 상담사의 역할을 다음과 같다고 보고 있다.

첫째, 상담언어는 간결하고 명확한 문장표현으로 이루어져야 한다.

둘째, 상담은 문제해결과 자기성장이라는 분명한 목표를 가진 활동이라는 것을 인지시킨다.

셋째, 해당 회기에 달성해야 할 목표를 구체화해야 한다.

넷째, 비밀보장을 위한 장치가 어느 정도 마련되어 있는지를 알려야 한다.

다섯째, 기기장애 발생으로 인한 접속중단이 있을 수 있음과 그 대책을 알리는 것 등이다.

## 3. 사이버상담 이론

사실 사이버상담은 그 자체로서 이론을 가지고 있지 않다. 사이버상담은 독립적인 프로세스를 가진 치료양식으로 볼 수는 없다. 그보다는 상담자가 내담자를 치료할 때 사용할 수 있는 하나의 매체가 가미된 상담이라는 견해가 보편적이다(Derrig-Palumbo & Zeine, 2005).

### 1) 단회상담

단회상담은 한 회기만으로 상담을 마무리하는 것을 말한다. 최장기 상담 형태인 정신분석을 창시한 프로이드(S. Freud)는 단회상담(single session therapy, SST)의 창시자이기도 하다. 정신분석적 접근을 한 단회상담사례 중 성공적인 사례가 많이 보고되고 있다(Grotjahn, 1946; Malan, 1975; 김계현, 2000). 우선 단회상담은 모든 상담사례 중 가장 많은 빈도를 차지할 뿐 아니라 그 효과도 높은 편이다(Baekeland & Lundwall, 1975).

단회상담이 사이버상담에서 유리한 점은 사이버상담의 익명성과 매체의 특성으로 인해 장기상담을 염두에 둔 상담구조화를 실시하기도 어렵고, 상담자의 응답메일을 받은 내담자가 답장을 더 이상 하지 않으면 그것으로 상담이 종결되는 것으로 보아야 하기 때문에 단회성을 염두에 두고 상담을 진행하여야 한다.

### 2) 목적성 단기상담

목적성 단기상담은 시간이 제한되어 있고 결과가 절박할 때 구사할 수 있는 상담을 말한다. 현재의 이슈가 무엇이든지 간에 치료자는 명백히 드러나는 하나 또는 소수의 문제 영역에 초점을 둔다. 따라서 내담자는 치료과정에서 자신의 통찰능력과 상관없이 현실적인 계획을 세우도록 격려를 받는다. 이 접근은 여러 연구자들(Appelgate, 1985; Frankl, 1984; Glasser, 1998; Maslow, 1970; Wubbolding, 2001)에 의해서 S3T(short-term targeted therapy)라고 불렀다. 이는 short의 첫 글자 S와 Term, Targeted, Therapy 단어 각각의 첫 글자가 3개의 T로 이루어졌기 때문이다(임은미, 2002, 재인용).

목적성 단기상담(S3T)은 비자발적이고 저항하는 내담자로부터도 변화를 위한 헌신을 이끌어 내기도 한다. 상담자는 내담자가 원하는 것을 주의 깊게 듣고 그들로 하여금 자신의 행동 방향이 목적을 향해 취해지고 있는지를 평가하도록 도움을 줌으로써 짧은 시간에 상담의 목적을 달성할 수 있다.

### 3) 해결중심 단기상담

해결중심 단기상담은 사이버상담의 특징인 문자를 의사소통의 주된 매체로 사용한다는 점에서 습관적인 언어사용 패턴에 관심을 두고 있는 사이버상담과 연결된다. 습관적인 언어사용 패턴은 개인의 감정, 사고, 행동에 배어 있어서 평소에는 잘 드러나지 않는다. 해결중심상담은 의미와 지각이 언어에 스며들어 있기 때문에 언어가 변화의 매체가 된다고 믿는다.

해결중심상담의 가정들에서는 해결중심상담이 갖는 내담자를 향한 긍정적 인간관, 긍정적 변화 가능성에 대한 강한 믿음, 그리고 능률적이고 절약적인 상담과정에 대한 추구 등이 잘 드러나 있다(Durrant, 2001). 따라서 온라인 해결중심 단기상담에서도 삶에 대한 옳고 그른 태도를 판단하지 않는다. 그보다는 내담자의 자원을 부각시키고, 문제 상황에 대입함으로써 궁극적으로 한 개인이 상황을 다른 각도에서 보고 적응적으로 행동하도록 한다(Derrig-Palumbo & Zeine, 2005).

해결중심상담은 문제와 문제의 잠재적 해결방법에 대한 내담자 자신의 생각을 존중하며 활용하는 것이 개입방법을 이끌어 내는 가장 확실한 방법이라고 믿는다. 내담자는 상황을 호전시키는 데 필요한 자원과 강점을 이미 가지고 있다고 가정하며, 효과적인 상담은 그들이 이러한 자원을 발견하고 적용하도록 돕는 것이라고 보고 있다.

물론 문제와 해결 사이에 항상 논리적인 관계가 있는 것도 아니며, 내담자는 자신의 경험 속에서 이미 많은 기술들을 가지고 있다. 그리고 문제라는 것은 상황을 진술하는 한 가지 방법일 뿐이다. 그러므로 문제가 발생한 이유를 이해하려고 하거나 통찰을 증진시킬 필요는 없다. 단 내담자가 스스로를 유능하다고 보고, 힘 있는 존재로 경험할 때 가장 강하게 강력하게 유발될 수 있기 때문에 해결중심 단기상담은 내담자의 긍정적 가능성을 인지시키는 것으로 문제를 해결할 수 있다.

#### 4) 단기가족치료

단기가족치료자는 가족들로 하여금 각기 다른 컴퓨터에 로그온 하여 집단

채팅세션에 참가하도록 하여 가족 구성원들 모두가 이 과정을 통하여 각자의 대화를 읽고 그에 참여할 수 있게 함으로써 내담자 가족의 상호작용을 관찰하여 긍정적인 변화를 유도하는 치료법이다.

단기가족치료자인 그린(O. Green)과 Derrig-Palumbo & Zeine은 가족 성원들은 대화를 계속해 나가기 위해 일주일에 수차례 이메일과 채팅을 하도록 격려를 받곤 했다. 가족상담의 과정에서 비디오를 사용할 수도 있다. 예컨대 가족상담의 기법 중 밀란의 순환 질문(Milan circular question)을 포함한 상호작용적 질문들을 사용하여 "당신의 아버지가 여기에 있다면 지금 이 상황을 어떻게 표현할 것 같으세요?"라고 상담자가 묻는다(임은미, 2012).

이와 같이 단기가족치료는 가족들 간의 반응을 녹화하여 다른 가족 구성원들이 내담자의 반응을 함께 볼 수 있게 한다. 이렇게 구성원의 반응을 보고 가족 간에 사건을 바라보는 각자의 조망을 이해하게 함으로써 내담자와 그 가족의 긍정적인 변화를 유도해 내는 것이다.

### 5) 합리적 · 정서적 · 행동적 치료

합리적 · 정서적 · 행동적 치료(rational emotional behavioral therapy, REBT)는 행동 지향적, 심리 교육적 치료접근이다. 전통적인 REBT와 온라인 REBT 모두 일터, 대인관계, 양육과 교육, 공동체와 환경, 건강과 복지를 성공적으로 증진시키는 철학과 접근을 같이 한다.

Derrig-Palumbo & Zeine(2005)은 REBT의 모델의 적용과정은 첫째, 내담자가 가장 고통스러워하는 문제 상황들을 확인하고 그 중 하나를 선택하게 한다. 둘째, 그 상황에 대한 불평을 탐색한다. 또 불평에 대한 태도, 신념, 생각들을 평가한다. 셋째, 신념과 그 신념에서 비롯된 감정으로 인해 나오는 반응행동을 탐색하고 비합리적 신념들을 논박하고 질문하고 도전한다. 넷째, 내담자가 논박에 대하여 합리적이고 논리적이고 현명하게 반응하도록 돕는다. 다섯째,

그리하여 내담자가 비합리적 신념으로부터 분리되어 분별하고 선택하도록 돕는 과정을 제안하는 과정으로 접근한다.

### 6) 인지행동치료

인지행동적 치료(cognitive-behavioranl therapy, CBT)는 내담자가 그들의 생각과 이야기를 바꾸도록 도와 줌으로써 행동이 바뀌게 할 수 있다고 보는 치료법이다. 인지행동치료는 치료자 동맹을 수립하고 유지하며, 내담자에게 문제와 가능한 해결방안을 교육한다. 상담이 진행되는 동안 내담자는 과제하기, 세션 안에서 배운 기술 연습하기 등 상당한 작업을 해야 한다. 이 모든 과정을 온라인에서 효과적으로 진행할 수 있고 회기 사이에 치료자에게 제출할 수 있다. 상담자는 내담자가 부여받은 과업을 완수하는데 실패하면 행동 변화에 대한 동기와 의지의 부족으로 간주한다.

마이켄바움(D. Meichenbaum)은 전통적인 치료에서와 마찬가지로 온라인 인지치료의 전제도 우리가 상황을 지각하는 방식이 느낌을 결정한다고 한다. 온라인상담자는 심리교육적 정보제공자들은 주치의의 처방을 받아 사용할 수 있으며 이미 진행되고 있는 오프라인 치료와 연합하여 보조수단으로 행동적인 활동에 몰두하도록 환자를 도울 수 있다고 주장한다(김계현, 2000).

### 7) 기타

이 외에도 초월영성치료와 이야기상담을 포함시킬 수 있다. 초월영성치료치료자들은 다양한 이론적 접근들을 혼합하여 사용하듯이 온라인 양식을 사용해 왔다(Derrig-Palumbo & Zeine, 2005).

이야기상담(Narrative Therapy)은 사람들의 삶에 대한 이야기를 이해하는 방법과 상담자와 삶의 주인공 간의 협조 속에서 그 이야기들을 재저술하는 방법으로 현재 우리의 삶에 영향을 미치는 주된 이야기들(dominant stories)을 포함시킨다(Derrig-Palumbo, 2005).

특히 이야기상담은 주요기법인 '저술'을 강조한다는 점에서 사이버상담과 유사한 형태 및 기법을 취한다. 이야기상담에서 'narrative'는 사람의 삶에 대한 이야기를 강조하는 것이고, 특정한 이야기와 그 이야기를 재구성하는 것 사이의 차이를 강조한다. 이야기상담은 높은 감수성을 바탕으로 한 청취에서 대안 이야기 생성과 변화유지 전략짜기 등의 긍정적인 변화를 기록으로 남기는 방법으로 사이버상담에서의 특성을 접목할 수 있는 상담이론이라 할 수 있다.

## 4. 사이버상담의 유형

사이버상담의 유형에는 채팅상담, 영상상담, 이메일상담, 게시판상담, 데이터베이스, 심리검사, 상담카페, 온라인지지그룹 등이 있다.

### 1) 채팅상담

채팅상담은 상담이 실시간으로 진행되며 상담자와 내담자가 동시에 접속하고 있다는 점에서 전통적 상담의 상담시간 개념과 동일하다. 상담자와 내담자는 면대면으로 상담을 하는 것이 아니기 때문에 문자를 통하여 상담이 이루어진다.

### 2) 영상상담

영상상담은 컴퓨터 화면을 통해 상대방의 모습을 보면서 음성 메시지를 나눌 수 있는 기능을 첨가한 상담방법이다. 사이버상담 중에서는 가장 면대면 상담과 비슷한 상담유형이다. 그러나 사이버상담을 원하는 내담자들에게는 문자중심의 상담보다 익명성과 기기의 확보성 등에 있어서 불리하기 때문에 영상상담은 사이버상담을 원하는 내담자에게는 다소 부담스러울 수 있다.

### 3) 이메일상담

이메일상담은 편지상담 방식을 사이버매체에 옮겨 놓은 것이다. 상담을 위한 이메일의 편지는 ID를 통하여 필요하면 신분확인을 할 수 있으며 그 편지는 상담자와 내담자가 공저하는 것이 됨으로써 공감의 방법으로 유용하게 활용되고 있다(Murphy & Mitchell, 1999). 최근에는 이메일 뿐만 아니라 개인 홈피, 블로그 등을 상담에 활용하기도 한다.

### 4) 게시판상담

게시판상담은 내담자가 자신의 고민을 상담사이트의 게시판에 올려놓으면 상담자뿐 아니라 여러 이용자들이 보고 답변할 수 있는 상담유형이다. 게시판상담은 내담자가 답변을 요청하는 글을 올리면 상담자가 대답을 해 준다는 면에서 형식은 이메일상담과 같다. 그러나 공개 게시판의 내용은 남들이 볼 수 있다는 점에서 다르다. 여러 사람이 함께 보는 것을 전제로 하는 메뉴이기 때문에 많은 이들의 피드백을 받을 수 있다는 장점이 있다. 내담자는 자신의 주소나 신분을 밝히지 않은 채 많은 사람들의 조언이나 정보를 얻어 갈 수도 있다. 게시판상담은 상담실 운영시간에 구애받지 않고 이메일을 작성하듯이 간단한 절차만 거치면 되기 때문에 많이 이용되고 있다(임은미, 2012).

### 5) 데이터베이스

데이터베이스 프로그램은 IP(Information Provider)나 CP(Contents Provider)가 가지고 있는 문서, 프로그램 등과 같은 유용한 자료를 수많은 다른 이용자들과 공유할 수 있게 해 주는 메뉴로 내담자는 상담 사이트를 방문했을 때, 상담자가 근무하지 않는 시간이라 하더라도 자신에게 도움이 되는 정보나 상담 자료를 접할 수 있게 된다.

데이터베이스 서비스는 상담사이트에 관리자가 상담에 관련된 자료를 문자, 그래픽, 음성 또는 동영상을 사용하여 제작하고 올려놓으면 많은 사람들이 동시에 시간적 · 공간적 제약을 받지 않고 사용할 수 있다.

### 6) 사이버 심리검사

사이버 심리검사는 사이버공간에서 심리검사를 실시하고 결과를 전달하는 것을 말한다. 사이버공간과 컴퓨터 프로그램을 통한 심리검사는 이런 요구에 적합한 편이다. 우리나라의 경우 한국가이던스, 한국고용정보원에서 운영하는 워크넷(www.work.go.kr), 한국직업능력개발원에서 운영하는 커리어넷(www.careernet.re.kr) 등을 예로 들 수 있으며 검사는 물론 그 해석과 결과 저장도 쉽게 할 수 있는 장점을 지니고 있어 진로, 학업 및 성격 관련 심리검사 등 객관적 자료제공 및 상담에 사용되고 있다.

사이버상담은 최근 들어 그 유형에 있어서 사이버카페 중심의 동호회 운영이 활발히 진행되고 있다. 주로 논의되는 주제들은 가정폭력, 에이즈, 외상 그리고 자연재해나 전쟁에 의한 사항 등 다양하다. 뿐만 아니라 사이버상담은 사이버상담자들의 개인사이트(홈페이지) 등을 통해 유료화되어 가고 있는 추세다.

## 5. 사이버상담의 장점과 한계

### 1) 사이버상담의 장점

사이버상담은 시간과 공간의 제약에서 벗어날 수 있다. 그리고 영구적인 기록이 가능하며 스스로 편지를 읽으며 자신의 문제에 영향을 미치게 된다. 또한 슈퍼비전과 자문이 용이하며 문제가 외재화되는데 적절하다.

다양한 학문적 배경이나 상담접근을 갖고 있는 전문가들이 응답메일을 위해 자문을 해 주면, 상담실에서 즉각적으로 응답이 이루어져야 하는 대면상담에서는 불가능한 매우 균형잡히고 정보가 풍부한 응답을 해 줄 수 있다.

### 2) 사이버상담의 한계

사이버상담의 한계는 문자중심의 상담이다보니 면대면 상담과는 달리 비언어적인 정보를 얻을 수 없다는 점이다. 또한 내담자가 보이지 않기 때문에 상담자의 주의집중이 방해를 받을 수 있다. 반대로 내담자 역시 보이지 않는 상담자 때문에 주의가 산만해질 수 있다. 서로를 보지 못하고 가상공간에 있는 내담자와 상담자는 대화 진행상의 혼란을 초래하기도 한다. 또 사이버상담

진행 중에 기계적인 오류가 생길 수도 있다는 점 등이 사이버상담의 한계라고 할 수 있다.

## 6. 사이버상담의 과제

사이버 상담은 그 접근성과 보편성이 날로 일상에 가까워지고 있다. 사이버 상담의 이용자들의 배경도 청소년중심에서 어린이와 노인에 이러기까지 확대되어지고 있는 실정이다. 또한 여러 문화권이 같은 사이버공간을 이용하여 자신의 문제를 해결하고자 하는 움직임들이 더해 가고 있음으로 사이버상담의 효과를 반증해 가고 있다.

그러나 문자언어능력이 부족한 내담자들은 신체언어나 비언어적 의사소통의 도움을 받지 못함으로 사이버상담에 대한 좌절을 경험하기도 한다. 또한 유능한 상담자를 만나지 못함으로 사이버상담에 대한 기대와 함께 절망을 경험하게 될 수 있다.

따라서 사이버상담의 확대는 사이버상담 전문가의 양성 및 온라인체계의 더욱 안전한 보호시스템의 지지를 필요로 하고 있으며 앞으로 전 연령과 국경의 제한없이 보편적으로 이용될 전망에 맞는 대비적 안들도 모색되어야 할 것으로 보인다.

# 제3장

# 학부모상담

1. 학부모상담의 필요성
2. 학부모상담의 특성
3. 학부모와 상담자의 협력관계 유형
4. 학부모상담의 요구 및 실태
5. 학부모상담의 단계별 절차와 기법

# 1. 학부모상담의 필요성

학생을 이해하고 학생이 겪고 있는 어려움에 대해 근본적인 도움을 주기 위해서는 학생의 부모, 즉 학부모를 고려해야 한다. 부모상담을 통해 부모의 자녀양육에 대한 스트레스를 줄이고, 자녀 양육 태도를 바꿀 수 있으며 학생의 문제행동을 줄이는 데도 도움이 된다(주선영 · 김광웅, 2005).

부모상담이란 아동 · 청소년이 현재 당면하고 있는 문제를 해결하기 위하여 상담자가 그의 부모 또는 가족을 만나 상담하는 것을 말한다. 부모상담의 1차적 의미는 부모로 하여금 자녀의 상태를 바르게 파악하게 하고 자녀발달에 필요한 정보를 제공하는 데 있다(이상복, 2000).

특히 아동 · 청소년들의 문제는 감정적 문제가 이어져 또래 친구, 부모, 교사와의 부적응이 사회적 적응의 문제로 발전되며 더 나아가 또래 관계에서 왕따와 심하게는 자살 생각까지 표현되기도 하지만 부모들과 성인들은 단지 청소년기의 비행으로만 생각하는 경우가 있었다. 상당수의 부모들은 학교에서 아동 · 청소년의 상태에 대해 관심이 없거나 아예 정신 건강 쪽으로는 무지한 경우가 많아 전혀 도움이 되지 않았으며, 그 결과 학교에서 비행아동 내지는 비행청소년으로 인식된 대상자들이 학교 내에서 검사나 상담을 받지 못하고 바로 정신보건센터로 가게 되는 경우가 가장 많은 것으로 나타났다(한국청소년정책연구원, 2011).

한편, 성인상담과는 달리 청소년상담에서는 내담자 외의 또 다른 사람, 특히 부모-상담자 간의 협력적 관계가 매우 중요하다. 대부분의 청소년들은 부모에 의해 상담에 의뢰되어 부모로부터 청소년의 문제나 행동에 대해 정보를 얻어야 한다. 상담실에 빠짐없이 오게 하며, 치료비를 내는 것 등 부모의 절대적인 협조가 필요하다. 또한 문제행동이 부모의 양육태도와 연관되어 있는 경우에는 부모의 특성이 변화되어야만 청소년 내담자도 호전된다. 그러므로 부모는 단순한 보호자 역할을 넘어 심리적 문제를 해결하는 조력자, 자녀에게 악영향을 미칠 수 있는 존재이기도 하다.

부모상담 과정에서 상담자와 내담자간의 신뢰로운 관계 형성은 후속 상담과정의 진행과 궁극적인 상담폭표 달성을 위해 필수적이다. 따라서 부모와의 신뢰로운 관계 형성은 효율적인 부모상담과 아동·청소년 상담을 할 수 있는 기반이 될 것이다(오경미, 2003). 즉, 일반상담과 달리 학생으로 연결된 학교장면에서의 학부모상담은 부모로서 알아야 할 지식이나 기술을 익히도록 돕는 부모교육과 부모 자신의 문제를 해결하고 부모로서 온전히 설 수 있도록 돕는 부모상담을 필요로 한다.

## 2. 학부모상담의 특성

### 1) 일반상담

일반 개인상담에는 유아기부터 장년기 자녀문제, 부부문제, 원가족 문제, 배우자 가족과의 문제, 개인의 심리적 문제 등이 포함되어 개인의 일생 전반과 관련된 내담자 자신의 다양한 관심사에 초점을 둔다. 또한 부모를 대상으로 하는 상담은 자녀를 비롯한 가족에 근본을 둔 자신의 문제를 해결하기 위해 상담과정에 참여하게 된다. 이는 부모교육보다 더 상세한 과정이고 부모 자신과 가족 구성원에게 부정적 영향을 주는 특정 문제의 개선을 목표로 한다.

### 2) 학부모상담

이에 비해 학교장면에서의 학부모상담은 학부모 자신의 문제를 다루되 궁극적인 목표는 자녀(학생)의 성장과 발달을 돕기 위한 차원에서 이루어지므로 부모 자신의 다양한 관심사보다는 자녀(학생)의 건강한 학교생활에 초점이 맞추어진다. 즉, 개인의 인생 전반의 관심사나 가족 구성원 전체보다는 특히 학교에 다니는 자녀(학생)를 매개로 부모 · 자녀 간 문제를 다룬다는 것이 일반 상담과 내용을 전반적으로 동일하게 다루게 되면 시간제한과 인력의 여건상 현실적이고 실제적인 어려움이 따를 것이다. 더구나 학교장면에서 중점을 두어야 할 대상은 학생이므로 학부모상담 역시 학생의 성장과 발달을 위해 전략적 차원에서 이루어져야 한다(강은주, 2013).

## 3. 학부모와 상담자의 협력관계 유형

중 · 고등학교에서의 학부모상담은 대부분 학생에게 문제가 있을 때 이루어진다. 주로 어머니를 통해 청소년의 심리적 문제에 대한 정보를 얻기 위해 만나거나 전화 통화를 하는 과정에서 형성되는 관계로 나타난다. 최명선(2004)의 연구를 인용하여 보려고 한다.

### 1) 내담자로서의 협력관계

청소년 내담자의 부모가 상담자에게 자신의 고민이나 문제, 감정 상태 등을 털어놓거나 상담자가 질문하였을 때 기꺼이 이야기하는 것을 의미한다. 내담부모가 청소년의 문제가 아닌 자신의 문제를 털어놓고 자신이 치유되기 위해 치료 상황에서 협력적인 관계를 형성하는 것을 의미한다.

#### 2) 조력자로서의 협력관계

어머니가 상담자에게 청소년 문제행동의 구체적인 모습이나 심리적 문제의 기원, 발달 정보와 같이 상담에 필요한 정보를 적극적으로 알려주고, 청소년 내담자의 상담 참여를 적극적으로 돕고 상담자의 지시를 잘 받아들이고 따르는 것과 같이 청소년 상담의 조력자로서 상담자와 맺는 관계를 의미한다.

#### 3) 긍정적 감정관계

어머니가 상담자에 대해 좋은 감정을 느끼는 것과 상담자와 만나는 시간을 기다리는 것과 같이, 상담과 상담자에 대해 긍정적인 감정을 갖는 관계를 의미한다.

#### 4) 부정적 감정관계

어머니가 상담 시간을 좋아하지 않고, 상담자의 연락이나 이야기하기를 꺼리는 등 상담자와 상담 시간에 대해 부정적인 느낌과 생각을 갖는 관계를 뜻한다.

교사(상담자)가 상담관계의 특성인 무조건적인 수용과 존중, 공감적인 이해, 진솔한 자세로서 학부모의 입장을 헤아리고 이해하고자 노력하는 태도를 가지는 것은 중요한 것이다. 그러한 자세로 부모와 협조하고 노력하면 학생의 성장을 위한 목적 달성이 이루어질 것이다.

## 4. 학부모상담의 요구 및 실태

중 · 고등학생 자녀를 둔 학부모들이 학교상담자와 가장 많이 상담하는 내용은 자녀의 학교성적과 진로문제이며 학교성적에 대해서는 당사자인 청소년 자신보다 부모들이 자녀의 학교성적에 대해 더 많이 상담하고 있다. 진로문제 역시 부모가 청소년보다 상대적으로 더 자주 상담하고 있다. 그 밖에 자녀의 친구 관계, 학교부적응 문제가 있으며 이것은 초등학교 학부모들과 마찬가지로 자녀들의 학교생활이 원만하기를 바라는 부모들의 걱정을 반영한 것이다(이미숙 · 고성혜, 1999).

부모의 자녀에 대한 돌봄은 청소년기에 접어들면서 교육열로 바뀌게 되는데 우리나라 절반 이상의 학부모에게서 나타나는 사교육에 대한 열기는 심리적 중독현상으로 보여진다. 학부모들은 자녀에게 해 주는 사교육의 정도로서 부모의 도리를 어느 정도 했는지를 인식하고 있는 것이다. 그러나 중 · 고등학생 자녀들은 학습시간이나 사교육 정도와 상관없이 가정의 부모 · 자녀관계가 적대적이냐 애정적이냐에 따라 부모와의 갈등 및 스트레스가 달라지고 있다(한국교육개발원, 2003).

따라서 상담에서 학부모들은 심리적 안정을 얻고 만족도도 높으며 지속적인 상담을 원하고 있는 한편(이성숙, 1999), 우리나라 각 시 · 도 청소년 종합상담실에서 부모상담이 차지하는 비율이 27%로 매우 높은 점을 볼 때에도 학부모상담의 필요성과 그 효과를 알 수 있다(문화관광부, 1999). 또한 학생의 문제를 개인의 문제로 보지 않고 부모나 가족에서 기인한 것이라고 보는 체계적 관점에서 볼 때 부모 문제가 해결되면 자연스럽게 학생의 문제는 보다 쉽고 빨리 해결될 수 있다(이숙영 · 이윤주 · 정혜선, 2002)는 점에서도 학부모상담의 필요성을 찾을 수 있다. 현재 학교장면에서는 학생의 문제를 해결하는데 있어 학부모를 평행선에 놓지 않고 단지 학교문제 해결의 보조자 정도로만 인식하는데 그쳐 실제로는 활성화되지 않고 있다. 학생을 위한 교육적 지원과 함께 교육 프로그램이 개발, 진행되고 있는 동안 자녀를 양육하고 교육하는 학부모들의 심리적 · 정서적 문제해결을 도와주는 상담은 부족한 실정인 것이다.

## 5. 학부모상담의 단계별 절차와 기법

이 내용은 '부모 · 자녀관계 중심 학부모상남모형 구안'(강은주, 2007) 논문에서 일부 발췌한 것이다.

### 1) 제1단계 : 부모의 자기 이해단계

성숙한 인간, 성숙한 부모가 되기 위하여 첫째로 해야 할 일은 있는 그대로의 자기를 정확하게 이해하는 것이다(이형득, 1998). 즉 자신이 무엇을, 어떻게, 왜 느끼고 생각하며 행동하고 있는지에 대하여 각성하게 되는 것이다(연문희 · 강진령, 2002).

상담자는 주관적 면담과 감정분석 기법을 활용하여 학부모(내담자)가 자녀에게 느끼는 분노의 감정이나 비난 또는 도덕적 판단 등을 분노 외에 존재하는 자신 안의 '다양한 느낌'과 비난이나 판단이 아닌 '자신의 욕구'로 변역해서 자기 내부에 존재하는 욕구와 잠재능력을 스스로 알아챌 수 잇도록 돕는다(강은주, 2007).

강은주(2007)는 부모 · 자녀관계에서 학부모의 자기 이해를 돕는 요소로서 첫째, 성격특성에 관하여서는 상담자 자신의 관점에 따라 내담자의 상태와 특성을 이해하고 가설을 설정한다. 이 때 주관적 면담이나 감정분석 등의 상담기법을 활용하여 내담자 스스로 내부의 욕구를 인식할 수 있도록 돕고, 긍정감정을 선택하여 긍정적 자기개념을 형성하고, 잠재능력을 확인함으로써 부모효능감을 높인다.

둘째, 부모의 의사소통 유형은 자녀의 자기개념에 영향을 미치고, 또한 자녀의 성격특성, 사회성 발달, 가족 스트레스, 청소년 행동유형 등에 영향을 미치며, 부모의 촉진적 의사소통은 자녀의 집단따돌림 피해 정도를 낮추게 한다.

마지막으로 자기의 심신에 관한 여러 가지 상태, 대인관계의 질과 양, 가치관 및 이와 관련된 자기의 행동 등에 관하여 현실적으로 이해하는 것을 말하고, 행동은 자기개념에 의해 좌우되기 때문이다(이형득, 1998). 이러한 자기개념을 향상시키기 위해서는 긍정감정을 선택하는 습관이 필요한데 긍정적 감정은 긍정적 성격을 형성하고, 이것은 다시 긍정적 자기개념을 키워 주기 때문이다(Seligman, 2004).

### 2) 제2단계 : 부모의 자녀 이해단계

자녀의 정서에 가장 직접적으로 지속적인 영향을 미치는 부모 자신에 대한 이해를 바탕으로 부모들의 주된 관심 주제인 자녀에 대한 이해가 뒤따라야 한다. 학부모는 학교상담에 대한 기대에서 무엇보다 자녀의 원만한 학교생활에 대해 궁금해하고 자녀의 성격, 긍정적 자기개념 형성 등 정서 발달에 관한 것들에 가장 많은 관심을 갖기 때문이다(김경라, 2003; 이미숙 · 고성혜, 1999; 주리아, 2001).

부모는 자녀의 기질을 있는 그대로 받아들여야 한다. 부모가 자녀를 독립된 개체로서 보기보다는 부모 자신의 연장선상에서 보기 때문에 현실을 왜곡하여 자녀의 현실적 실체를 지각하는 데 어려움을 겪는 것이다. 자녀의 기질을 식별해 내려는 목적은 자기 자녀의 기질에 맞는 성장환경을 조성하여 조화롭게 양육함으로써 보다 나은 발달과 적응을 돕고자 하는데 있으며, 부모가 아이들의 타고난 성격특성, 기질을 고려해 준다면 아무리 어렵고 까다로운 기질을 가진 아이도 잘못되지는 않는다(Lerner, Lerner, & Zavaskil, 1985). 아이들은 기본적인 어떤 기질을 가지고 태어나므로 부모들이 이것을 수정하려고 노력하는 것보다는 오히려 부모가 자녀에게 적응하는 것이 낫다. 즉, 아이의 기질적 성향을 잘 이해하고 거기에 부모가 맞추어 줌으로써 부모와 자녀 사이의 갈등과 스트레스 상황을 피할 수 있다(최영, 2005). 자녀의 학습이나 성적에 관하여서도 성격이 영향을 미친다(김만권, 2004). 부모 · 자녀 간 성격궁합이 맞으며 더없이 좋고, 다르더라도 아이의 성격과 행동특성들을 제대로 이해하여 성격유형에 맞는 생활지도, 학습지도, 교재선택, 교수-학습 방법 등을 제공해 주면 아이는 공부 자체를 즐겁고 행복한 것으로 받아들이게 되고, 그 결과 학습능력 또한 눈에 띄게 향상된다는 것이다.

아들러의 단기상담에서 격려와 지지는 내담자의 변화를 촉진시킬 수 있는 기본바탕이 된다. 즉 부모가 자녀와의 관계를 증진시키기 위해 혼자서만 생각하고 깨우치는 것이 아니라 자녀에게 적용하여 보고, 자녀의 반응과 변화를 봄으로써 상승효과를 경험할 수 있는데 이때 자녀의 변화를 일으키고 촉진시키기에 유용한 것이 강점을 발견하여 계발 또는 발휘할 수 있도록 격려, 지지해 주는 것이다. 한편 자녀의 발달단계에 따라 발달과업 및 부모의 역할도 달라지게 되는데 유아기에는 기질 및 애착의 문제, 아동기에는 자율성 및 사회화의 문제, 청소년기에는 독립성 및 자기 정체감의 문제로 특징지어지며(송영자, 1995) 이 과정에서 자녀를 이해한다는 것은 자녀의 성격특성뿐 아니라 그에 따른 자녀의 생각, 감정, 행동 및 강점과 약점까지 파악하는 것이다(연문희 · 강진령, 2002).

자녀의 감정을 계발하려면 첫째, 어떤 것이든 강점을 발휘할 때마다 반드시 보장을 해 주어야 한다. 점점 그 중에 몇 가지 강점으로 집중되는 것을 발견하게 될 것이다. 그 몇 가지가 바로 자녀의 대표 강점이 되는 것이다. 둘째, 자녀의 대표 강점을 정상적인 가정생활 속에서 발휘할 수 있도록 최선을 다해야 한다. 자녀가 대표 강점을 발휘하거든 이름을 붙여 주고, 칭찬해 주는 것이 좋다. 강점을 찾는데 활용할 수 있는 유용한 자료에는 행동가치(VIA: Values-In-Action) 강점 검사 도구가 있다. 부모가 본 자녀의 강점과 자녀 스스로 느끼는 강점의 차이를 확인해 보는 과정을 통해서도 자녀에 대한 부모의 이해를 돕는데 큰 도움이 될 것이다. 그러므로 자녀의 성격특성을 이해하게 되면 그것을 바탕으로 자녀의 입장(생각, 감정, 행동)을 헤아려 보고 수용하는 연습이 필요하며, 나아가서 자녀의 강점을 찾아 계발할 수 있도록 도와야 한다.

### 3) 제3단계 : 목표 설정단계

#### (1) 초기 면담 및 사정

학부모가 전화나 인터넷, 학교방문 등을 통해 학교에 상담을 요청해 오면 초기면담 과정에서 자녀와 관련하여 학부모의 상담요구가 무엇인지 파악하고 문제를 사정한 후, 상담을 할 것인지 여부를 결정한다.

초기면담을 통해 학부모가 요청한 도움이 학교상담에 적합하다고 판단되어 상담사례로 접수한 경우에는 상담계약을 맺는데 상담시간, 상담과정과 종결, 상담자 및 내담자의 역할, 상담의 의미 및 한계, 규칙, 상담관계, 비밀보장 등에 관해 구조화하는 것이다. 이때 상담과정 중 자녀와의 문제를 떠나 부모 자신의 개인사적인 심각한 어려움을 토로하는 경우를 대비하여 사전에 부모 · 자녀관계 중심을 위한 상담의 목적 등에 관한 구조화가 필요하며, 혹 상담이 진행되는 동안 부득이한 경우에는 상담을 종결하고 부모 자신의 추후 개인상담을 권하거나 외부 전문기관에 의뢰하도록 한다. 계약에 동의하지 않을 경우 진행을 중단하거나 다른 상담자 또는 기관을 소개한다.

### (2) 객관적 면담

학부모가 계약에 동의하면 상담자는 자녀(학생)에 대한 객관적 면담을 실시하는데, 심리검사 및 학업, 친구관계, 진로, 학급활동 등에 관한 객관적 자료들을 담임교사와의 협력을 통해 수집한다. 시작에 있어서 단회, 단기, 장기 등 상담 회기나 개인 및 집단상담 등 상담유형, 그리고 집단의 구성 등에 있어서 제한을 두지 않고 활용한다.

### (3) 성격특성 심리검사 및 부모 · 자녀관계 해석상담

상담의 시작이 결정되면 우선, 성격특성 심리검사를 통해 검사해석 및 부모 · 자녀관계에 대한 해석상담을 실시하여 학부모가 문제에 대한 새로운 인식을 얻을 수 있도록 돕고, 현재 학교 또는 가정에서 발생한 자녀의 문제행동과 관련하여 부모의 인식을 점검하고 해결책을 구축한다. 또한 성격을 평가하는 심리검사에는 논리적 접근에 따른 검사 도구를 활용하는 것이 바람직하다.

심리검사의 종류와 사용은 상담자의 기본철학 및 내담자의 상태, 문제상황 등에 따라 달리 선택할 수 있다. 이를 통해 문제가 해결되면 단회상담으로써 종결할 수 있다. 문제가 해결되지 않았거나, 해결되었더라도 학부모가 보다 심화된 상담을 원한다면 본격적인 심리상담의 과정에 들어가게 된다.

### (4) 관계형성 및 심리적 탐색

초기면담부터 형성되어 온 상담자와 내담자간 관계를 기반으로 보다 안정되고 신뢰로운 관계형성을 위해 상담자는 지속적인 관심을 기울여야 한다. 이를 위해 적극적·반영적 경청, 무조건적·긍정적 존중과 수용, 공감적 이해, 진실성의 태도를 지녀야 한다. 상담의 성과를 가장 잘 예측할 수 있는 요인은 상담관계이다. 내담자 역시 상담에서 가장 도움이 되었던 것은 이해받고 지지받는 느낌이라고 보고하는 것을 볼 때 상담자는 내담자에게 모든 주의를 집중하고 내담자의 감정과 경험을 이해하는 태도를 보여야 한다. 어떤 내담자의 경우에는 다른 것 필요없이 관계 그 자체가 치료 효과를 가져오기도 한다(Hill & O'Brien, 2001). 상담자와의 신뢰로운 관계를 경험함으로써 학부모들은 상처와 고통을 토로하고, 심리적 안정을 얻어 상담에 대한 만족도가 높고 지속적인 상담을 원하게 되는 것이다(이성숙, 1999). 따라서 상담자는 상담과정을 통틀어 관계를 인식하고 돌봐야 한다.

심리적 탐색 과정에서는 학부모의 자기 이해 및 자녀 이해를 돕는다. 이때 호출받은 부모와 같이 비자발적 상담의 경우 자기 이해에 직면하는데 심리적 저항을 가져올 수 있으므로 자녀 이해단계를 중점적으로 실시하는 것이 효과적이며, 자발적 상담의 경우에도 내방형은 시급하게 해결해야 할 자녀문제가 있다면 자녀 이해단계를 먼저 실시하는 것이 더 효과적이다. 따라서 심리적 탐색과정에서 큰 통찰을 얻고 학부모가 만족하며, 사고와 감정의 탐색을 통해 문제가 해결된다면 상담을 종결한다.

### (5) 문제의 재정의 및 해결안 탐색

어떤 사람들은 인식과 태도의 변화를 넘어서 촉진적인 조건을 형성하고 실행 단계까지 도움을 받는 것이 필요하다. 이러한 도움을 주기 위해 문제의 재정의 및 해결안 탐색 과정에서는 심리적 탐색을 통한 통찰을 바탕으로 당면한 문제를 다른 각도로 조망해 보고, 해결을 위한 목표를 설정한다. 즉 학부모 상담의 특성을 반영하여 학부모 자문 또는 부모교육을 포괄하여 실시할 때 상담자의 상담활동을 돕기 위해 상담의 기본 목표와 기법 및 전략을 구체적으로 한다. 그러나 학부모 내담자의 개별적인 목표와 실천과제를 수립할 수 있도록 함으로써 상담 장면에서 한 가지 전략에 의존하기보다는 문제 상황과 단계에 맞게 다양한 기법을 사용하여 해결방법을 모색할 수 있어야 한다. 즉 학부모의 자기 이해 및 자녀 이해를 바탕으로 다양한 대안들을 찾을 수 있으므로 개별적인 하위목표와 전략 및 과제에 대해서도 다양한 가능성을 열어 놓아야 한다.

### (6) 개입 및 실행

내담자의 개별목표와 전략을 직접 실행에 옮기고 상담자의 피드백을 통해 수정해 나간다. 실행을 통해 내담자는 사고 속에서 변화를 확고히 할 수 있다. 따라서 지금까지의 상담과정에서 새롭게 얻은 통찰과 전략을 행동으로 옮기는 실행과정이 필요한 것이다. 행동 없이 통찰 단계에서의 사고변화는 일반적으로 그 수명이 짧다. 실행단계에서 학교상담자가 개입하여 학부모의 변화를 위해 함께 협력한다. 이러한 개입 및 실행의 이전 과정은 내담자에게 변화를 위한 동기부여와 책임감을 갖게 하는데 있어서 기초가 되므로 상담자는 앞의 과정 동안 충분하고 사려 깊은 경청과 탐색을 해야 한다. 개입 및 실행을 통해 목표를 달성하면 최종적으로 상담을 종결하며, 그렇지 못할 경우에는 문제의 재정의 및 해결안 탐색의 과정을 재점검해 본다.

### (7) 상담의 종결 및 추수지도

목표를 달성하면 최종적으로 상담을 종결하고, 학부모가 요청할 경우 상담자와 의논하여 원하는 형태의 적절한 추수지도가 제공되어야 한다. 추수지도는 개인 또는 집단의 형태로 이루어지며 개인의 경우보다 심화된 '개인상담' 및 '교육자문'이 제공되고, 집단의 경우 자녀와 대면한 가족상담을 포함하여 다양하게 제공될 수 있다.

# 참고 문헌 ▸ 264


강은주(2003). 부모 · 자녀관계중심 학부모상담모형 구안. 한국교원대학교 석사학위 논문.

강진령(2011). 집단상담의 실제. 서울: 학지사.

공석영(1982). 생활지도론. 사울: 예일출판사

공석영(1998). 생활지도와 상담. 서울: 동문사.

공석영 · 권형자(2005). 생활지도와 상담. 서울: 동문사.

권형자(2005). 생활지도 및 상담. 서울: 태영출판사.

김경라(2003). 초등학교 부모면담에 대한 실태분석과 교사 · 학부모의 인식 비교. 아주대학교 석사학위논문

김계현 · 김동일 · 김봉환 · 김창대 · 김혜숙 · 남상인 · 조한익(2001). 학교상담과 생활지도. 서울: 학지사.

김계현 외(2013). 학교상담과 생활지도. 서울: 학지사.

김계현(2000). 상담심리학 연구. 서울: 학지사.

김계현(2009). 상담심리학. 서울: 학지사.

김계현 · 김동일 · 김봉환 · 김창대 · 김혜숙 · 남상인 · 천성문(2012). 학교상담과 생활지도. 서울: 학지사.

김남성(1992). 행동상담. 서울: 성원사.

김동일(2005). 학업상담을 위한 학습전략프로그램. 서울: 학지사.

김만근(2004). 성격을 알면 성적 오른다. 서울: 이지북.

김병숙(2007). 직업심리학. 서울: 시그마프레스.

김봉환(1997). 대학생의 진로결정수준 및 진로준비행동의 발달 및 이차원적 유형화. 박사학위논문. 서울대학교.

김봉환 · 정철영 · 김병석(2007). 학생진로상담. 서울: 학지사.

김순늠(2012). 중학교의 학교상담 인식에 대한 요구분석. 경북외국어대학교 석사학위논문.

김정택 · 심혜숙(2007). 나를 찾는 에니어그램 상대를 아는 에니어그램. 서울: 연경문화사.

김정희 · 이장호 역(2000). 현대심리치료. 서울: 중앙적성출판사.

김종운(2013). 학교폭력의 예방과 대책. 서울: 학지사.

김청자 · 정진선(2006). 아동상담심리. 서울: 태영출판사.

김충기(1991). 상담과 심리치료의 원리와 실제. 서울: 성원사.

김충기(1999). 생활지도와 상담. 경기: 교육과학사.

김충기(2003). 진로교육과 진로상담. 동문사.

김충기 · 이재창(1996). 상담과 심리치료. 경기 : 교육과학사.

김태흥 · 김환영 · 주혜명 옮김 (2014). 나를 찾는 에니어그램 상대를 아는 에니어그램. 서울: 연경문화사.

김혜숙 · 공윤정 · 박한샘(1997). 청소년상담모형개발연구 II. 서울: 청소년대화의광장.

노안영 · 강영신(2014). 성격심리학(인간 이해 및 성장을 위한). 서울: 학지사.

노안영(2011). 집단상담 이론과 실제. 서울: 학지사.

문용린 외(2006). 학교폭력 예방과 상담. 서울: 학지사.

박경희(2012). 청소년비행에 영향을 미치는 변인: 위험요인과 적응유연성 조절효과 검증. 서강대학교 공공정책대학원 석사학위논문.

박성수 · 김혜숙 · 이숙영 · 김창대 · 유성경(1997). 청소년상담원리. 서울: 청소년대화의광장.

법무부연수원(2011). 범죄백서. 경기: 법무연수원.

송영자(1995). 발달심리학. 서울: 학지사.

송현종(1999). 학교상담의 특성과 활성화를 위한 과제. 여수대학교논문집. 제14권 1권 77-86.

심응철(1989). 청소년의 문제행동 및 비행의 측정. 대학생활연구, 7, 189-209.

아동청소년백서(2009). 보건복지부, 58, 344-347.

여인권(2011). 대학평가에 있어 취업률 지표의 안계점. 대학교육, 174. 54~58.

연문희 · 강진령(2006). 학교상담-21세기의 학생생활지도. 파주: 양서원.

연문희 · 강진령(2002). 학교상담. 파주: 양서원.

연문희 · 강진령(2002). 학교상담. 서울: 학지사.

오경미(2003). 놀이치료자의 공감능력과 내담아동 어머니의 상담자 평가 및 부모상담 만족도. 숙명여자대학교 석사학위논문.

유성경 · 안희정 · 이소래(1999). 청소년 탈비행화 조력을 위한 효과적인 개입전략 개발연구. 한국청소년상담원.

윤가현 외(2014). 심리학의 이해. 서울: 학지사.

윤순임 외 공저(2000), 현대상담 · 심리치료의 이론과 실제. 서울: 중앙적성출판사.

윤운성 · 김홍운(2001). 생활지도와 상담. 서울: 양서원.

이미숙 · 고성혜(1999). 상담교사와 학부모의 청소년문제 경험과 부모상담/교육 요구도 실태조사: 청소년 자녀기 가족의 부모교육 프로그램 개발을 위한 기초연구. 가톨릭대학교 생활과학연구소 생활과학연구논집, 19(1), 105-127.

이상복(2000). 유아특수교육. 대구대학교 출판부.

이성숙(1999). 청소년 상담실의 실태분석 및 상담 발전방향에 대한 연구: 서울시교육청 상담센터를 중심으로.

이숙영 · 이윤주 · 정혜선(2002). 메타분석을 통한 부모교육 프로그램의 효과 연구. 한국심리학회지: 상담 및 심리치료, 14(3), 637-653.

이숙영 · 이재규 · 박승민 · 최은영(1996). 비행청소년상담프로그램개발연구. 서울: 청소년대화의광장.

이장호 외 2인(1999). 상담심리학의 기초. 서울: 학문사.

이장호(1995). 상담심리학. 서울: 박영사.

이재창(1988). 생활지도. 서울: 문음사.

이재창(1988). 생활지도와 상담. 서울: 문음사.

이재창(1994). 생활지도와 상담. 서울: 문음사.

이현림(2000). 상담 이론과 실제. 서울: 원미사.

이형득 와 4인(1999). 상담이론. 경기: 교육과학사.

이형득(1998). 집단상담의 실제. 서울: 중앙적성출판사.

임언(2006). 이공계 대학전공적합도 진단도구 개발과 타당화. 진로교육연구, 19(3). 1-21.

임은미(1999). 사이버상담의 현황과 발전방안. 사이버상담을 통해 본 청소년의 세계, 9(32). 서울: 한국청소년상담원.

임은미(2012), 사이버상담 이론과 실제. 서울: 학지사.

임창재(2009). 심리학개론. 서울: 동문사.

장선철(2013). 인간의 이해. 서울: 태영출판사.

전용오(2000). 대학상담에서 상담자-내담자 동맹관계와 상담성과 간의 연계적 과제. 서울대학교 박사학위논문.

조정실 · 차명호(2010). 폭력없는 평화로운 학교 만들기. 서울: 학지사.

주리아(2001). 인터넷에서의 부모교육 관련 사이트 현황 분석. 이화여자대학교 석사학위논문.

주선영 · 김광응(2005). 놀이치료에서의 부모상담 현황 및 부모상담에 대한 상담자, 부모의 인식 연구. 놀이치료연구, 8(1), 49-60.

중앙고용정보원(2005). 한국직업전망. 서울: 중앙고용정보원.

천성문 · 박영숙 · 박순득 · 박원모 · 이영순 · 전은주 · 정봉희((2006). 상담심리학의 이론과 실제. 서울: 학지사.

최명선(2004). 놀이치료의 치료관계와 치료성과. 숙명여자대학교 박사학위논문.

최선자(2003). 일탈행동 아동의 학교생활에 대한 지각과 일탈요인 및 과정. 경인교육대학교 교육대학원 석사학위논문.

최영(2005). 부모-자녀간의 궁합. 2006. 9. 10, http://소아청소년. kr/에서 인출.

최정훈(1992). 인본주의 심리학, 서울: 법문사.

클라라 힐, 카렌 오브리언(2001). 상담의 기술, 서울: 학지사.

하정필(2010). 취업의 정답. 서울: 지형.

한국대학상담회(1993). 상담의 이론과 실제. 서울: 중앙적성출판사.

한국산업인력관리공단(2004). 2005한국직업사전. 서울: 중앙고용정보원.

한국청소년정책연구원(2011). 아동 · 청소년 경제 · 인문사회 정신건강 연구회 협동연구 증진을 위한 지원방안 연구. 경제 · 인문사회 연구회협동연구 총서; 11-30-02.

한재희(2002). 상담 패러다임의 이론과 실제. 서울: 교육아카데미.

홍경자 · 김태호 · 남상인 · 오익수(1996). 청소년 집단상담. 서울: 청소년대화의광장.

홍경자 · 김선남 역(1996). 화가 날 때 읽는 책. 서울: 학지사.

홍경자 역(1990). 정신건강적 사고. 서울: 이문출판사.

황응연(1978). 생활지도. 서울: 배영사.

황응연(1995). 현대사회와 청소년지도. 서울: 배영사.

황응연 · 윤희준(1983). 현대생활지도론. 서울: 교육출판사.

Applegate, G.(1985). *Happiness: It's your choice.* Los Angeles: Berringer.

Applying contemporary theories to practice (2nd ed.: pp. 197- 261). San Francisco:

Baekeland, F., & Lundwall, M. A.(1975). Dropping out of treatment: A critical review. *Psychological Bulletin, 82*, 738-783.

Baron, R. & Wagele, E.(1995). *Are you my type, Am I yours?.* N.Y.: Harper Collins.

Berg, I. K, & Miller, S. D.(1992). *Working with the problem drinker: A solution-focused approacb,* N,Y.: W. W. Norton and Company.

Berg, I. K, & Miller, S. D.(1992). *Working with the problem drinker. A solution-focused approach.* N.Y.: W. W. Norton and Company.

Buck, J. N.(1948). The H-T-P technique: A qualitative and quantitative scoring manual. *Journal of Clinical Psychology, 5,* 1-20.

Buck, J. N.(1964). *The House-Tree-Person(H-T-P) Manual Supplement.* Los Angeles: Western Psychological Services.

Burger, J. M.(2000). *Personality*(5th ed.). Belmont, CA: Wadsworth/Thomson.

Cooper, J. F.(1995). *A primer of brief psychotherapy.* N.Y.: W. W. Norton & Company.

Corey, G.(1993). The Theory and Practice of Group Counseling(4rd ed.). Pacific Grove, CA: Brooks/Cole.

Corsini, R. J.(1979). Current Psychotherapies. Itasca: F. E. Peacock Publisher Inc.

Derring-Palumbo, K., & Zeine, F.(2005). *Online therapy. A treatment's guide to explanding your practise.* N.Y.: W. W. Norton and Company.

Dewey, J.(1919). *Reconstruction of philosophy.* H. Holt and Company.

Dugan, W. E.(1960). *The organization and administration of guidance services.* Rev. Educ. Res, 30, 105-114.

Durant, M.(1995). *Creative strategies for school problems: Solutions for psychologists and teachers.* N.Y.: W. W. Norton and Company.

Durrant, M.(2001). Solution-focused Brief Therapy. available at http://www.brieftherapysystem.com.au/therapists/papers/fsc12.htm.

Foley, V. D.(1984). Family therapy. In J. C. Raymond(ED). *Current Psycotherapies* P(3rded.). Itaca: Peacock.

Frankl, V.(1984). *Man's search for meaning.* N.Y.: Washington Square Press.

Ginzberg, E. et al.(1951). Occupational Choice : *An Approach on General Theory.* New York: Columbia University Press.

Glasser, N. Ed.(1989). Control Theory in the Practice of Reality therapy: Case studies. Harper & Row Publishers, Inc.

Glasser, W.(1998). *Choice therapy.* N.Y.: Harper Collins.

Grotjahn, M.(1946). "Case C." In F. Alexander and T. M. French (Eds.), *Psychoanalytic unfinished business. Journal of Consulting and Clinical Psychology, 64,* 439-446.

Hammer, E. F.(1969). *Hierarchal organization of the personality and the H-T-P, achromatic and chromatic Advances In The House-Tree-Person Technique: Variations and Applications.* Los Angeles: Western Psychological Services.

Hill, Clara E., & O' Brien, Karen M.(2001). 상담의 기술(주은선 역). 서울: 학지사. (원저 1999 출판).

Holland. J. A., & Holland, J. E.(1977). Vocational indecision: More ebidence and speculation. *Journal of Counseling Psychology, 24*(5). 404-413.

Holland. J. L., Johnston. J. A., Asama, N. F., & Polys, S. M.(1993). Validating and using the Creer Beliefs Inventory. *Journal of Career Development, 19*(4), 233-244.

Krumboltz(1994). The Career Beliefs Inventory. *Journal of Counseling & Development*, 7, 424-428.

Krumboltz. J. D. Mitchell & Jones. G. B.(1976). A social learning theory of career selection. *Couseling Psychologist*, 6, 71-81.

Krumboltz. J. D.(1991). *Manual for the career Beliefs Inventory.* PaloAlto, CA: Consulting Psychhologists Press, Inc.

Lerner, J. V., Lerner, R. M., & Zavski, S.(1985). Temperament and elementary school children's actual and rated academic performance: A test of "goodness-ofofit" model. *Journal of Child Psychology and Psychiatry, 26,* 125-136.

Loehlin, J. C.(1992). *Genes and environment in personality development.* Newbury Park, CA: sage.

Malan, D., et al.(1968). Psychodynamic Changes in Untreated Neurotic Patients, I. *British Journal of Psychiatry, 114.* 525-551.

Marcia, J. E.(1966). Development and validation of ego-identity status. *Journal of Personality and Social Psychology*, 3, 551-558.

Maslow, A.(1970). *Motivation and personality*(2nd en.). N.Y.: Harper & Row.

Maslow, A.(1971). *The farther reaches nature.* New York: Viking Press.

McLloyd, V. C.(1998). Socioeconomic disadvantage and child development. *American Psychologist, 53*, 185-203.

Mddi, S. R.(1996). *Personality theories: Acomparative analysis*(6th ed.). New York: Brooks/Code.

Mischel, W.(1976). *Introduction the personality*(2nd ed.). New York: Holt, Rinehart and Winston.

Murphy, J. J.(1999). Solution-focused conseling in middle and high schools. available: http://www.conseling.org/enews/volume_1/0101.htm

Pavlov, I. P.(1927). *Conditioned reflexes.* London: Clarendon Press.

Rogers, C. R.(1961). *On becoming a person: A therapist's view of psychotherapy.* Boston: Houghton Mifflin.

Ryckman, R. M.(2000). *Theories of personality*(7th ed.). Belmont, CA: Wadsworth.

Seligman, Martin E. P.(2004). 완전한 행복. 경기도 안양: 도서출판 물푸레(원저 2002 출판).

Smith. G. E.(1955). *Counseling in the Secondary School.* N.Y.; The Macmillan Co.

Snyder, D. R. & Lopez, S. J.(2002). Handbook of Positive Psychology. Oxford University Press. 이영희 역(2008). 긍정심리학핸드북. 서울: 학지사.

Sommers-Flanagan, J., & Sommers-Flanagan, R.(1997). *Tough kids, cool counseling: User-friendly approaches with challenging youth.* Alexandria, VA: American Counseling Association.

Stofle, G.(1997). Thoughts about online psychotherapy: Ethical and practical implications(Online). Available at: members.aol.com/stofle/onlinepsych.html

Super D. E.(1957). *The psychology of careers.* New York : Harper & Row.

Super D. E.(1980). A life-span, life space approach to career development. *Journal of Vocational behavior, 16(30),* 282-298.

Super D. E.(1981). Approaches to occupational choice and career development. In A. G. Watts, D. E. Super, & J. M. Kidd. *Career development in Britain*,

Cambridge, England: Hobson's Press.

Super D. E.(1990). A life- span, life-space to career development. In D. Brown, L. Brooks, et al.(Eds.), *Career Choice and development:*

Talmon, M.(1990). *Single session therapy: Maximizing the effect of the first(and often only) therapeutic encounter.* San Francisco: Jossey-Bass.

Williamson, E. G.(1939). *How to counsel students: Amanual of techniques for clinical counselors.* N.Y.: McGraw-Hill.

Wubbolding, R.(2001). Short-term targeted therapy. In R. J. Corisni(2001). *Handbook of Innovative Therapy* (2nd Ed.). (pp. 628-638). N.Y.: John N Wiley & Sons, Inc.

## 저자 소개

✍ **권형자**

교육심리학 박사
현) 한국상담학회, 군상담학회 수련감독

✍ **강인향**

교육과정학 박사
현) 관동대학교 강사

✍ **김선연**

교육심리학 박사
현) 관동대학교 강사

✍ **박부녀**

교육심리학 박사
현) 강원심리상담연구소 소장

✍ **원진**

교육공학 박사
현) 원진심리상담센터 소장

✍ **이정숙**

교육심리학 박사
현) 관동대학교 강사

✍ **장익**

상담학 박사과정 수료
현) 강원도박중독예방치유센터 팀장

✍ **최금란**

교육심리학 박사
현) 강원미술심리치료센터 소장

# 학교상담과 생활지도

초판인쇄 2014년 8월 10일
초판발행 2014년 8월 15일

2014. 8.

저 자 권형자 · 강인향 · 김선연 · 박부녀
원 진 · 이정숙 · 장 익 · 최금란
발행인 김현태
발행처 태영출판사

주 소 (152-705) 서울 구로구 구로동 104-10 동남오피스텔 201호
전 화 02 · 839-3757, 839-3752
팩 스 02 · 837-3754
등 록 2005년 5월 30일 제12-421호
http://www.taeyeongbook.co.kr
E-mail tys2005@hanmail.net
ISBN 978-89-6302-146-1 93370
정 가 15,000원

NAVER 태영출판사

* 잘못 만들어진 책은 교환해 드립니다.